初中数学教学探索与研究

CHUZHONG SHUXUE JIAOXUE TANSUO YU YANJIU

刘玲芳　著

甘肃教育出版社

图书在版编目（CIP）数据

初中数学教学探索与研究 / 刘玲芳著. -- 兰州 ：
甘肃教育出版社，2023.01
ISBN 978-7-5423-5478-5

Ⅰ．①初… Ⅱ．①刘… Ⅲ．①中学数学课－教学研究
－初中 Ⅳ．①G633.602

中国版本图书馆CIP数据核字(2022)第148021号

初中数学教学探索与研究

刘玲芳　著

责任编辑　刘正东
封面设计　魏　婕

出　版　甘肃教育出版社
社　址　兰州市读者大道568号　730030
网　址　www.gseph.cn　E-mail　gseph@duzhe.cn
电　话　0931-8436489(编辑部)　0931-8773056(发行部)
传　真　0931-8435009
淘宝官方旗舰店　http://shop111038270.taobao.com

发　行　甘肃教育出版社　印　刷　兰州人民印刷厂
开　本　787毫米×1092毫米　1/16　印　张　15.5　插　页　3　字　数　250　千
版　次　2023年1月第1版
印　次　2023年1月第1次印刷
书　号　ISBN 978-7-5423-5478-5　　定　价　56.00元

自　序

余映潮老师曾说过："注重积累，能让一位教师的个人水平'升值'。""细水长流，深刻思考，勤奋探究，一定能够让一位脚踏实地的奋斗者'化蛹为蝶'、脱颖而出。"这两句话，我觉得道出了"积累"对于教师专业成长的价值和力量；这两句话，我觉得好像是专门写给自己的。

作为一名一线教师，多年来，自己在初中数学这块小小的天地里努力耕耘着。我的工作，就是一点点地积累：一道题又一道题的思路、一节课又一节课的反思、一位又一位同行的建议……我思考着，阅读着，写作着……

同时，作为兰州市名师工作室的一位领衔人，近几年，我也积极参加名师高端研修、国培、名校考察学习等各级各类培训活动，组织带领工作室成员开展课堂教学研讨及课题研究等活动。我在借鉴中探索，在思索中实践。

"他山之石，可以攻玉。"在学习培训中，在与省内外教育教学专家章建跃、吕世虎、温建红、邱学华、李庚南、朱永新、杨瑞清、柳袁照等的"零距离"接触中，我深深折服于他们的教育情怀、教学思想及人格魅力，思想一次次被冲击。他们对我的教学理念、教学方法等产生了深刻影响，潜移默化地改变着我的课堂。

聚沙成塔，集腋成裘。我像一只不知道疲倦的蜜蜂在数学的花海里遨游、吮吸……酿着属于自己的那份甘甜。

走一步，再走一步。追寻，忍耐，磨练，超越，"升值"，"化蛹为蝶"。坚持不懈地积累，提升了我对数学教学的认识，引我迈向了更广阔的天地。

马克思说过："人是由思想和行动构成的，不见诸行动的思想，只不过是人的影子；不受思想指导和推崇的行动，只不过是行尸走肉——没有灵魂的躯体。"结合自身的实践与反思、探索与研究，今天，终于有了我的这本小书。

本书共四辑，它包括了如下内容：

第一辑"论文荟萃"是我近年对初中数学在理论层面的几点思考，专业期刊上公开发表过，予以整理。我提出了提高初中数学课堂教学有效性的具体做法：建立良好的师生关系，激发学生主动参与教学，重视和引导学生进行有效的自主探究活动、合作学习等。我开展了初中数学"学材再建构"研究。我提倡信息技术与数学教学的有效融合，利用微课激发学生兴趣，进行概念教学，突破教学重难点，优化教学过程。疫情特殊时期，我提出了通过选择合适的教学平台、教学内容、教学方式，确保线上教学平稳高效。

第二辑"课题研究"是我和团队的专题探索。我们就"自学·议论·引导"教学法在县域内初级中学的应用开展研究，就初中数学课堂师生互动及有效性开展研究，就"预习、展示、反馈"教学模式开展研究，就信息技术的运用和学科教学融合开展研究。课题均已通过市级以上教育科研部门鉴定，多项获得教育科研成果奖。

第三辑"教学案例"是我在数学教学操作层面的做法。包括单元教学设计、单元作业设计、单元教学设计案例分析等典型案例，可能比较接地气，案例均公开发表或在县级以上教研活动中交流。

第四辑"学习心得"是我参加培训及教研活动的心得体会，是思想的洗礼，是智慧的碰撞，是我成长中真正的心路历程。

总之，本书和大家分享的就是一位草根教师从教 30 年的教学实践和探索，是她心底永远燃烧不熄的数学情怀。

教学是遗憾的艺术，但是我们就在这遗憾中不断砥砺前行，修炼身心，充实精神，获得提升，实现超越。

名师是有期限的，而对数学教育的热爱和探索是无止境的。

最后，真诚希望本书能对一线教师尤其是初中数学教师的教学有所启迪与借鉴，促进他们的专业化发展。在此，向提供指导、帮助的所有专家、朋友表示衷心感谢！

限于时间与水平，不足之处在所难免，恳请各位同行批评指正。

刘玲芳

2022 年 12 月 1 日

目　录

第一辑　论文荟萃

第二辑　课题研究

第三辑　教学案例

第四辑　学习心得

第一辑

论文荟萃

新课标下提高初中数学课堂教学有效性的几点做法

近年来，随着新课程改革的深入推广及新教材的使用，我校的课堂教学改革也得到了很好的发展。但我们的新课堂也出现了一些问题：一是形式化，二是绝对化，以至于教学效果不明显，课堂教学改革也只停留在表面。那么，新课标下如何提高初中数学课堂教学的有效性呢？结合本人对新课改、新教材的理解与实践，谈几点做法：

一、建立良好的师生关系是提高课堂教学有效性的前提

霍姆林斯基曾说过："教学并不是知识机械地从教师那儿传授到孩子那儿，它首先是人与人之间的关系。"从现代教育理论的角度来看，影响教学效果的主要原因是师生关系。如果师生关系处于一种平等、信任、理解的状态，那么它所营造的和谐、愉悦的教育氛围必然会产生良好的教育效果。因此，融洽、良好的师生关系是提高课堂教学有效性的前提和基础。

新课标要求，在教学过程中我们要建立平等的师生关系，创建和谐、民主的课堂对话环境，改变学生的学习方式，关注每一位学生。

"知之者，不如好之者；好之者，不如乐之者。"学生学习的情感，直接关系着学习的有效性。课堂中营造教学的和谐性，建构师生之间良好的情感关系，对于维持学生的学习兴趣和注意力至关重要。学生是活生生的生命体，需要得到教师的尊重。在课堂教学中，教师应尽量与每一位学生积极交流、认真倾听，接受每一位学生对问题的思考，这就需要教师以自身积极的情感来感染和唤起学生的学习情感。

二、激发学生主动参与是提高课堂教学有效性的保证

让学生自主参与教学活动是素质教育的基本体现。课堂教学中素质教育的根本任务，就是落实学生的主体性。课堂上学生能否自主参与学习活动是学生能否成为学习的主人的明显标志。学生只有在情感、思维、动作等方面自主参与了教学活动，学生学习的主体性才能体现。因此，学生能否自觉参与到教学活动中来，成为教学活动的一个难点。要解决这一难题，首先，要激发学生的学习兴趣，兴趣是最好的老师，"没有兴趣的学习，无异于一种苦役；没有兴趣的地方，就没有智慧和灵感"。"问题是数学的心脏"，巧妙地提问能激发学生的求知欲。有了求知欲，对学习的兴趣也就油然而生。如在北师大版七年级数学"认识100万"一节，老师提问："100万人民币能装多大的箱子？"学生的思维一下子就被问题激活。其次，教师要适时点拨，指导参与方法。学生是学习的主体，但处于成长发展中的初中学生，是不成熟的学习主体。由于受年龄、经验、知识、能力的限制，他们提出问题、分析问题、解决问题的能力毕竟是有限的。因此，应重视并充分发挥教师作为组织者、引导者、点拨者的作用。再次，要给学生创造参与的时间与空间。一位教育专家曾说过："要为学生多创造一点思考的情境，多一点思考的时间，多一点活动的余地，多一点表现自己的机会，多一点体会成功的愉快。"这些"多一点"告诫教师一定要为学生创造时间、空间，保证学生的参与机会。为此，我在数学课堂教学中总是开展"摆一摆""做一做""量一量""画一画""折一折""叠一叠""议一议"等活动。对于一个问题，爱多问几个"为什么"，尽量满足学生的心理需求，多创造机会让学生主动参与到学习中。

三、重视学习方式的转变是提高课堂教学有效性的主要方法

传统教学，学生学习数学主要以接受学习为主，结果是学生的计算能力、解题能力特别强，而提出问题、分析问题、解决问题的能力，实践能力，创新能力却没有得到很好的培养。为此，数学课程标准提出了"动手实践、自主探求与合作交流是学生学习数学的重要方式"。我们要根据不同的教学内容，引导学生运用不同的学习方式，实现有效学习。

（一）不排斥接受学习

数学作为一门基础性的科学，有其特有的结构性特点，有些知识是统一规定的，而不是学生通过探究活动能得到的。也就是说，这些知识的学习还应以接受学习为主，需要教师的讲解或教师指导下的学习获得，而无探究的必要。如数学中的一些定义、概念、公理等。接受学习可以在较短的时间内使学生吸取更多的信息，达到更好的效果。

（二）重视探究学习

"探究"作为新课程强调的三大学习方式之一，因其具有激发学生自主学习、体验、发现等优点，已逐渐为广大教师所接受并在教学中运用。如我在上北师大版七年级数学"字母表示数"一节课时，让学生探究搭建 100 个正方形所用火柴棒的根数时，学生探究出了 5 种方法，其中有一个学生从整体思想出发，将 100 分成 10 个 10，利用已探究出的搭 10 个正方形所用火柴棒的根数是 31 的结果与方法，用 31×10-9=301 很快算出了结果。他的算法让我很兴奋，当我让他把他的算法写到黑板上时，几乎全班同学都愣住了。而当他向同学们解释他的解法时，同学们豁然开朗，情不自禁地报以热烈的掌声，孩子们收获了探究成功的无限快乐。

（三）加强合作学习

合作学习有利于体现学生的主体性，有利于张扬学生的个性。我们要努力为学生创造条件，努力为学生提供合作学习的空间。为了提高小组合作学习的有效性，要发挥教师的主导作用。在合作学习之前，教师首先要有估测：提出的问题有没有合作的必要？如果有，什么时候进行？问题怎么提？大约需要多少时间？可能会出现哪些情况？教师该如何点拨、引导？如何把全班合作、小组合作、个人自学这三种教学形式结合起来，做到优势互补？要有意识地强化学习小组的集体荣誉感，引导学生学会倾听别人的述说，尊重别人的意见，积极参与，学会思考。

四、合理使用教学媒体是提高课堂教学有效性的主要措施

新课标提出："大力开发并向学生提供丰富的学习资源，把现代信息技术作为学生学习数学和解决问题的强有力工具，致力于改变学生的学习方式，使学生

乐意并有更多的精力投入到现实的、探索性的数学活动中去。"

目前皋兰三中已将"电子白板+推拉黑板"应用到数学课堂教学中。电子白板既可以像传统黑板一样任老师随意涂写勾画，也可以满足多媒体教学的各项要求，它兼具传统的黑板和多媒体教学的双重优势，而且弥补了两者的不足，在数学课堂教学中展现出独有的魅力。特别是那些比较抽象的、难理解的教学内容以及教学的重难点，通过多媒体课件的展示，既具体形象，又直观易懂，还能起到突出、强调的作用。再配上白板笔的书写、画图、保存等多种特殊功能，不但能充分调动学生多种感官的参与，而且能激发学生的学习兴趣，对提高课堂教学效果起到了事半功倍的作用。"推拉黑板"又称复合式黑板，它和普通黑板用法一样，可以实现数学教学中的一题多解、多人板演、快速书写等功能。该板与"电子白板"为一体化设计，在教学时可实现传统书写板与电子白板之间的自由转换，省时省力，是传统教学板与现代科技的完美结合。实践证明，将"电子白板+推拉黑板"和初中数学课堂教学进行有效整合是目前提高数学课堂教学效率最理想、最有效的方法之一。当然，现代信息技术手段毕竟是工具，只有将新的教育技术与新课程理念、教学艺术完美结合，才能带来课堂的高效性。

总之，我们要在新课程理念指导下，在发挥学生主体作用的前提下，改革课堂教学模式，合理利用教学媒体和手段，努力提高课堂教学实效。只有我们不懈地追求课堂教学的有效性，才会真正全面地提高教学质量，把实施素质教育落到实处。

初中数学教学中"学材再建构"研究

"自学·议论·引导"教学法是著名特级教师李庾南老师40年的研究成果，2014年获得国家级基础教育研究成果一等奖，并在全国推广，其核心理念是"以学生为主体，在师生合作中学会学习，学会自主发展"。近两年，李庾南老师又把教学法的精髓概括为"三学"，即学材再建构、学法三结合、学程重生成。其中学材再建构是学法三结合的操作平台，是学程重生成的源头活水。在学习实践教学法的过程中，不论是现场听李庾南老师的讲课或讲座，还是观看课例视频、阅读专著或听专家解读教学法，大家都明显感觉到课堂上"框架式板书"是李庾南老师的一大特点，而且可学、易学。但细细琢磨，李老师的板书是"三学"课堂的显性体现，是知识结构图，充分体现了各知识点间的逻辑关系，脉络清晰，一目了然。其实，知识结构图的形成过程是李老师课前对教材的精心设计，更是课堂上以问题为导向，启发学生的思维，师生互动共同建构而生成的"智慧树"。久而久之，学生也学会了如何研究问题，如何在知识结构中学会自主建构知识体系，自然学会了学习。所以，学材再建构无疑是李庾南老师教学法在我们的课堂落地的首要任务和基本途径。

一、学材再建构的意义

学材再建构在数学教学上的主要表现形态是单元教学。单元教学即根据数学知识发生的规律、内在的联系、学生学习的基础与可达到的高度，以及发展思维能力、优化思维品质、学会学习方法、激励学习自信与自觉、激发创新与创造的教学追求，将学材分为单元或知识模块，从整体上把握教学要求，安排教学内容，分课时实施。单元教学设计的内容源于教材，又高于教材，目的是将教材转化为学材，教学为学生服务。

实施单元教学是数学教学一个很大的突破，因为它打破了数学教学中单纯以课时为主的教学模式，避免了重复教学，也注意到了教学的点面结合，能做到重点突出，学生能够在教师的引导下做到有序、高效学习。从学生的生活经验和已有的知识背景等现实出发，重组教材，实施有效的数学教学，让学生体会到数学就在身边，感受数学的趣味和作用，体会到数学的魅力。

二、学材再建构的基本原则

（一）以课程标准为基准，确定单元教学总目标。

课程标准是国家课程的基本纲领性文件，是国家对基础教育课程的基本规范和要求，是教材编写、教学、评估和考试命题的依据，是国家管理和评价课程的基础，它体现国家对不同阶段的学生在知识与技能、过程与方法、情感态度与价值观等方面的基本要求，规定了初中数学课程的性质、目标、内容框架，提出教学和评价建议。因此，它毫无疑问地对教材、教学和评价具有重要指导意义，是教材、教学和评价的出发点与归宿，也是其灵魂。所以，单元教学总目标的确定必须以课程标准为基准。但课程标准是为落实国家提出的"立德树人"的教育根本任务制定的，义务教育的课程标准为适应普及义务教育的要求，让绝大多数学生经过努力都能达到，只是一个最低限度的要求，而义务教育阶段的学生，有些不仅能达到这一要求，而且还有很大潜力可以扩展其"最近发展区"，实现最大发展。因而要实现这一目标，不能局限于课标的最低要求。在确定单元教学目标时，根据不同版本的教材和学生的实际情况，可以适当提高要求或拓展内容。

（二）以教材为主要参照，确定单元教学知识结构、内容。

教材是课程标准最主要的载体，是学校教育教学的基本依据，是课堂教学最重要的课程资源，是实现教学目标的有效工具，是教学的主要参考。因为义务教育的课程标准只是一个最低限度的要求，这为编写多样化的教科书提供了广阔的空间，也就出现了"一标多本"的现象，所以，对比、吃透不同版本的教材是教学的关键。新课标也指出："教师是课程资源的开发者和实施者。"叶圣陶先生也曾说过："教材只能作为教课的材料，要教得好，使学生受益，还要靠教师善于运用。"因此，教师在教材的选择和利用上，必须坚持灵活性与创造性，实现

"用教材"而不是"教教材"。要根据学生实际对教材内容进行取舍、增补、校正、拓展、变通、调序等，进一步完善知识结构和教学内容。要选择具有现实意义、富有挑战性的学习内容，向学生提供充分从事学习活动的机会，帮助他们在自主探究和合作交流过程中，理解和掌握基础知识和基本技能，感悟基本思想方法，积累基本活动经验。

（三）以学情为根据，确定教学方式、方法。

新课标指出，"学生是数学学习的主体""教师应成为学生学习活动的组织者、引导者、合作者，为学生的发展提供良好的环境和条件"。所以，备课标、备教材是基础，都是为学生服务的，备学情才是重点。教师上课的目的是教会学生知识，教会学生学习，教会学生做人，促进学生全面而有个性的发展。学生是有血有肉、有思维、有情感的生命，这就决定了备课时教师心里始终要装着学生，教师的教学设计要为学生着想，为学生量体裁衣，教学方式、方法要适合学生，容易被学生所接受。所以，真正能够驾驭教学过程的高手，是根据学生的学习状况及时调整教学设计，使教学结构服从于学生的思维和接受能力，让每个学生都全身心、乐此不疲地投入到学习新知中。

（四）以自主建构为努力方向，让学生学会学习。

"三学"的核心理念是自主建构，所谓"自主建构"就是学生在教师的指导下，根据学生原有的知识经验等，通过学生的主动探索，促使学生深刻领会教学内容，将教学内容内化为学生自己的经验，形成学生自有的知识。学材再建构对原有的教学材料进行重组的目的是使学生得到更好、更快的发展，而学生的发展最明显的标志就是学生学会自主建构认知，从而发展学力，为学生终身发展奠定基础。

三、学材再建构教学案例

数学单元教学设计包括教学要素分析、教学目标确定、教学流程设计，也包括教学流程的实施以及反思等。

案例：北师大版九年级数学上册《一元二次方程的解法》单元教学设计

（一）教学要素分析

1.数学分析

方程、不等式和函数是刻画现实世界的重要数学模型，三者之间互相关联。初中阶段尤为重要的是方程思想与函数思想，几乎渗透在中学数学的各个领域，在解题中有着广泛的运用。

方程的思想是分析数学问题中变量间的等量关系，从而建立方程或方程组，通过解方程或方程组，或者运用方程的性质去分析、转化问题，使问题获得解决。对于函数 $y=f(x)$，当 $y=0$ 时，就转化为方程 $f(x)=0$，也可以把函数式 $y=f(x)$ 看作二元方程 $y-f(x)=0$，函数与方程这种相互转化的关系十分重要。几何中有关线段、角、面积、体积的计算，经常需要运用列方程的方法加以解决。

2.课标分析

理解配方法，能用配方法、公式法、因式分解法解数字系数的一元二次方程。

3.教材分析

（1）教材对比分析

北师大版（2011 版课标）（九年级上） 第二章　一元二次方程 2.用配方法求解一元二次方程 3.用公式法求解一元二次方程 4.用分解因式法求解一元二次方程	新人教版（九年级上） 21.2　解一元二次方程
	华东师大版（九上） 23.2 一元二次方程的解法

人教版（九年级上） 21.2　降次——一元二次方程的解法 21.2.1 配方法 21.2.2 公式法 21.2.3 因式分解法	苏教版（九年级上） 1.2　一元二次方程的解法

从以上表格中可以看出，不同版本的教材对一元二次方程的解法要求基本相同，都是三种解法，共 5 课时完成，而且教学顺序都依次是配方法、公式法和分解因式法。不同的是其中除北师大版将三种解法设计为三小节外，其余版本都将

三种解法设计为一个小节，而且人教版将课题确定为"21.2 降次———一元二次方程的解法"，很显然强调降次是解一元二次方程的基本思想，而分解因式可以达到降次的目的，所以可以将一元二次方程的解法作为一个教学单元进行整体设计，将三种解法的教学顺序调整为分解因式法、配方法和公式法，安排 3 课时完成，并将三种解法作为单元教学的第 1 课时一次完成，这样使学生对解一元二次方程的思想与方法有一个整体认识。

（2）教材的地位和作用

解方程的过程就是沟通"未知"与"已知"的过程，其本质思想是化归，因而在方程解的探索中力图通过"未知"与"已知"、"二次"到"一次"、复杂问题与简单问题的转化、特殊与一般的转化等渗透转化、归纳等数学思想。

转化是一种重要的数学思想。在本单元中，反映转化思想的内容很多。如配方法把方程化为 $(x+m)^2=n$ 的形式；公式法直接利用公式把方程中的"未知"转化为"已知"；分解因式法通过"降次"把一元二次方程转化为两个一元一次方程等。在教学过程中，教师要有意识地突出体现转化的思想。这些数学思想方法的渗透，对培养学生自主建构能力非常重要，为以后学习解高次方程打下基础，也为灵活运用多种方法解决问题打开思路。

4.学情分析

学生在前面已经学习了解一元一次方程（七年级上册）、二元一次方程组（八年级上册）、可化为一元一次方程的分式方程（八年级下册）等，初步感受了解方程的思想和方法。在八年级还学习开平方、因式分解等。从知识结构上看他们已经具备了继续探究一元二次方程解法的基础，九年级这个阶段的学生自主探究和合作交流的能力已很强。

5.重难点：重点是一元二次方程的解法；难点是如何理顺配方法、公式法、分解因式法之间的关系进而选择最合适的解法。

6.教学方式：自主探究、合作交流、相机引导。

（二）单元教学目标

1. 理解配方法，能用配方法、公式法、分解因式法解数字系数的一元二次方程，并在解一元二次方程的过程中体会转化等数学思想；

2. 建立解一元二次方程的基本思想、具体方法和理论依据的知识体系框架；

3. 经历一定的自主探究、合作交流活动，进一步发展学生自主探究、合作交流的能力。

（三）单元教学流程设计（共3课时）

第1课时　引导学生自主建构解一元二次方程的基本思想、具体方法和理论依据的知识体系框架。

第2课时　在这一基础上进行例题教学，重点是配方法与公式法。

第3课时　综合习题研究，根据方程特征选择合适的解法，提升学力，达成本单元目标。

（四）课时案例

《一元二次方程的解法》单元教学设计（第1课时）

教学要求：建立解一元二次方程的基本思想、具体方法和理论依据的知识体系框架。

教学过程：

1.问题引入：你会解下列方程吗？

①$x^2-4=0$；　②$4x^2-3x=0$；　③$x^2-2x-15=0$。

2.引导学生探讨解方程的基本思想和具体方法。

自主研究由已有知识能否求得方程①$x^2-4=0$的解。

方法一：由平方根的意义求得方程的解为：$x_1=2$，$x_2=-2$，教师启发学生一起给出解法名称为直接开平方法。

方法二：根据因式分解的知识和"如果两个因式的积等于0，那么这两个因式中至少有一个等于0；反过来，如果两个因式有一个等于0，它们的积就等于0"可以解方程。教师启发学生一起给出解法名称为因式分解法。

小组讨论方程②、③的解法。（用因式分解法）

3.教师引导学生进一步研究、概括。

解一元二次方程的基本思想：降次，转化为一元一次方程来解。降次方法：直接开平方法、因式分解法。

教师提问：如何通过适当变形，运用直接开平方法来解方程③。

学生独立思考后，经过小组交流讨论，自主学会了配方法。

教师在肯定了学生自主学习的积极主动性和取得的成果的基础上指出：把方程变形为左边是一个完全平方式，如果右边是非负数，就可以进一步通过直接开平方法求出方程的解，这种解法叫作配方法。用配方法来解一般形式的一元二次方程 $ax^2+bx+c=0$（$a\neq0$），若有 $b^2-4ac\geq0$，则它的解是用含系数 a、b、c 的式子来表示，这就是一元二次方程的求根公式，以后可以直接用这个公式来求一元二次方程的解。这种解法称为公式法。

综上，一元二次方程的解法有：直接开平方法、因式分解法、配方法、公式法。后续课我们将深入研究配方法和公式法。

4.师生共同回顾学习过程，总结学习经验

（1）对于知识，要注重知识形成的过程、知识的本质以及知识间的相互联系。

本节课研究的知识结构（板书）：

$$平方根的意义（已知）$$
$$\downarrow$$
$$一元一次方程 \xleftarrow{转化} 一元二次方程 \xrightarrow{降次} \begin{cases} 直接开平方法 \xleftarrow{} 配方法 \xrightarrow{} 公式法 \\ \\ 因式分解法 \end{cases}$$

（2）学习方法：要学会观察现象，概括本质或规律，善于积极主动猜想、联想，探究未知。

（3）数学思想：降次、转化、归纳、特殊———一般。

5.作业：课本习题，研究运用配方法、公式法解一元二次方程。

（五）教学反思

按常规教学，本单元内容是将一元二次方程的四种基本解法，一种方法一种方法地学、练，最后综合练四种方法。这是先让学生学习部分，而后到整体。本课时采用了反常规的教学方法。由于一元二次方程的四种解法的指导思想一致，且相互间又有转化关系，所以首先帮助学生建立知识体系框架，后续课再让学生站在知识整体的高度，自主而深入地研究知识整体的各个局部，因而需要重新组织教学内容。

信息技术与"自学·议论·引导"教学法有效融合策略研究①

信息技术是利用电子计算机和现代通信手段获取、传递、存储、处理、显示信息和分配信息的技术，具有数字化、网络化、多媒体化、智能化特征，信息技术的应用是教育现代化的重要标志。义务教育新课程标准（2011 年版）指出："信息技术的发展对数学育人的价值、目标、内容以及学习方式产生了很大的影响。数学教学设计与实施应根据实际情况合理地运用现代信息技术，要注意信息技术与课程内容的整合，注重实效。要充分考虑信息技术对数学学习内容和方式的影响，开发并向学生提供丰富的学习资源，把现代信息技术作为学生学习数学和解决问题的有力工具，有效挖掘改进教与学的方式，使学生乐意并有可能投入到现实的、探索性的数学活动中去。"

"自学·议论·引导"教学法是著名特级教师李庾南 40 多年的教学实践研究成果，2014 年获全国基础教育课程改革教学研究成果一等奖，并在全国推广，对初中数学教学产生了很大的影响。"自学·议论·引导"教学法包括独立自学、群体议论和相机引导三个环节。其中，自学是基础，议论是枢纽，引导是关键，三者相辅相成，融为一体。21 世纪是信息技术高速发展的时代，"互联网+教育"是大势所趋，将信息技术与"自学·议论·引导"教学法有机融合，不仅会使课程资源更加丰富，提高教学效率，也会促使学生学会学习，使学生的数学核心素养得到发展。

---

① 项目:兰州市教育科学 2021 年"自学 议论 引导"实验项目专项课题《信息技术与"自学·议论·引导"教学法的融合研究》（课题立项号：LZ［2021］SDXH326）研究成果。

一、利用信息技术为学生独立自学创造有利条件

在"自学·议论·引导"教学中，自学是前提。教学中教师要把学习的主动权还给学生，保证学生有自主探究问题情景的时间和空间。学生的自学是在学习目标引领下，通过积极、主动、自觉地独立思考，从与信息源的各种载体交往中获取信息而内化的过程。很多学生由于缺少直观的素材和恰当的方法，常常导致自学效率低下。利用信息技术可以整合教材内容、改变教材的呈现方式，以问题情景激发学生的兴趣，启发学生的思维，引导学生积极参与发现与探究的过程，培养学生的自主学习能力，为学生的独立自学创造有利的条件。

案例 1 在学习北师大版七年级数学上册《认识一元一次方程》一课时，利用多媒体课件可以展示丰富的实际问题情景（教材中有五个），让学生独立思考，尝试列出五个方程（情景一、二、三列出的是一元一次方程，情景四列出的是分式方程，情景五列出的是一元二次方程），然后在教师的引导下，观察、比较、分析、归纳五个方程的异同及情景一、二、三列出的方程的共同特征，从而抽象、建模得出一元一次方程的概念。多媒体课件强大的展示功能可以为学生的自主探究提供问题情景及时间保障，也能为教师的引导提供便利及分析问题、解决问题的时间，让师生有更多的时间思考、分析问题，把主要精力用在思考如何将实际问题转化为数学问题，如何建立数学模型，从而利用数学的方法解决实际问题，体会数学的应用价值。另外，教师可以利用互联网的资源共享优势，为学生提供更加丰富优质的学习资源。信息时代，知识来源多、发展快，课程资源也随着时代的发展不断更新，否则不能满足学习者的学习需求和时代发展的需要。李庚南老师倡导"学材再建构"，即对教材进行整合，进行单元整体设计，学材既来源于教材，又高于教材。教师可以搜集更多关于《认识一元一次方程》的课件或不同版本的电子教材进行比较，将教材中的某些问题进行优化组合，使问题情境更加符合学情，从而取得更好的教学效果。

案例 2 在学习北师大版七年级数学上册《生活中的立体图形》一课时，利用多媒体课件可以展示丰富的立体图形，为学生自主探究提供鲜活的素材，激发学生自主探究的强烈欲望。世界是丰富的、立体的，教师可以利用多媒体动画演

示浩瀚的宇宙、神奇的飞船，静态展示美丽的城市、温馨的书房、丰富的物品等。这些五彩缤纷、生动形象、变换无穷的立体图形在多媒体环境下充分展示，可以创设一个有趣丰富的立体图形世界，使学生体会到数学来源于生活，生活中处处有数学，我们生活的空间就是数学的世界，从而激发自主学习的内驱力。

二、利用信息技术引导学生进行有效的合作学习

义务教育新课程标准（2011版）指出："教师应发挥主导作用，处理好讲授与学生自主学习的关系，引导学生独立思考、主动探索、合作交流，使学生理解和掌握基本的数学知识与技能，体会和运用数学思想与方法，获得基本的数学活动经验。""自学·议论·引导"教学法中的第二个关键步骤是"议论"，其实就是通过合作学习展开交流和讨论。其主要内容：一是让学生把本节课的重点内容通过交流与讨论方式复述出来；二是指导学生开展合作探究，对学习中的难点问题进行集体攻关，通过合作探究来解决这些问题，利用信息技术可以促进有效的合作学习。

案例3 在《认识一元一次方程》的学习中，共有五个问题情景，其中问题情景四列出的方程是分式方程（八年级下学习），对七年级学生有点困难。此时，教师就要组织学生进行小组合作学习，讨论如何列出方程。在小组议论的基础上教师相机引导，引导学生展示所列方程，并让学生讲解自己的思考。在充分交流的基础上，教师适时引导学生找等量关系，用代数式分别表示等式两边的数量关系，即可得方程。同时，教师利用多媒体课件列表分析，厘清题目中的数量关系，自然得出方程，使学生学会分析复杂问题的方法。不论列出的是什么方程，对于五个不同的问题情景，分析问题、解决问题的方法是类似的，都是利用方程思想，建构方程模型，将实际问题抽象转化为数学中的方程问题。通过研究方程的解，从而解决实际问题，这样的过程将自学、议论、引导有机融合，使学生积累了丰富的活动经验，体会利用数学的眼光看问题、利用数学的思维和方法解决问题的思想，久而久之，使学生学会了学习，培养了自主学习能力。

案例4 在学习北师大版八年级下册"综合与实践"活动课《平面图形的镶嵌》时，充分利用信息技术的优越性引导学生体会生活中的镶嵌、探索镶嵌平面

的规律、利用镶嵌进行创作的应用价值，本节活动课共设计了七个活动：

活动一 观察镶嵌的图案、视频，体会学习镶嵌的价值

利用多媒体课件展示丰富多彩的日常生活中镶嵌的图案（壁纸、地砖、窗花、花布、蜂房等），引导学生观察图案的共同特征，提炼出镶嵌或密铺的定义；播放关于蜂房构造的短视频，讲述数学家研究蜂房结构的故事及蜂巢战舰、蜂巢式行动电话等蜂房结构在生活中的应用，激发学生的探究兴趣及欲望，引出本节课重点——探究用正多边形进行镶嵌的规律。

兴趣是最好的老师。蜜蜂是超级艺术建筑师，它用蜂蜡建造起来的蜂房是一座既轻巧又坚固、既美观又实用的宏伟建筑。著名的生物学家达尔文说："蜂房的精巧构造十分符合需要，如果一个人看到蜂房而不倍加赞赏，那他一定是个糊涂虫。"从蜂房的横截面上看，蜂房都是由一个个的等边六边形组成的，蜂房的底部又是由三个菱形组成。公元 4 世纪，数学家巴普士就告诉我们：蜂房是一种最经济的形状，在其他条件相同的情况下，这种正六棱柱结构的容积最大，所用的材料最少，他还给出了严格的证明。利用多媒体展示图片或播放短视频讲故事的方式，让学生在图文并茂的生动情景中感受蜜蜂的勤劳与智慧，感受数学家探究问题的精神及方法，对学生进行劳动、美育、学习态度等思想品德教育，调动学生自主学习的积极性，进一步体会学习镶嵌乃至学习数学的价值所在，取得事半功倍的效果。

活动二 小组合作学习，探索用一种正多边形镶嵌平面

首先四人一组，利用教师提供的正多边形卡片动手进行镶嵌实验。要求每两组的活动相同，第一、二组用正三角形拼，第三、四组用正四边形拼，第五、六组用正五边形拼，第七、八组用正六边形拼。拼完后，活动相同的两组进行自主交流，每两组交流完后，教师选派活动不同的四个小组进行全班交流，让学生将实验操作的结果展示在黑板上（粘贴拼图），并将自己的思考表达出来。展示交流后，教师利用多媒体技术的动画效果，再现拼图过程，引导学生进行深入的思考，得出结论：当正多边形的内角度数能整除 $360°$ 时，才能镶嵌平面。紧接着利用 Excel 编写公式，求出从正三角形到正三十边形的每个内角的度数，引导学生观察得出结论：仅用一种正多边形，只有正三角形、正四边形、正六边形可以

镶嵌平面。利用信息技术再现拼图过程，利用 Excel 数学工具进行探究活动也正体现了新课标中将信息技术与数学课堂有机整合的理念，把现代信息技术作为学生学习数学和解决问题的强有力的工具，使学生有更多的时间和精力投入到独立思考和自主探究活动中去。

活动三　用任意的全等三角形或任意的全等四边形镶嵌平面

由于学生已经在活动二中了解到当正多边形的内角度数能整除 360°时，就能镶嵌平面，所以此活动给学生充分的独立思考、动手实验、小组讨论、展示交流的时间，让学生积累活动经验。在此基础上，教师利用多媒体技术动态再现镶嵌的过程，引导学生分析全等三角形、全等四边形的内角特征，掌握镶嵌平面的原理及思想方法。

活动四　用多种正多边形图形镶嵌平面（如图）

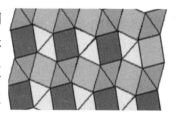

与活动二、三类似，在学生经过小组合作利用正三角形与正四边形镶嵌平面实验后，教师利用多媒体再现镶嵌过程，让学生知道利用正三角形与正四边形、正三角形与正六边形、正四边形与正八边形等也能镶嵌平面。

三、利用信息技术引导学生深入探究

"自学·议论·引导"教学法中的相机引导是指：在教学过程中，根据学生学习的实际状况，及时运用点拨、解惑、提示、释疑等方法，发挥教师的引导作用。利用信息技术可以引导学生进行更加深入的探究活动，培养学生的创新思维能力。如，在《平面图形的镶嵌》教学中，还可以设计下面的活动。

活动五　用特殊图形镶嵌平面

由于时间关系及图形创作的复杂过程，教师可利用图片或微课视频直接给学生展示用特殊图形镶嵌平面的过程，让学生认识到镶嵌平面可以利用多种多样的平面图形。根据镶嵌的"不重不漏"原则，可以自己设计更多有美感与实际需求的镶嵌图形。如介绍教材中学生的作品"人脸图"（如图）的创作过程，打开学生的思路，引导学生在理解镶嵌本质的基础上进行自主创作，培养学生创新思维能力。

活动六 感受生活中的镶嵌之美

教师用多媒体展示多样镶嵌平面的实例及神奇的动植物外形等，伴随着轻音乐，让学生感受几何之美、数学之美，体会"数学来源于生活，服务于生活"的数学观，激发学生进一步创作的热情。

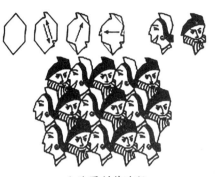

人脸图创作过程

活动七 在实践性作业中融入镶嵌问题

要求学生仿照活动五中图案的绘制方法设计一个平面镶嵌图，并写一篇小论文与同伴交流设计过程及原理。

教师可以引导学生利用互联网查阅更多的关于镶嵌的资料，开阔视野，激发创作兴趣；也可以利用几何画板进行基本图形的设计，通过图形变换创作美丽的镶嵌图案，体会信息技术的快捷、方便及神奇；利用电脑办公软件撰写小论文，并通过互联网交流平台进行作品交流与分享；最后，可以让学生将自己完成的作品上传到网络平台，供教师批阅及分析，并及时评价与反馈、分享和交流，培养学生的创新精神和实践能力。

四、利用信息技术化解教学难点

数学的最大特点是高度抽象。数学的抽象，在对象上、程度上都不同于其他学科，数学是借助于抽象建立起来并借助于抽象发展的。数学的抽象撇开了对象的具体内容，而仅仅保留数量关系和空间形式。在数学家看来，五个石头、五座大山之间并没有什么区别。数学家关心的只是"五"。又如几何中的"点""线""面"的概念，代数中的"集合""方程""函数"等概念都是抽象思维的产物。在数学教学中，如何化抽象为直观，促进学生数学理解是数学教学的难点。利用信息技术可以呈现现实情景并能形象演示将现实情景抽象转化为数学问题的过程，帮助学生理解数学问题，解决教学难点。如截一个几何体、视图与投影、平移与旋转、利用轴对称进行图案设计、函数的图象等内容的教学，都可以利用信息技术将问题情景化、动态化、可视化与直观化，化解学生学习难点，树立学好数学的信心。

五、利用信息技术构建开放的数学教学环境

李庾南老师把"自学·议论·引导"教学的价值观概括为："帮助学生真正学会学习，自主学习，创造性学习，享受学习，发展学力。"利用信息技术可以开发与整合课程资源，促进学生学力的提高。

（一）开发利用信息化课程资源

"自学·议论·引导"教学的课程观是"资源共生"，唯有"资源共生"的课程才是有活力、可持续发展、生态的课程。著名课程专家施瓦布说，课程有四个要素：教师、学生、教材与环节。在"自学·议论·引导"教学中，课程四要素其实也是课程实施、建构与发展的四个重要资源。教师和学生是最能动也是最重要的资源，教材是载体，环境是条件，四要素之间和谐共生才能取得良好的教学效果。但是再有能力的教师，给学生提供的资源都是有限的。加之数学学科本身抽象性特征，和其他学科相比，数学离实际生活的具体情景似乎远一些。而利用信息技术可以为师生提供丰富的课程资源，也可以展现丰富的生活情景，是有效教学强有力的保障。

（二）搭建数学学习信息化平台

李庾南老师认为：要使学生的知识在生命里真正活起来，要使学生的发展可持续，我们就必须在课程建设上打破静态的、僵化的或保守的格局，要不断地引入社会的、生活的和人生的源头活水，尤其要重视教学场域中"人"的资源价值，想方设法激活这些资源，使之不断地自生和共生。教育活动的过程是师生交流、积极互动、共同发展的过程。在信息技术高速发展的今天，教师要努力将信息技术与数学教学有机融合。首先计算机、手机、平板电脑等移动设备的支持下，让学生不仅可以得到实际的感性体验，还可以获得虚拟的替代体验。其次借助云计算、大数据的力量，利用在线评价和交互技术进行实时反馈，帮助学生扩大课外数学学习范围，可设计开放性的、有弹性的课外作业，如查阅勾股定理的发现过程及证明方法、利用几何画板设计图案、制作单元主题思维导图等。最

后，教师可以利用钉钉软件等平台进行在线教学，也可以向学生推荐优质在线教学视频（如国家中小学课程云平台、智慧教育·名师在线等），供学生课外学习使用，实现优质资源共享。线上教学不受时空限制，可以培养学生的自主学习意识与能力，为学生的终身发展打下基础。

时代在发展，社会在进步，在将信息技术与"自学·议论·引导"教学融合过程中，教师除了要深入理解教材内容，还需要不断学习新技术，掌握新方法，融合各种网络课程教育资源，才能使信息技术与数学课程做到深度有效融合。

提高初中数学线上教学效果的策略①

　　线上教学就是通过互联网平台进行教学，其主要形式有录播课和直播课。其中录播课主要通过观看事先录制好的教学视频进行教学，无法进行师生互动；直播教学主要依托实时授课系统实现教学直播，师生可以在云端"相见"，可以互动，是比较接近线下传统课堂教学，效果较好、应用相对广泛的一种线上教学方式。

　　如何提高线上教学效果是目前疫情背景下或后疫情时代所有一线教师必须面对和需要研究的问题。目前，对大多数师生来说，线上教学还不成熟，在初中数学线上教学中存在内容不符合学情、教学方式繁杂、教学效果无法有效检测等问题，甚至有些老师将线下教学"照搬"到线上，"穿新鞋走老路"。针对线上教学存在的一些突出问题，为了提高线上教学效果，研究者经过实践探索和总结，提出以下初中数学线上教学策略。

一、加强学习，提高认识，顺应时代要求

　　线上教学是"互联网+教育"的发展趋势。早在20世纪90年代互联网刚兴起的时候，线上教学就开始发展了。对于线上教学来说，计算机是工具，互联网是支撑，二者缺一不可，计算机和互联网发展的成熟度，直接决定了线上教学发展的程度。21世纪是互联网高速发展的时代，"互联网+教育"的常态化也是大势所趋。教育家陶行知先生曾说过："与时代俱进，才能做一个长久的现代的人。"信息技术的应用是教育现代化的重要标志，义务教育课程标准（2011版）指出："信息技术的发展对数学育人的价值、目标、内容以及学习方式产生了很

　　①课题:兰州市教育科学"十三五"规划2020年度规划课题《初中数学线上教学有效策略研究》（课题立项号：LZ[2020]GH251）研究成果。

大的影响。学程的设计与实施应根据实际情况合理地运用现代信息技术，要注意信息技术与课程内容的整合，注重实效。要充分考虑信息技术对数学学习内容和方式的影响，开发并向学生提供丰富的学习资源，把现代信息技术作为学生学习数学和解决问题的有力工具，有效挖掘改进教与学的方式，使学生乐意并有可能投入到现实的、探索性的数学活动中去。"因此，充分发挥现代信息技术和互联网的优势，通过网络平台、移动通信终端设备、AI 技术等，为数学教学创造更优化的教学环境，提高教育效果是新时代的要求。

线上教学是发展学生核心素养的重要途径。中国学生发展核心素养，以培养"全面发展的人"为核心，分为文化基础、自主发展、社会参与三个方面。学会学习是自主发展的表现之一。信息意识，即能自觉、有效地获取、评估、鉴别、使用信息。具有数字化生存能力，主动适应"互联网+"等社会信息化发展趋势又是学会学习的表现之一。所以，适应线上教学，是发展学生核心素养的重要途径。

线上教学是促进教育均衡发展的有效途径。《国家中长期教育改革与发展规划纲要》强调"优先发展、育人为本、改革创新、促进公平、提高质量"。线上教学是促进教育均衡发展，让每一个孩子都机会均等地享受到与时代同步的优质教育的有效途径。线上教学是以"互联网+教育"作为大环境发展下产生的，最大的特点是打破了时空界限，让教学无处不在；互联网提供的数据和信息资源可以精确了解学生个性化的学习需求；互联网带来的实时协同通信网络、大规模的社会化协同，可以提供更多更好的知识以及及时的评价反馈；互联网的虚拟现实，又给予多样化的教育服务。线上教学改变了人们对于教育行业的定义，在这个过程中，因为互联网改变了人的认知，也导致了教育的创新，从教学思想、教学理念、教学组织形态、教学方法等都将随之改变。线上教学的另一个重要发展是虚拟现实技术。通过虚拟现实技术，在线教育将解决学生的人际交往、个性养成、体质健康等问题，知识也不再是静态的传授，具有了流动性、情景性、社会性等特点。线上教学带来了新形态的教育模式，比如自动批改、人工智能解题、社交化学习、学习成果动态展示、即时反馈、在线辅导、在线答疑等，这是传统的"一所学校，一间教室，一位老师"所不能相比的。

线上教学是现实生活的需要。2020 年春节前夕新冠疫情暴发，两年多了，仍然没有完全退却的迹象，而且存在不定期暴发的现象，疫情高风险区的师生不得不居家办公，进行线上教学。病毒伴随人类而存在，疫情倒逼我们进行的线上教学推动我们的教育观念与教学方式的转变，使线上教学与线下教学结合成为必然。数学教师要与时俱进，从思想上高度认识到线上教学的重要性，尽快学习数学线上教学的新技术、新理念与新方法，熟练数学线上教学基本规程，提高线上教学效果。

二、选择合适的教学平台、教学内容、教学方式，确保数学线上教学效果

对于线上教学，由于教学环境的变化，地点由教室到家里，师生隔屏相望，不能面对面交流，使线上教学与线下教学出现很大差异。所以，教师要根据线上教学与线下教学的异同，学情及数学学科特点，取长补短，选取合适的线上教学平台、教学内容、教学方式，以确保线上教学取得良好的效果。

（一）灵活选取线上教学平台，确保线上教学顺利开展

目前，在本地区线上教学实践过程中，使用的主要有录播平台"国家中小学网络云课堂"，直播平台"兰州智慧教育·名师在线""钉钉直播"等。平台各有千秋，各有优缺，选择哪种方式，必须符合学情，符合数学学科特点及教学内容、目标等。

"国家中小学网络云课堂"。属于专业网络录播平台，是国家层面将优秀教师录制的教学视频上传到网上，对全国中小学师生开放，登录网址即可观看。这种课多数是微课，短小精悍，播放时长在 15 分钟左右，很适合初中学生的身心特点，随时随地可以选择想看的内容，特别是基础差、反应慢的学生，可以反复（或暂停）观看。虽然录制的教材版本不同（我们使用的是北师大版，云课堂使用人教版），但内容基本一致，只是顺序不同，所以可以实现所有学生都能观看的需求，大多数数学教师选用此平台。但录播课不像直播课有固定的课程和时间安排，对于自觉性差的学生没有约束，导致学习任务不能按时完成。

"兰州智慧教育·名师在线"。属于专业网络直播平台，在本地区使用相对成熟。早在疫情暴发前，也就是 2018 年，兰州市教育局高瞻远瞩，顺应时代潮流，

推动"互联网+教育"在本地区的发展，创建了"兰州智慧教育·名师在线"平台，向全市师生提供远程、实时、方便的免费教学。直播过程中，教师可以通过"课件共享"功能适时为学生共享教学课件、微课视频和其他教学辅助资源。学生可通过手机、电脑、平板等设备适时接收画面信号，这种同步在线授课的模式较之录像课更能调动学生的学习兴趣。教师可以利用笔迹模式在课件中书写必要的教学过程，梳理课堂知识，厘清结构关系。直播的优势主要集中在即时的互动性上，在平台中，教师可以利用"懂了吗""抢答"和"随机选人"的方式与学生进行适时互动，师生通过利用语音交流的方式实现"空中对话"。同时，平台提供了课堂教学大数据分析功能，教师可以利用发布单选题或者多选题的方式让学生通过学习端对教师发布的测试题作答，结束答题后教师即可使用数据分析功能准确地掌握学生的学习情况，精准分析适时学情，及时调整授课过程。当疫情忽然来临，大家束手无策时，"兰州智慧教育·名师在线"发挥了不可替代的作用，兰州市教育局统筹安排，为广大中小学生开设了不同学科不同学段线上直播教学，取得了良好的效果。皋兰三中属于基层学校，各种线上教学资源相对贫乏。尤其是基层学校的教师，信息技术应用及线上教学技能薄弱，学校要求教师应用"兰州智慧教育·名师在线"居家教学，保证线上教学与线下教学进度基本一致。但在使用过程中我们发现，由于每个孩子的基础不同，特别是农村孩子，基础比较差，渐渐地跟不上授课教师的节奏。由于没有回放功能，这部分孩子慢慢掉队了，所以我们需要更符合学情的线上教学方式。

钉钉直播平台。为了尽可能与线下教学相仿，大家尝试用钉钉直播平台。此平台可以实现以班级为单位，由科任老师进行直播教学，是最接近线下课堂教学的方式。因为师生间比较了解，所以效果较好。但直播还是受时空限制，加之数学知识有很强的连贯性，自觉性差的学生如果没有家长的督促，不能按时观看，一时错过可能后面的讲解就听不懂，导致听课费事、理解困难。例如，教师讲二元一次方程组的定义时学生没有在线听到，在判断是不是二元一次方程组的对应练习时学生就无从着手。

混合式教学方式。鉴于各种平台的优缺，录播课没有时间限制，可以反复观看，但录播课基本是教师"一言堂"，不能进行师生互动。直播课可以实现师生互动，但不能回看，受时间限制。录播课或直播课一般授课教师不是大多数听课学生的科任教师，授课内容及方式不一定符合学情，所以选用钉钉平台。在这个平台教师针对班级学情，由科任老师进行直播，效果较好。但毕竟隔屏线上互动，管理费时费力，即便是科任教师，部分基础差的学生还是会顾及不到。对这部分孩子，可以课后继续学习"国家中小学网络云课堂"中相应课程，加深对所学内容的理解。综合多种方式的优缺点，采用混合式教学方式，即将直播、录播、自学课本等方式交互进行，是一种比较优化的数学线上教学方式。

不论使用哪种线上教学平台，都不能只布置观看或直播就了事。为了确保教学效果，教师都必须认真备课，认真组织教学，督促学生观看录播或直播。课后，教师必须布置及辅导课后作业，可以在手机上建立班级学科教学微信群（如我班就建立了八年级 2 班数学群）。在微信群里师生互动，教师督促学生按时观看直播、认真记录笔记、积极参与直播互动。同时，科任教师与学生一起观看直播，根据直播或录播内容，课后在群里分享笔记及精彩内容（如数学思维导图）截图。教师还要布置相应线下作业，以便检查学生是否观认真观看。作业限时完成后拍照上传到班级小管家，随时上传、随时批阅、随时更正。对于作业中出现的问题，师生可以通过小管家中的作业反馈系统，发语音或视频进行交流，直至学生完全掌握当天的学习内容。

例 1 在学习"认识二元一次方程组"一节课时，我采用混合式线上教学方式组织教学。首先，选用本地区"兰州智慧教育·名师在线"实时直播，督促学生观看当天的学习内容——二元一次方程组的定义及相关概念。要求学生边看边记笔记，并将本章的知识结构图截屏收藏；其次，课后完成直播课件中教师讲的重点例题（共 14 道选择或填空题，考查了二元一次方程（组）的定义与解的掌握情况），并于当天晚上十点以前将作业拍照上传到班级小管家作业管理平台，教师在网上及时进行批阅与辅导。例题可以下载课件查看，查看课件的过程也是复习的过程，巩固所学知识的过程。如果有不懂的地方，可以回看"国家中小学网络云课堂"对应的录播课。最后，由于"兰州智慧教育·名师在线"数学课程安排每周 3 课时，基本是隔一天一次，所以，在不直播时，我要求学生观看"国家中小学网络云课堂"上与前一天直播内容一致的录播课，进一步理解二元一次方程（组）的定义与解的意义，并于课后完成课本对应习题。这样一来，线下教学一课时的内容，线上教学用两课时，减轻了居家学习的学生课业负担，提高了教学效果。

（二）整合教材内容，实施单元教学，确保线上教学有效开展

"自学·议论·引导"教学法的操作要义是重组教材内容，实施单元教学。教学内容，即学生的学习内容，不只是指新授的知识，而且包括知识与技能，过程与方法，情感、态度与价值观等的整合，必须全面关注。在教学过程中，应该对教材内容进行有机组合，实行单元教学。数学线上教学内容不宜太多，讲课节奏不能太快，教师不能照搬教材上的课时安排进行教学，线上教学更适合单元教学。教师要从课标、教材、学情、教学方式、环境等多方面考虑，进行单元整体设计，建构单元教学体系或框架，然后分课时逐步教学。

例2 在学习八年级数学《二元一次方程组》一章时，由于学生已经在小学学习了简易方程，七年级学习了一元一次方程，在此基础上，本章可以从整个初中阶段方程学习的角度出发，设计初中学段与方程有关的知识结构图。利用信息技术便捷的展示功能，通过课件，按照箭头指向依次生成知识结构图。初中学段与方程有关的知识结构图通过知识结构图的生成展示，让学生对已学和将要学习的方程有一个全面系统的认识。了解方程、不等式、函数三

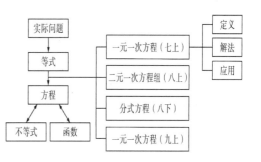

种刻画现实世界的数学模型之间的关联，体会二元一次方程组在初中数学中的地位。类比《一元一次方程》一章的研究内容、过程及方法，学习《二元一次方程组》一章，引导学生自主迁移，学会学习。在这个单元整体知识结构框架下，结合教材安排，适当调整，本章教学内容安排8课时完成。第1课时，构建初中学段与方程有关知识结构图，学习二元一次方程组的相关概念；第2课时，求解二元一次方程组（代入法、加减法）；第3课时，灵活选择适当方法求解二元一次方程组；第4—6课时，应用二元一次方程组解决实际问题；第7课时，二元一次方程组与一次函数的关系，利用图象法求解二元一次方程组；第8课时，利用

二元一次方程组确定一次函数表达式。其中，为了对二元一次方程组解法有整体认识，将教材中的第2、3课时分别学习代入法与加减法做了调整。

（三）采取多种方式，激发学习兴趣，确保线上教学创新发展

兴趣是最好的老师，激发学生的学习兴趣，充分调动学生的积极性是线上教学取得良好效果、培养学生创新能力的关键。

1.根据数学学科特点，激发学习兴趣。

数学知识逻辑性很强，教学内容的设计要利用逻辑性吸引学生的注意力，让学生体会到知识间的关联及数学思想方法，学会学习，学会自主发展。

例3 在学习利用代入法求解二元一次方程组时，设计三道题目：

$$(1)\begin{cases}y=8,\\5x+3y=34\end{cases} \quad (2)\begin{cases}y=x-8,\\5x+3y=34\end{cases} \quad (3)\begin{cases}2x+y=8,\\5x+3y=34\end{cases}$$

显然，这三个方程组都只有第1个方程不同，但它们之间有本质联系。方程组（3）可以转化为方程组（2）的形式，这两个方程组本质上是一样的，最终都可以利用方程组（1）的方法求解。而方程组（1）的解法大部分学生会自己悟出来。这样以来，三个方程组学生都可以通过自主探究求解，从而体会到成就感，激发学习兴趣。至此，为了进一步引导学生体会代入消元的本质是转化为一元，在完成以上三道题之后，可以增加方程组（4）$\begin{cases}2x+3y=8,\\5x+3y=34\end{cases}$ 让学生自主探究整体代入的思想，体验阶梯上升的成就感，激发探究欲望及创新意识。

2.利用信息技术优势，激发学习兴趣。

利用几何画板等数学工具，设计动态演示，激发学生的学习兴趣，培养探究问题的能力。

例4 在学习二次函数 $y=ax^2+bx+c$ 的图象与性质时，遵循数学学科由简单到复杂、特殊到一般的研究方法，首先研究 $y=x^2$ 的图象。在几何画板上先画出 $y=x^2$ 的图象，再利用几何画板的技术优势，改变 a 的数值，很容易发现二次函数的图象抛物线的开口大小与方向也随之改变。通过多次实验、观察可得抛物线的性质：a 为正数，开口向上；a 为负数，开口向下；a 的绝对值越大，开口越小；不论 a 值如何变化，图象始终关于 y 轴对称且抛物线顶点是原点。用类似方法可以

继续研究 $y=a(x-h)^2$、$y=ax^2+k$、$y=a(x-h)^2+k$ 及 $y=ax^2+bx+c$ 的图象与性质。

3.利用互联网平台，激发学习兴趣。

在教学过程中，充分发挥互联网独特的技术优势，通过连麦互动、设置抢答等环节，激发学生积极参与教学过程。也可以利用"板书"，实现有效互动。教师可以选用摄像头加手写白板进行板书，为增强媒体效果，如 PPT 设计可利用图片、关系图表展现知识点及分析过程。

另外，数学教师可以利用一些公共教育资源及数学家的励志故事等对学生进行思想教育，让学生认识到学习是自己的事，自觉学习是初中学生应有的素养，也是伴随每个人一生的核心素养，从而激发学习的内驱力。

（四）利用合作学习小组，确保生生互动，拓展线上教学

"自学·议论·引导"教学法的核心理念是：以学生为主体，教师为主导，在师生合作中学会学习，学会自主发展。利用线下教学中成立的合作学习小组，确保生生课后线上交流、沟通以及相互监督、相互促进，让合作学习小组在线上教学中充分发挥其作用。教师可根据教学需要设置不同的探究性学习任务，让全体小组成员都参与其中，不同的人得到不同的发展。

例 5 在学习《应用二元一次方程组——鸡兔同笼》一课时，教师可以提前布置小组合作学习任务：1.查阅关于"鸡兔同笼"的相关文献，了解"鸡兔同笼"问题的背景及不同解法并整理出来；2.收集整理其他典型古代算题，了解丰富的数学历史文化；3.制作一期数学画报；4.将作品以小组为单位上传到班级微信群展示交流。此学习任务可以充分利用信息技术、互联网平台小组合作学习完成。同时，作品通过网络平台充分展示交流，使学生互相学习，取长补短，共同进步。

三、优化作业设计与辅导，巩固线上教学效果

根据"金字塔"记忆法则，课后练习应是课堂教学的组成部分。根据在线教学的实际情况，充分发挥网络优势，进行作业优化设计。分享电子版学习资料，推荐课外研究内容，鼓励学生上网查阅数学文化、数学家的故事等资料；利用信息技术进行研究性学习、自主学习；推荐学生观看名师授课，激发学习兴趣，提

高学习效果；建立作业网上反馈系统，随时进行网络解惑；充分利用班级小管家进行当天的作业发布、提交、批阅、指导、提醒、统计分析等。

四、加强家校合作，形成育人合力

苏霍姆林斯基说过："最完备的社会教育是学校—家庭教育。"家庭教育和学校教育是影响孩子的各种因素中最重要的两个。整合家庭教育和学校教育，形成教育合力，对孩子的健康发展非常必要。居家上网课需要学生有很强的自律能力，而初中学生自控能力差，这就需要家长帮助学生进行个人管理。特别是上网课的时间与手机、电脑等电子设备的使用管理，需要家长做好电子设备的安全防护，净化电子设备环境，为学生线上学习创造良好的氛围，培养孩子居家自觉学习的良好习惯。

网络教学将是大势所趋，作为一线教师，要与时俱进，不断学习，转变教学方式，将线上教学与线下教学有机结合，将信息技术与课堂教学深度融合，才能让数学教学更加有效。

微课在初中数学教学中的妙用

　　微课是指以视频为主要载体，记录教师在教育教学过程中围绕某个知识点或教学环节而开展的教与学活动全过程。微课的主要特点是：1.教学时间短。视频时长一般为5—8分钟，最长不超过10分钟，符合中小学生的认知特点和学习规律。2.教学内容精。微课主要是为了突出课堂教学中某个学科知识点（如教学中重点、难点、疑点、关键点）的教学，或是反映课堂中某个教学环节、教学主题的教与学活动，相对于传统教学一节课要完成众多的教学内容，微课的内容更加简练，因此又可以称为"微课堂"。3.资源容量小。微课视频及配套辅助资源的总容量一般在几十兆左右，师生可流畅地在线观看，也可灵活方便地将其下载保存到终端设备（如笔记本电脑、手机、MP4等）上实现移动学习。4.微课具有课堂教学情景，学生观看微课具有似曾相识的亲切感。微课的这些特点非常符合初中学生的身心特点及学习需求。通过一段时间对微课在数学教学中的实践应用，本人发现如果将微课巧妙地应用于初中数学教学，会极大地提高教学效率与教学质量。

妙用一　利用微课激发学生学习数学的兴趣

　　兴趣是最好的老师，数学知识常常因其抽象性而增加了理解的难度，也因其烦琐的计算而显得单调枯燥，使学生的学习减少了趣味性。对于处在青春期的初中学生来说长时间集中注意力并不容易，如果教师能够在课堂上恰当地导入微课，将抽象的知识变得具体、生动，在课堂上创设情境，就能够激发学生的学习兴趣，让学生满怀热情地投入到教学过程中来，使数学课堂能够真正激活学生的思维，引发学生的思考。例如，在学习"勾股定理"的时候，我们知道勾股定理又被称为毕达哥拉斯定理。这是由于最早发现直角三角形具有"两条直角边的平方和等于斜边的平方"这一性质并且最先给出严格证明的是古希腊的数学家毕达哥拉斯。教师可以在课堂上播放或让学生课外观看有关毕达哥拉斯与勾股定理的微课，了解毕达哥拉斯发现并证明勾股定理的故事，激发学生学习勾股定理的兴趣。数学教材中有很多相关数学知识及数学家的故事都可以采用微课形式让学生了解，以便激发学生学习数学的兴趣。

妙用二　利用微课进行数学概念教学

数学概念是反映现实世界的空间形式和数量关系的本质属性的思维形式的体现。数学概念是数学知识的基础,是数学思想与方法的载体。正确理解数学概念，是掌握数学基础知识的前提，也是发展学生智力，特别是培养学生逻辑思维能力，提高学生数学核心素养的必要条件。那如何进行数学概念教学呢？因为数学概念描述的是事物的本质特征，所以比较抽象，一般需要教师直接给出定义或根据实际背景抽象归纳出事物的本质特征然后下定义，这就是说数学概念教学多运用讲授法。新课标指出："学生是数学学习的主人，有效的数学学习活动不能单纯地依赖模仿与记忆，动手实践、自主探索与合作交流是学生学习数学的重要方式。"但这并不否认教师的讲授不重要，华中师范大学数学与统计学院的刘丹老师认为："在通向未来的数学教学中，我们仍要坚持以讲授法为主要的教学方法，尤其对于中学阶段的学生而言，特别是对自学能力较差的初中学生更是如此。"的确，对于初中数学教学而言，讲授法有着其他教学法不可替代的优势，尤其是数学概念教学。而微课常用方式就是"讲授课"，所以利用微课可以完成数学概念教学。例如，学习圆的定义及相关概念的时候，我们往往只能告诉学生怎样的图形叫作圆、什么叫圆的弦、什么叫圆弧、满足什么条件的角叫作圆周角或圆心角等。既然只需要告诉学生，并学生记住、理解概念即可，那么就可以利用微课进行"讲授"教学。也就是在课堂上，教师可以适时播放微课，让学生通过观看微课自主学习圆的定义及相关概念。微课观看结束后，教师随即对学生进行概念的理解与应用练习。微课比现场教学讲解更加清晰、准确、精练，把微课教学融入课堂教学，学生对概念的学习就更省时，从而对概念的理解与应用时间更充裕，教学效果更好。

妙用三　利用微课突破数学教学难点

初中生的理解能力、抽象思维能力及空间想象能力都有着一定的局限性，而初中数学的教学内容与小学相比却比较抽象。例如，七年级数学中的"截一个几何体"一节的内容，学生理解起来就比较困难，教师演示也比较困难，这时候，教师就可以利用动画课件制作的微课进行教学。在学习"视图与投影""三视图""平移与旋转"等需要动态演示内容的时候，也可以利用信息技术课件制作的微课进行教学，形象直观，又快又好地帮助学生理解。也可以利用互联网上丰富的优质微课资源，解决教师的教学难点。有些微课设计内容丰富多彩，形式多种多样，生动的动画演示不仅揭示了抽象的数学问题，而且增加了一些生活情境与趣味，寓教于乐，效果很好。

妙用四　利用微课优化教学过程

可以利用微课来辅助教师优化课堂教学过程，通过在课堂上适当播放某一节课的重点、难点、疑点、思想方法等的微课，加深学生对某一点的理解。例如，讲"提公因式法分解因式"的时候，找公因式是重点，教师就可以利用形象直观的找公因式的课件制作微课，让学生通过观看微课，很清晰地了解到找公因式的方法是三定，即一定系数（各项系数的最大公约数）；二定字母（各项共有的相同字母）；三定指数（相同字母的最低次幂）。又如，在上复习课的时候，可以利用思维导图制作微课，帮助学生快速而全面地构建知识体系。因为微课是教师课前精心录制的，有时比老师现场讲解的要清晰、全面，从而给学生留有更多的时间进行应用练习。

妙用五　利用微课实现个性化教学

由于学生之间存在差异，对他们最好的教育是适合的教育、个性化的教育。而班级授课的最大弊端就是课堂教学很难实施个性化教学。对于学生而言，微课能更好地满足不同层次的学生对学科知识点的个性化学习，是传统课堂教学的一种有效补充和拓展。教师可以根据学情录制适合不同层次学生的不同内容的微课，供学生选择使用，反复回看。学生也可以从网络上搜集适合自己的微课自主学习，取长补短，查漏补缺，最大限度挖掘自己的潜能。

妙用六　利用微课促进教师的专业成长

好的微课离不开好主题、好设计、好讲授、好剪辑等。要制作一个好的微课，从选题、设计到讲授，教师要经历与传统课堂教学一样的备课、上课全过程。与现场教学相比，微课短小又是课前录制，可以精心打磨，反复修改，多次录制。微课制作的过程，就是一个磨课的过程，所以，通过微课的制作，可以促进教师课堂教学能力的提升及教师专业成长，从而促进教学质量的提高。

21 世纪是互联网时代，"互联网+教育"是大势所趋，2020 年突如其来的疫情更是倒逼教师不得不进行线上教学的实践，也取得了一定成效。未来教育，随着手持移动数码产品和无线网络的普及，基于微课的移动学习、远程学习、在线学习、线上线下混合学习等将会越来越普及，微课必将成为一种新型的、常态的教学模式，更是一种可以让学生自主学习、让教师自我提升的平台。挖掘和优化微课资源，将微课巧妙地应用于初中数学教学中，将线上线下教学深度融合，对提高初中数学教学质量和促进师生共同成长必定会有奇特的功效。

例说"电子白板"在数学教学中的作用

2009 年 6 月份，皋兰县教研室配合省电教馆，在皋兰三中组织了一节"电子白板"的展示课，课的内容是复习"生活中的轴对称"一章（北师大版九年义务教育七年级《数学》下册）。与以往复习课一样的是，教师的教学设计充分体现了复习课的特点：复习提问了基本问题，归纳总结了知识框架，有针对性地设计了各种类型的练习题（如判断、选择、作图、计算、辨析、解释、拓展等），通过练习巩固了重点（轴对称图形、轴对称的性质及应用），进一步明确了概念（角的对称轴），从而提升了学生的逻辑思维能力，培养了学生创造性地应用知识的能力。然而，本节课与以往复习课大不一样的是教师彻底改变了教学方式，充分使用电子白板来教学，使本节课大放异彩。

首先，教师利用电子白版的图库功能，展示了知识框架，提供了丰富的图片资料（十几个国家的国旗）和几何基本图形（如三角形），并利用白板的拖、放功能将图片拖动或放大。这样有利于让学生判别图形是否是轴对称图形，从而提高了学生的学习兴趣，强化了学生对知识的理解。

其次，教师利用电子白板的画图功能及擦的功能，准确、清晰、规范地画出了对称轴、对应点。形象直观，便于学生理解对称轴。

第三，教师利用电子白板的书写、标注功能，完成了应用与解释的两道练习题（判断三角形是等腰三角形，计算三角形的周长）。其中，判断三角形是等腰三角形的题目较简单，教师先让一名学生用白板笔在白板上书写过程，其余学生在练习本上做，然后教师利用白板笔进行勾画点评，清晰明了。计算三角形的周长这道题，教师在图形中用不同符号、不同颜色标注了已知条件，提供了帮助学生思维的直观图形，这是几何教学的一个重要策略。在电子白板提供的有利于信息多向交流的环境中，教师与学生共同研究了分析几何问题的一种重要方法——分析综合法。学生通过思考分析过程、叙述分析过程、利用电子白板书写分析过程三种策略，有效地掌握了一种数学问题的研究方法，经历了探究数学分析方法的过程，尝试了高科技的学习工具，体验到了学习数学的乐趣，提高了分析问题、解决问题的能力。

第四，教师利用电子白板的联网功能，为学生营造了一个网络化的学习环境（镜面成像），实现了资源共享，打破了传统学校教学方式的束缚，独特的动画特技展示了知识的产生过程及问题的解决过程。点灯在镜中成像问题在屏幕上实现了三维效果的、近乎逼真的景象，激发了学生学习数学的兴趣和动机，在数学学习中获得了快乐和享受，而这正是我们新课标要追求的目标。

第五，教师利用电子白板的画图、书写、标注等多项功能，多方面、多角度地分析、解决了拓展练习，激发了学生的创新思维，使学生学习的潜能得到了充分的挖掘和提升，使复习课达到了较高的效率。

在后来的探索应用中，我了解到电子白板还有很多功能，如：快拍、拉幕、放大镜等功能，在数学教学中很有效。当学生作业需要展示时，可以将作业先利用电子白板的快拍功能拍成照片，再利用电子白板的放大功能放大，然后用电子白板笔的标注功能勾画、分析、讲解，使学生可以学到更多同学的不同解法。有时失败的教训比成功的经验还宝贵，当学生做练习时，教师可以观察学生的作业情况，挑选典型的解法，利用电子白板的快拍功能评讲错解。通过评讲典型错解，达到理解概念，突出重点，突破难点的目的。这样就克服了只能有少数学生在黑板上展示的不足，增加了课堂的容量，提高了课堂教学效率。

使用电子白板的交互性能提高了课堂教学的有效性。交互性能生成电子白板的最大优势在于其具有强大的交互功能，即时生成性强。例如《三角形内角和》的教学中，学生通过对两把三角尺的内角的度量，大胆猜想"三角形的内角和是180度"。教师运用电子白板的照相功能对三角形的三个内角分别照相，获取和三角形三个内角度数相同的三个角，然后让学生用白板笔旋转、移动这三个角的位置，使这三个角的顶点重合，将三个角排列于同一条直线上，揭示出三角形内角和为180度这一规律，形象直观，令学生过目不忘。再如上《认识角》课，一开始可以让学生到白板前对许多的角进行分类，学生可以简单地拖动白板上各种角的图片进行分类。学生的分类方式有很多种，这些分类方法都来自于学生实践，而不是由老师预设。而传统课件平台在课前制作过程中预设了过程和结果，课上难以修改，更谈不上让学生通过操作课件验证结论了，这样的课无形中固化了学生的思维。而学生的思维是灵活的，我们的课堂是不断生成的，有它的不可预见性，白板平台可随时将素材自由地拖动，并方便写出各种算式、结论。这样一来，未预设的内容也可以根据课堂的实际进行保存，便于以后教学研究。

真正精彩的课堂应该是生成性的课堂。新课程强调的课堂教学应该是预设与生成的统一。在电子白板环境下的课堂教学中，教师、学生、文本，通过对话，生成了新的教学内容、教学话题，突破预定的方案，甚至完全打乱预设的教学程序。在交往中互动，在互动中生成，达到真正意义上的学习。真正贯彻新课程标准提出的"以人为本"的核心理念。而这也正是多媒体课件的不足，也是多媒体课件教学在常规数学教学中没有推广下去的主要原因。有了电子白板，大家的这种困惑就没有了，在常规数学教学中推广电子白板也就顺理成章。

电子白板既可以像传统黑板一样任老师随意涂写、勾画，也可以满足多媒体教学的各项要求；不仅具有黑板和多媒体的双重优势，而且弥补了两者的不足。与传统黑板的一擦即没相比，电子白板能够实时记录、保存教与学的全过程，教师可随时调用电脑中存储的课堂教学资料，不必再担心板书的内容无法重现。与"电脑+投影仪"相比，电子白板允许教师根据学生的学习情况方便自如地随时调整、修改教学计划，并随时保存、更新电子教案。同时，电子白板让教师与学生在课堂教学中实现了积极的互动，促进了学生学习方式的转变，这有助于提高学生的学习兴趣，更适合多样化教学和创造性教学的需要。

研究表明，电子白板在互动中的应用有利于激发学生的学习兴趣，激活学生的数学思维；有利于增进师生的互动，焕发课堂活力；有利于呈现数学概念发生发展的过程；有利于增大课堂的容量，将知识的前后联系讲得更透彻；有利于将抽象的问题形象化，促进学生的理解。将电子白板与数学教学有效整合，变革了师生教与学的方式，使数学课堂收到了良好的教学效果。

我的教学风采

——"白 + 黑"环境下的六步教学法

不断学习新的教育教学理念，不断更新自己的教育教学知识结构和方法，不断提高课堂教学的有效性，让课堂成为孩子们生命成长的乐园是对孩子们最大的爱。自"爱生学校建设"活动开展以来，在"有效的教与学"主题活动中，本人结合多年来在新课程实施过程中的教学实践和研究，把先进的教学理念与自己的教学实践相结合，逐步形成了自己的教学风格，初步探索出了行之有效的初中数学课堂教学新模式——"电子白板+多块黑板"环境下的六步教学法。该模式以学生自主学习和探究学习为主，以合作学习小组为基本单位讨论研究，以"电子白板+多块黑板"为展示的载体，以"预习、展示、反馈"模式为主线展开教学，充分体现了以生为本、先学后教、以学评教的新课程理念。目的是让人人参与数学学习过程，人人尝试成功的喜悦，让每个孩子的数学素养在和谐的教育教学氛围中得以提升，促进每个孩子健康全面发展。

一、"预习、展示、反馈"课堂教学模式是实施新课程的理想载体。

新世纪的课堂教学，已进入以培养学生创新精神和实践能力为主的新阶段。学生是学习的主体，课堂是学生展示的舞台，一切教育活动都要服务和服从于主体，都要充分调动主体自觉积极参与教育过程。苏霍姆林斯基说："在人的心灵深处有一种根深蒂固的需要，这就是希望自己是一个发现者、研究者、探索者。而在儿童精神中，这种需要特别强烈。"只有激活主体的内在原动力，最大限度地把他们的潜能发挥出来，才能逐渐形成主体积极认识世界、改造世界的能力和喜欢求异、独立性强、自信心强的个性。教育家叶圣陶也曾说："教是为了不教。"如今我们教师的教学，不能一味地向学生传授知识，更主要的是让学生在自主、合作、探究的学习过程中，知道怎样去学，为什么要学；课堂教学过程，不只是教师向学生传递知识的过程，更应是教师向学生提供学习环境和经验，组织、参与和指导学生学习的过程，是学生互动学习、自主建构的过程，是学生能力得到充分发展的过程。"预习、展示、反馈"数学课堂教学模式是在教师指导下让学生课前自主预习，课堂互助展示，当堂检测反馈，充分体现学生自主探究、合作交流的新课程理念，创造了一种师生、生生互动教学相长的和谐学习氛围，有利于新课程提出的"知识与技能、过程与方法、情感态度与价值观"三维目标的实现。它真正打破了教育的单向传授形式，打破了教师压抑学生学习天性的课堂霸权，真正把课堂还给了学生，使得学生在灵动与鲜活的课堂上自主探究、合作交流、展示分享，最大限度地调动了学生的积极性和主动性，充分发挥了学生的主体作用。

"预习"在教学过程中主要为学生对新知主动地选择学习、积极地独立学习提供保障，这是学生学习主动性的体现，有助于自学能力的增强和良好学习习惯的形成。"展示"主要是指师生、生生间的合作学习。灵活多样、多边多向的合作探索、协商学习可以让学生在宽松和谐的学习环境中发现问题、解决问题，并达成师生、生生间的情感沟通，有利于学生良好个性的发展。"反馈"是探求学生对知识的掌握情况，让学生能够发现新知识，看到自己的不足，进一步掌握其中蕴含的基本规律，并具备相应的能力或有一定的独立见解。"预习"是"展示"的基础，"反馈"是对"预习、展示"的深化，三者是相辅相成的。"预习"是对知识目标的明确，"展示"是对学生个性的张扬，"反馈"是检验对学生知识的掌握。这样的课堂有利于学生素质的全面发展，有利于课堂教学真正走向素质化。

二、课堂教学的"六个步骤"是新课程理念在课堂教学中得以落实的有效途径。

课堂教学六个步骤是指预习、互助、展示、精讲、检测、反馈。

预习：教师在课前要精心设计学生预习的具体问题，并用多媒体或印发清单或口头形式布置给学生，让学生在课前（或课堂上）独立自主学习。自主学习是交流展示的基础，是开展有效教学的关键。

互助：各小组学生将预习内容在组内交流，有疑难可以互相帮助；然后由小组长负责将本小组交流讨论的结果汇总，在全班交流展示。

展示：选派适当的小组成员将学习任务完成的结果或者过程展示在黑板上或口述或实物投影或边讲边写等。教师及时引导、点拨并发现捕捉疑点、探点、拓展点，作变式训练，以培养学生的实践能力和创新能力。

精讲：在学生展示的基础上，教师对本节课所学知识和方法进行归纳总结、点拨提升，起画龙点睛的作用。

检测：通过多媒体手段或印发题单或板书或课本随堂练习等形式对本节课所学知识进行应用练习。

反馈：根据检测结果，查漏补缺，分层布置适当的课外巩固练习。

六个步骤中，预习是关键，是前提，是新课改理念先学后教的体现。预习可以在课前，也可以在当堂，对于新课多采用当堂预习，习题课、复习课多采用课前预习。检测反馈也可以根据展示的进展情况而在课后进行，学生的作业其实也是一种检测形式，老师对作业的批阅就是一种反馈。老师还可以利用鼓励性评语和学生沟通，从而建立良好的师生关系。良好的师生关系不仅仅是一种人际关系，同时也是一种无声的教育因素，是一本活的教科书，它对学生在思想、道德、心理和学习等方面产生的影响是有声教育所不能代替的。

三、"电子白板+多块黑板"和初中数学课堂教学进行有效整合，推动了新课程的实施，是目前最优化、最理想的数学课堂教学手段。

新课程标准提出数学课程的设计与实施应重视运用现代信息技术的基本理念，要求充分利用现代信息技术，大力开发并向学生提供丰富的学习资源，把现代信息技术作为学生学习数学和解决问题的强有力工具，致力于改变学生的学习方式，使学生乐意并有更多的精力投入到现实的、探索性的数学活动中去。而传统的黑板教学，在教学的容量、趣味性、生活化、互动性、延展性、探究性等多方面受到影响，从而影响教学效率。只有将一块电子白板和多块传统黑板相结合，才能使课堂教学效率最大化。利用多块传统黑板（每个合作学习小组都有自己的一块黑板），可以让多数学生进行大量应用练习，培养学生自我展示能力和合作能力。电子白板为新课程改革提供了一种新型的教学互动平台，它完全颠覆了传统填鸭式教学模式。教师以更感性、更直接的方式授课，学生也可以积极地参与到教学过程中，大大提高了师生交互的机会，培养了学生的自主学习和创造性思维的能力，激发了教师的教学潜能。著名教育家叶澜说，教学方式要体现生命的层次，要用动态的观念，重新全面地认识课堂教学，才能让课堂焕发出生命的活力。电子白板教学的教学方式完美体现了教育者与受教育者的个性，体现了教学的生命力，使教师和学生都充满活力。

在"有效的教与学"主题活动中，本人很重视教学实践研究，以此促进课堂教学改革，打造高校课堂教学新模式，提高教育教学质量，并取得了显著成绩。个人课题《"电子白板与推拉黑板"环境下的初中数学课堂教学研究》通过了市级课题鉴定，并获得兰州市教育科研个人课题优秀成果二等奖；在县教研室组织的教学开放周，成功应用"电子白板+多块黑板"环境下的六步教学法上了一节公开课《认识三角形》，得到了参与学校老师的好评。由这节课录制的课例《认识三角形》荣获"全国大中城市教育技术应用评优活动"交互式电子白板优质课一等奖。2014年12月，本人被确定为甘肃省骨干教师，2015年9月，获"金城名师"称号，并成立兰州市初中数学刘玲芳名师工作室。

"路漫漫其修远兮，吾将上下而求索。"今后，我将继续加强学习，在学习中不断反思，在实践中不断探索，努力构建更适合学生的数学课堂教学新模式，让课堂成为孩子们生命成长的乐园。

有一种师德叫走进孩子的心灵

——从孩子眼里看我的教育故事

(一) 真心的告白

老师，三年来，粉笔灰沾满了您的双手，没有任何抱怨，您用无私展现一种至深的教育。

老师，每当您用心翻动每一页孩子的作业时，学生的生命从此开始了新的目标。

老师，三年来，忙碌之中，彼此只有一个相遇的节日——教师节。

老师，记着那堂永生难忘，又令人感动的课堂，《赵孝争死》的一幕幕情景，我们记忆犹新。

老师，我们还记得您参与课改时的那种激情。

老师，那本经典之作《弟子规》是您送给我们的，多么珍贵，多么难得。

老师，孩子们不懂事时，您也会让我们听听音乐，《感恩一切》那首歌永远也不会忘，记得您花了很长时间制作了歌曲的幻灯片。为了上"旋转"那节课，幻灯片的放映方式变换了好几种。

老师，走进教育，走进课堂，您更多了几分情怀，您让教育方式变幻无穷，课堂之中，您让掌声、欢呼声、笑声响起。您把更多的总结、经验、故事与学生一起分享，我们在倾听中感悟真理。

老师，"放飞希望"的幻灯片，让我们更多了几个梦想。

老师，您来了，同时也带来了《弟子规》，课堂之上，我们共同学习"五伦八德"。

老师，"过一种幸福而完整的生活"，您让孩子们拥有快乐与幸福。

老师，一句感恩，我们走进心灵。

老师，一句呼唤，我们走进凝望。

老师，一句理解，我们感受快乐。

老师，一次相拥，我们用诗意书写。

一声呼唤，万般真情，孩子在整篇文章中呼唤了十五声老师，可见孩子的感悟至深与不舍之情，我怎一个"感动"了得。这不仅仅是一篇文章，更是孩子三年来的求学感悟，是师生共同走过的心路历程，是老师给孩子的心灵感应，是孩子给老师的鼓舞，是孩子的不舍与期望，是师生共同的教育理想。

（二）让感动走进心灵

教育让彼此相遇。走进教育，领悟教育，体验教育，一种快乐与真实让彼此感动。

来到课堂，一句句深情的话语，一次次与学生的分享，一曲曲心灵的歌声。话语让彼此幸福，分享让彼此感恩，歌声让彼此快乐。

老师有一个最大的教育方式——分享。老师总是把自己的秘密在第一时间与学生分享，我们就像母亲怀抱中的孩子，听得那样认真，那样用心。每一次寒暑假结束，每一次新学期的开始，老师都会把自己的假期收获讲给大家听，她带给我们的不仅有感悟，更有爱。

在教育中，在课堂中，在感动中，孩子感知了一切，孩子懂得了母亲的一个心愿。她带给每一个孩子自信，她让每一个孩子拥有信念。老师的批语让每一个孩子感受快乐，这是最真实的教育。

能有什么比让孩子拥有快乐和幸福、自信与信念更重要的呢？带给每一个孩子自信，让每一个孩子拥有信念——这是教育的真正目标，是我心中最高的师德。

（三）老师，您真好！

老师，与您相遇是我最大的幸福。记得开学第一篇作文，我就写到了您，实习老师还表扬了我。每一次，用教育的眼光去写您，总会有一种永远也写不尽的感觉，总会有一种感动在其中。有时候，我特别想对您说："老师，您就是我心中最理想的教师。"

在语文课本中，有一篇文章叫《信条》，我想如果让您讲一定会很完美。初中的时候，同学们都说您要是给我们当班主任该多好啊！

老师；想起曾经的那些经历，我只想说：老师，您真好！

是啊，金杯银杯不如学生的口碑，"老师，您就是我心中最理想的老师"，这句话是我作为一名教师获得的最高荣誉，是我忘我工作的核动力，是我作为教师的最高追求。

（四）教育是一种感动

把最有用的东西教给孩子

把最深刻的体验与孩子分享

把最美丽的微笑送给孩子

走进课堂的那一刻，教师选择了学生；

走进教育的那一刻，教师选择了奉献；

走进心灵的那一刻，教师体悟幸福；

从教师走向教育工作者，

肩负着学生的未来，

肩负着人民的心声，

肩负着时代的使命，

教育事业从此走向光明，

铭记着感动的话语，

"享受过程，终身学习"

（五）把感恩献给敬爱的老师

三年，初学的萌芽有了苗壮的枝干，

三年，把教师这个角色扮演得激情澎湃，

三年，奋斗与拼搏成就着学生的精彩

三年，时光里突然的微笑

三年，那个笑声响起的瞬间，

用爱铸就生命的奇迹，

用爱浇灌人生的梦想

用爱放飞希望的田野，

啊，爱的诗篇

教育之中，深沉的凝望，

教育之中，真情的奉献，

教育之中，把感恩送给学生，

同样，学生把感恩送给您，

同样，为您献上深深的鞠躬，

同样，把爱写进心灵。

以爱育爱，作为教师，我们的责任不仅仅是把知识传授给学生，同时还要教育学生做人。教师对学生的爱不是抽象的一个字，而是一种具体的教育过程，是建立在教师对学生的理解、宽容、原谅、赏识、信任的基础上。只有这样，师生关系才能体现平等和尊重，才能体现出我们人民教师优秀的师德，那么教育的效果也就会像我们所希望的那样：随风潜入夜，润物细无声。

刘玲芳老师与本文写作学生杨涛毕业合影

爱心与梦想伴我幸福成长

——我的成长历程

1992 年，我从兰州师专数学系毕业，满心欢喜走上了讲台。在 30 余年的教育生涯中砥砺前行，和孩子们一起见证彼此的成长，沉淀至今，我觉得伴我幸福成长的要素是爱心与梦想。

爱心是我幸福成长的源泉

父母为我播下爱的种子。家庭对一个人的影响是终生的，爱与善良是家庭幸福的基础，是孩子健康成长的源泉。我是农民的女儿，经历过吃不饱的艰难岁月，且因家里孩子多，父亲无奈让大哥弃学务农，养家糊口。回想当年，我家麦子被人偷了，父亲却说，你们不要骂偷麦子的人，人家肯定是揭不开锅盖才迫不得已的，要不谁会愿意那样做。父亲朴素而又充满爱心的话语在我小小的心里播下了善良的种子。父亲还常教我们识字、给我们讲孝亲故事等。大哥的奉献与担当、父母的善良与智慧是我们受益终身的宝贵财富。亲人教会了我爱的思维和表达，因而热爱学生成了我与生俱来的教育情怀。

我把同样的爱播撒在孩子们的心田。以爱育爱，父母是孩子最好的老师。儿子上大一时，儿子曾自豪地说，我们同学说我人特别好，能和我成为同学很荣幸，不知道我的父母是怎样教育我的，想到我们家来看看。我说是潜移默化，是父母给我积攒的德行让我与人为善，助人为乐。我想，能有什么比让孩子拥有一颗爱心更重要呢？苏霍姆林斯基说过："没有爱就没有教育。"幸福的我也毫无保留地把这种爱传递给了学生。"都说老师好，我看胜似娘。""在教育中，在课堂中，孩子感知了一切，孩子懂得了母亲的一个心愿。她带给每一个孩子自信，她让每一个孩子拥有信念。老师的批语让每一个孩子感受快乐。"这是孩子们写给老师的话。能有什么比让孩子们拥有自信与信念、快乐与幸福更重要呢？陶行知先生说："真的教育是心心相印的活动，唯独从心里发出来的，才能打动心的深处。"教师对学生的爱是建立在理解、宽容、赏识、信任的基础上所形成的一种心理相容，只有这样，师生关系才能体现平等和尊重，教育的效果也就像我们希望的那样：随风潜入夜，润物细无声。

梦想是我幸福成长的动力

筑梦。有梦想就有希望。马丁·路德·金说："人类因梦想而伟大。"父母没有重男轻女的思想，对我这个勤奋好学的女儿更是宠爱有加，经常鼓励我，要走出大山，到外面的世界去看看。家里人和老师都希望我能考上大学，改变祖辈们面朝黄土背朝天的生活。上初中时，我有了想当老师的想法，不为别的，就为那时老师在我心中知道的很多。

追梦。有了目标就有了动力。上初二时，村里的初中拆并到乡中学，由于选拔考试等原因，村里和我同班的二十几个同学就剩我一个去乡上继续读书。作为农民的女儿，质朴善良、吃苦耐劳是我的特质，1989 年我如愿考上了兰州师专。乡亲们为我高兴，父母为我举办庆祝宴，普村同庆，因为我是村里的第一个大学生。这在当时重男轻女比较严重的农村，是历史性的突破。只要有梦想，农民的女儿也能成功。我的成功久久渗透在家乡的每个角落，成了村里村外孩子们学习的榜样。那时的我无比幸福，对未来更加充满信心。上了大学，一如既往，努力学习专业本领，为成为一名好老师打下了坚实的基础。

大学毕业，我毫不犹豫地回到家乡任教。人的一生不一定要干成什么惊天动地的伟业，但它应当犹如百合，展开是一朵花，凝聚成一枚果；它应当犹如星辰，远望像一盏灯，近看是一团火，在照亮学生的同时，也照亮自己。艰苦的生活条件没有动摇我的信念，为家乡的教育事业贡献自己的力量是我人生的最高追求。"学高为师，身正为范。"老师的言谈举止对学生起着潜移默化的重要作用。老师高尚的人格和渊博的学识将在学生的心灵上打下深深的烙印，甚至影响他们的一生。参加工作初期，每天"照本宣科"，不知不觉，在"填鸭式"教学和应试教育中度过了平淡的十年。2001 年，课改的春风吹进了校园，皋兰三中开始使用新教材。学校引进了洋思中学"目标引路，先学后教，当堂达标，自主探究"的新的教学模式。后来又提出了"10+30"等模式。课改点燃了我沉睡的教育激情，开始反思自己的教学，积极探索新教材新教法。为提升自身的专业素养，2001 年我参加了自学考试，并于 2004 年取得数学专业本科学历。然而，又一个近 10 年的实践探索过去了，我们的教学仍没有实质性的改变，"穿新鞋走老路"，我们仍在负重前行。

圆梦。"众里寻他千百度，蓦然回首，那人却在灯火阑珊处。"新课改成就了我的教育理想——构筑生命课堂。近十年来，历经全国多地培训取经，我的教育教学思路柳暗花明。从庆阳、洋思、杜郎口等教学模式的消化吸收，到生本教育、情境教育、新教育、新课标等新理念的洗礼，到现如今核心素养时代，我们深入实践研究的"自学·议论·引导"教学法，我不断充电。反思比较多种模式，我发现不论哪种模式，有一个共性：所有的理念都与新课程的核心理念、目标要求、实施策略等相吻合。以生为本是核心，把先进的理念与自己的实际相结合，走出自己的路是关键，这才是我们要学习的本质东西。

适合自己的才是最好的。整合多种模式及教育思想，结合多年来的教学实践，我逐渐形成了自己的教学风格，初步凝炼为"三四六"数学教学新模式（即课堂教学的三学理念：学材再结构、学法三结合、学程重生成；四种策略：问题化教学、小组合作学习、导学案、电子白板+传统黑板；六个步骤：自主探究、合作交流、分享展示、精讲提升、检测反馈、巩固再练）。苏霍姆林斯基说："在人的心灵深处有一种根深蒂固的需要，这就是希望自己是一个发现者、研究者、探索者。而在儿童精神中，这种需要特别强烈。"只有激活主体的内在原动力，最大限度地把他们的潜能发挥出来，才能逐渐形成主体积极认识世界、改造世界的能力和喜欢求异、独立性强、自信心强的创造个性。新模式的核心理念是学生为主体，教师为主导，在师生互动中学会学习，学会自主发展。这种模式的提出，彻底打破了课堂教学单向传授形式，打破了教师压抑学生天性的课堂霸权，使得学生在灵动与鲜活的课堂上自主学习、合作交流、展示分享，让课堂呈现出了生命成长的气息。这种模式能让老师学会教学，学生学会学习，促进师生共同成长。"老师，与您相遇，是我最大的幸福。每一次，用教育的眼光去写您，总会有一种永远也写不尽的感觉，总会有一种感动在其中。有时候，我特别想对您说，老师您就是我心中理想的教师。"这是学生写给老师的心里话，是我得到的最高荣誉，更是我勇往直前的全部理由与动力。

近几年，我获得了蜕变，教学课例、课件、论文、课题等多次在省市县获奖。先后获得县课改标兵、优秀教师、十大名师、市教学能手、省骨干教师等称号。2015 年、2020 年两次被评为金城名师，并成立名师工作室。有同事说我是课改改出来的名师。是的，感谢新时代、感谢新课改。

续梦。名师工作室的成立让我拥有了自己的研修团队，作为领衔者，做好新时代教育路上的领唱者是我新的使命与追求。名师工作室是青年教师专业成长的孵化器，自工作室成立以来，我们坚持问题导向，问题即课题，从课堂中来、到课堂中去的原则，以课堂为阵地、课题为抓手、活动为载体，以探索有效教学、促进师生共同成长为目标，采用"走出去、请进来、长出来"的思路，组织开展了名师大讲堂、送教下乡、片区教研、教学比赛、课题研究、培训讲座、课堂观摩等一系列教研活动，促进教师专业成长及名师自我提升。工作室很多学员快速成长为教学新秀、骨干教师，成为学校教育可持续发展的源动力。

"一个人可以走的很快，一群人却能走的更远。"让我们带着梦想，以团队的名义，不断学习、实践、反思，以最美的姿态继续向上生长。

第二辑

课题研究

"自学·议论·引导" 教学法在县域初级中学的实践研究

一、课题的提出

当素质教育、课程改革、教学改革走进核心素养时代，如何通过课堂教学改革，落实发展学生核心素养，成为新时代每位教师思考的首要问题。作为教育发展相对薄弱的西部地区，兰州市教育局采取各种改革措施，从 2010 年开始，采用 "走出去、请进来、长出来" 的办法促进教师专业发展，近几年，从教育发达地区引进多种先进的教师发展项目，取得了一定成效。2016 年 12 月 28 日，李庾南名师兰州工作室启动，至此，由江苏省南通市启秀中学李庾南老师创建的 "自学·议论·引导" 教学法实验在兰州市教育局遴选出的 25 所实验学校拉开了序幕，皋兰三中成为 25 所实验学校之一。为了有效开展教学法实验项目，让教学法本土化，构建更加高效的初中数学课堂教学新模式，切实转变初中数学课堂教学方式，提高课堂教学效率，发展学生核心素养，结合本校 2010 年创建并一直践行的 "电子白板+传统黑板" 环境下的 "三四六" 课堂教学模式，兰州市刘玲芳初中数学名师工作室申报了省级规划课题《"自学·议论·引导" 教学法在县域初级中学的实践研究》。

二、课题研究的背景及理论依据

（一）国际研究背景：联合国教科文组织著名教育专家埃得加·富尔在《学会生存——教育界的今天和明天》一书中指出：21 世纪的文盲不再是目不识丁的人，而是不会学习的人。现如今，随着国家对人才的要求越来越高，传统的教育方式（即教师的教学方式和学生的学习方式）已不能满足当代人才培养的要求，全国"万校一书"的课程体系、"万人一面"的培养方式，已经不能适应社会发展的需求，学生在学校里最重要的事情不再是学会多少知识，而是学会怎样去学习，所以，在学生的基础教育阶段，学校要更加注重对学生自学能力、合作学习能力的培养，以便学生得到自主发展，满足社会发展需求。

（二）国内研究背景：我国自从实施初中数学的课程改革以来，不管是数学教材、教学，还是学生的数学学习都在发生着变化，也就是说"课改"不仅仅是"课"改，它还囊括了多个方面，其中转变教师的教学方式与学生数学学习方式是初中数学课程改革的重要目标之一。《义务教育数学课程标准（2011 年版）》中指出："教学要以学生为主体，教师为主导""教学活动是师生积极参与、交往互动、共同发展的过程。有效的教学活动是学生学与教师教的统一，学生是学习的主体，教师是学习的组织者、引导者与合作者""学生学习应当是一个生动活泼的、主动的和富有个性的过程。除接受学习外，动手实践、自主探索与合作交流同样是学习数学的重要方式""教师教学应该以学生的认知发展水平和已有的经验为基础，面向全体学生，注重启发式和因材施教。教师要发挥主导作用，处理好讲授与学生自主学习的关系，引导学生独立思考、主动探索、合作交流，使学生理解和掌握基本的数学知识与技能、数学思想和方法，获得基本的数学活动经验"。因此，随着新课改的推进，转变教师"满堂灌"的教学方式和转变学生被动学习的学习方式显得尤为重要。全国著名特级教师李庾南，从 20 世纪 70 年代末到 21 世纪初的近 40 年里，她和她的团队率先围绕"教"与"学"的关系去探讨、去实验，进行了 4 轮实验，完成了 8 个相关省级课题的研究，逐步凝炼出"独立自学""群体议论""相机引导"三种教学方式。构建了"自学·议论·引导"教学法的理论体系，形成了可操作的教学范式，为改革课堂教学结构和方法、发展学生的学力提供了成功的经验。2014 年"自学·议论·引导"教学法获全国基础教育课程改革教学研究成果一等奖，并在全国推广。教育部原副部长王湛评价李庾南老师的教学法时说：这项教学改革"既具有鲜明的校本研究特点，又契合课程改革的时代要求，彰显了优秀改革成果的实践品格和创新精神"。2016 年 9 月，《中国学生发展核心素养》正式发布，以培养"全面发展的人"为核心，从文化基础、自主发展、社会参与三个方面，凝练出人文底蕴、科学精神、学会学习、健康生活、责任担当、实践创新六大素养。核心素养更加注重自主发展、合作参与、创新实践。其中，自主发展中的自主性是人作为主体的根本属性。学会学习主要是学生在学习意识形成、学习方式方法选择等方面的综合表现。国家督学成尚荣先生说：“自学·议论·引导”教学法使素质教育、课程改革、教学改革走进核心素养的时代，核心素养在课堂教学中得以实现的范式。“自学·议论·引导”教学法的核心理念是“以学生为主体，在师生合作中学会学习，学会自主发展”。也可以说李老师在 30 多年前就在实践新课标，培养学生核心素养。所以，“自学·议论·引导”教学法实验项目的开展对我们的课堂教学改革和教师的专业成长有极大的促进作用。

（三）本地区研究背景：皋兰三中作为一所县直属的初级中学，也是一所市级示范学校，对课堂教学改革很重视，自 2010 年以来，一直探索践行具有本校特色的“电子白板+传统黑板”环境下的“三四六”课堂教学模式，取得了一定成效，但也存在很多问题。教育观念仍然相对落后，受应试教育思想的影响，教学方法还是比较陈旧、单一。另外，受地理位置的影响，90%的学生来自农村。而农村学生，受地域或家庭环境影响，家长、学生对教育的重视不够，学生的自主学习意识薄弱，家长文化程度相对较低，很多时候无法正确引导学生养成良好的自主学习习惯。教师在教学中仍然普遍存在“满堂灌”“一言堂”“穿新鞋走老路”的现象。教师讲得多，学生活动少，学生的学习没有自主性、主动性，有很多“逼学”的现象，这与新时代发展学生核心素养的要求相差很大。而“自学·议论·引导”教学法实验项目在兰州地区的实验推广，犹如一股春风，再次唤醒了乡村教师改革课堂教学的意识。处于教育发展的新时期，我们县域的教师要更加领悟改革的真谛，顺应改革的思路，以课程改革的精神和新课标的精神为指导，更加坚定“立德树人”的教育理念，大力推进改革课堂教学，进一步探寻与时代发展相适应的符合县域实际的教学方式和学习方式。基于这样的背景，刘玲芳名师工作室的老师们积极思考，讨论研究，提出了课题《“自学·议论·引导”教学法在县域初级中学的实践研究》。希望通过对“自学·议论·引导”教学法的实践研究，在本县、本校多年课程改革与课堂教学改革的实践经验基础上，进一步探索县域初中数学高效课堂教学模式，促进教与学方式的转变，促进县域初中数学课堂教学改革与时俱进，促进县域教师专业成长，促进县域教育教学质量的提升。

三、课题研究的范围

皋兰三中（课题负责人所在学校、兰州市初中数学刘玲芳名师工作室所在地）被皋兰县教育局确定为项目的实施牵头校，牵头校依托刘玲芳名师工作室开展实验推广工作。主要在初中数学课堂教学中实施，皋兰县所有初中数学教师都参与"自学·议论·引导"教学法实验项目的实施。本课题研究以课题组成员所带班级为重点实验班。

四、课题核心概念的界定

"自学"是指学习者通过想、看、听、问、议、练等，达到自我习得、自我生成和自我发展的境界。

"议论"是指学生在自主学习基础上围绕问题而进行的交流、合作、竞争，达成成果的互惠共享，以及师生间的教学相长、共同发展，它是教学推进的枢纽。

"引导"是指教师因势利导，通过点拨、解惑、释疑，使学生学习热情不断高涨，思考和认识不断深化、拓展，达到教与学的有机融合和最佳境界。

"自学·议论·引导"教学法是自学、议论、引导三个基本教学环节的有效融合，自学是基础，议论是枢纽，引导是关键。三者相辅相成，融为一体，贯穿教学全过程。"自学·议论·引导"教学法的操作规则是"三学"，即学材再建构、学法三结合、学程重生成，其目标是学力有提升，这是"三学"的价值所在。学材再建构，保证了教学或课程资源的丰富；学法三结合（即个人学习、小组学习、全班学习），保证了教学形式的活泼，教学结构的灵活，教学氛围的民主和活跃，它们最终都指向了教学的有效、优质生成，推动着学生学力的不断发展和提升。学材再建构是平台重建，学法三结合是路径的优化，学程重生成是目的所在，学力有提升是价值体现。

五、选题意义及研究价值

（一）选题意义："自学·议论·引导"教学法可以解决当前县域初中数学教学中存在的突出问题。当前县域初中数学教学现状及面临的挑战是：初中数学教学虽然开展了很长时间的新课程改革，但数学教师的教学方法仍受传统的教学观念的影响，在课堂教学活动中，仍然存在着教师讲解过多，发挥着知识"搬运工"的角色，使得学生的课堂主体性得不到发挥，课堂上教师与学生、学生与学生之间的互动交流少，导致学生对数学学习缺乏兴趣，潜能得不到开发。"自学·议论·引导"教学法能够较好地解决这一问题。

（二）研究价值：促进教与学方式的转变。教师是学生学习的组织者、合作者、引导者，即帮助性的引导式教学，帮助学生真正学会学习，自主学习、创造性学习、享受学习、发展学力。"学力"是一个超越"双基"、策应"四基"的概念。在师生合作中学会学习，学会自主发展，形成资源共生、和谐发展的生态活力课堂，促进师生共同成长，共同发展。

六、课题研究的目标、思路和方法

（一）课题研究的目标

1. 结合县域初级中学数学课堂教学的实际，构建本土化的"自学·议论·引导"教学法课堂教学模式，创建具有生命活力的生态课堂；

2. 促进县域初级中学课堂教学教与学方式的转变，充分发挥教师的主导作用和学生的主体性，培养学生的自学能力，使学生在探索知识生成的过程中发展学力，发展学生核心素养；

3. 促进县域初级中学校本课程开发与建设，为培养学生核心素养提供资源保障；

4. 促进县域教师专业成长，提高县域学校教育教学质量；

5. 实现师生的共同发展，真正做到教师乐教，学生乐学。

（二）研究思路

通过查阅文献资料及有关"自学·议论·引导"教学法实验研究的经验，采用调查研究教学存在的问题——理论研修教学法的核心理念——提出解决教学现实问题的方法——开展教学法课堂实践——反思完善构建新的高效教学模式，"走出去、请进来、长出来"两条主线总体思路，理论联系实际，用先进的理念指导教学实践，在实践中不断总结反思，分析典型案例，进一步完善教学方式和学习方式，从理论到实践，再由实践到理论，反复探索，不断改进，努力创建一种适合县域实际的初中数学教学新模式。

（三）研究方法

1. 文献研究法：学习"自学·议论·引导"教学法的相关著作，查阅相关资料，深刻理解教学法的实质与操作规程，探索教学法与现行教学方式的契合点，并恰当地把理论与实践结合起来，取长补短，用理论指导实践。

2. 实验研究法：在教学中尝试使用"自学·议论·引导"教学法，实践、认识、再实践、再认识，在实践中不断探索、完善教学思想方法，优化教学过程，提高课堂效率。

3. 问卷调查法：调查初中数学课堂教学现状，为课题研究提供第一手资料，使课题研究更有针对性和有效性。

4. 比较研究法：对"自学·议论·引导"教学法与现有的教学模式进行比较，找出异同，取长补短，优化组合，融合构建更加适合的教学模式，切实促进师生共同发展。

5. 案例分析法：通过具体的案例，及时反思、总结教学法实验的优缺点，探索更高效的教学方式方法。

七、课题研究的主要内容、假设及创新

（一）课题研究的主要内容

1. 调查本县初级中学数学课堂教学现状。反思现有模式存在的问题，找出本校现有的"三四六"课堂教学模式与"自学·议论·引导"教学法课堂教学模式的契合点，进一步完善"三四六"课堂教学模式。

2. 以"学材再建构"为基础，探索教学设计策略，对单元教学内容的教学资源进行整合，在实践中逐步形成数学学科"自学·议论·引导"教学法校本课程体系，促进国家课程校本化，推动学校课程建设。

3. 以"学法三结合"为基础，探索在教师的引导下有效的自主学习、合作学习策略。

4. 以"学程重生成"为基础，研究数学课堂教学预设与生成关系的问题，探索促进学生自主发展的生长点。

5. 通过实验研究及相关的数据分析证实"自学·议论·引导"教学法对于提高学生的数学成绩的有效性，同时对激发学生的数学学习兴趣，提高学生的合作探究能力、自主学习能力有良好的促进作用。

（二）课题研究假设

1. 整合教学资源，实施单元教学，实现课堂教学资源的最优化；

2. 改革教学方式，促使教师更新教育理念，使教师成为学习的组织者、引导者与合作者；

3. 改革学习方式，激发学生的自主学习、合作学习意识，促进学生的自主发展。

4. 转变教与学的观念，使教与学和谐统一，教学要以学生为主体，教师为主导，在师生互动中共同发展。

（三）课题创新之处

将本校现有的"电子白板+传统黑板"环境下的"三四六"数学课堂教学模式（即课堂教学的三种策略：小组合作学习、采用问题化教学、利用"电子白板+传统黑板"的高效教学手段。四个特点：明确目标，自主预习；互助展示，点拨释疑；师生互动，教学相长；当堂检测，归纳提升。六个步骤：预习、互助、展示、精讲、检测、反馈）与"自学·议论·引导"教学法有机的融合，构建适合县域初级中学的"三四六"数学课堂教学新模式（即课堂教学的三学理念：学材再建构、学法三结合、学程重生成；四种策略：小组合作学习、问题化教学、导学案、"电子白板+传统黑板"；六个步骤：自主探究、合作交流、分享展示、精讲提升、检测反馈、巩固再练）。

前后两种模式进行比较，前者是课堂教学的三种策略、四个特点、六个步骤，后者是三学理念、四种策略、六个步骤。显然，后者是借鉴了"自学·议论·引导"教学法的精髓，也是操作规则——"三学"理念（即学材再建构、学法三结合、学程重生成）。为了能在课堂上落实"学材再建构"理念，则增加了一种教学策略——导学案。删去了四个特点，因为在六个步骤中体现比较明显，不必赘述。这样一来，"三四六"数学课堂教学新模式给教师既提供了教学的理念，又提供了教学的策略与方法，使得教师学会了教学，促进了县域教师专业成长。同时，新模式的四种策略中增加的导学案保障课堂教学效率，六个步骤的描述更体现活动的目的性，让教师更清楚每一步在做什么，怎么做，为什么。新模式体现了教师的主导性和学生的主体性，能促进教与学方式的转变，提高教师的专业能力，促进学生的学力提升，发展学生的核心素养。

八、课题研究的过程

（一）准备阶段（2017年4月—2017年8月）

1.立项申请

2016年12月，兰州市引进的"自学·议论·引导"教学法实验项目，为了项目实验有效开展，2017年5月，刘玲芳名师工作室经多次研究商讨，确定了《"自学·议论·引导"教学法在县域初级中学的实践研究》的研究课题，并召开会议制定了申报方案，由工作室领衔人提出省级规划课题立项申请，课题于2017年7月正式批准立项。

2.召开开题会

课题申请立项后，2017年8月课题组负责人及时召开课题研究开题动员会，通过开题报告会，明确课题研究的内容、目标、思路、方法、过程、任务分工等相关事宜，对课题实验的可行性进行了科学的论证，透射出课题研究的重点在课堂，实验课题的意义也在课堂。进一步讨论完善课题实施方案，制定了更加切实可行的课题实施方案，由刘玲芳、龚云飞完成了开题报告。具体分工如下表：

序号	研究主要内容	研究成员	成果形式
1	课题方案、计划、开题报告	刘玲芳　龚云飞	报告、问卷
2	"自学、议论、引导"教学法核心理念的落实措施	刘玲芳	论文
3	初中数学教学中"学材再建构"研究	刘玲芳　刘丰英	论文、案例
4	"自学、议论、引导"教学法的教学设计研究	刘玲芳　邹大桥	论文、案例
5	初中数学教学中培养学生自学能力的研究	李兰临	论文
6	初中数学课堂教学中的小组合作学习研究	陈增菊　陈雪芳	论文
7	初中数学课堂教学中预设与生成问题研究	马　宏	论文
8	初中数学"一题多变"与培养学生创新能力	李常新　龚云飞	论文
9	调查问卷设计、发放，回收整理及分析报告	程万朝　黄耀华	调查报告
10	课题研究的相关资料（案例、反思、随笔等）	全体成员	案例、反思
11	阶段性研究报告结题报告	刘玲芳　龚云飞	研究报告

（二）研究阶段（2017 年 9 月—2020 年 6 月）

1.开展调查研究，了解本县初中数学课堂教学现状。

没有调查研究，就没有发言权。所以，课题研究的首要任务是调查本县初中数学课堂教学现状。首先，根据课题研究的内容与目标，召开研讨会，精心设计数学课堂教学调查问卷，问卷分为教师卷与学生卷。其次，精心组织了调查问卷的发放、回收、统计与分析，并由程万朝、黄耀华完成了调查报告。最后，分析当前初中数学教学现状及存在的问题，为课题研究提供依据，使教学法实践活动更加有针对性。

2.重视理论研修，提高对"自学·议论·引导"教学法的全面认识。

（1）阅读专著。为了深刻理解"自学·议论·引导"教学法的核心理念与操作规程，探索本土化的有效数学课堂教学方法，2017 年下半年，课题组给每个成员分批次购买了李庾南老师著的《自学·议论·引导教学论》《中学数学新课程教学设计 30 例——学力是这样发展的》等 5 部专著。通过自主研读著作、课标、教材等，撰写读书心得，使老师们对教学法产生的背景、研究历程、核心理念、基本原理、课堂实施、操作规程及推广价值等进行全面的了解，更加认识到了本课题研究的价值及实践意义。

（2）观看视频。通过网络，观看"自学·议论·引导"教学法的创立者李庾南老师的教学视频是学习教学法的一种高效便捷的方法。2017 年 9 月，利用学校每周四下午教研组活动时间，课题组负责人组织全体数学教师集体观看李庾南老师的《一元一次方程》等 10 多节课堂教学实录，并交流观后感。这促进教师对教学法操作要义的理解与应用，为教学法落地自己的课堂找到了有效的途径——单元教学设计。

（3）参加培训。课题实施两年多来，课题负责人依托名师工作室平台，组织课题组成员先后分期分批参加了各级各类课题相关培训活动 30 余次。2017 年参加主要研修活动 5 次。4 月，两人参加在江苏省宿迁市钟吾国际学校举办的"自学·议论·引导"教学成果区域推广现场会；全体成员参加兰州市"初中数学单元教学设计"培训。6 月，全体成员参加兰州实验区"自学·议论·引导"教学法培训，听了 3 节观摩课，更有幸聆听了李庾南老师的示范课《等腰三角形》与《有规则的自由课堂：学材再建构、学法三结合、学程重生成》；两人参加《学材再建构与初中数学单元教学》名师大讲堂活动。12 月，3 人参加在江苏南通举办的初中数学"自学·议论·引导"教学法第二期全国研修活动。2018 年参加主要研修活动 3 次。4 月，两人参加在南通举行的李庾南"自学·议论·引导"教学法第三届优质课比赛观摩活动；5 月，全体成员参加兰州市李庾南"自学·议论·引导"教学法公开教学活动，听了 6 节观摩课，再次聆听了李庾南老师的点评及《学材再建构，在结构中教与学》的讲座。10 月，刘玲芳参加全国第三期"自学·议论·引导"教学法研修活动，第三次聆听庾南老师的示范课《相似三角形》及讲座《从教学走向学习指导："自学·议论·引导"教学的关键》，课题组成员通过直播全程观看。

2019 年参加主要研修活动 5 次。3 月，全体成员参加兰州市"自学·议论·引导"教学法实验项目推进会；5 月，全体成员参加李庾南试验总校兰州试验区"自学·议论·引导"教学法实验调研与实践活动；7 月，李常新参加南通启秀中学教学法培训，3 人参加全国第四期"自学·议论·引导"教学法研修活动，其他成员观看直播；12月，两人赴江苏南通启秀中学参加李庾南"自学·议论·引导"教学法兰州市初中数学骨干教师培训。

通过阅读李庾南老师的专著，观看她的教学视频，现场观摩她讲课、评课、讲座，参加教学法全国推广研修活动及区域推广培训会等一系列活动，使我们对李庾南创立的"自学·议论·引导"教学法的实质、操作要义和精髓有了全面而深刻的认识。

3.注重课堂实践，探索落实"自学·议论·引导"教学法的有效策略。

（1）顶层设计促推广。2017年5月，皋兰三中举办了"自学·议论·引导"教学法实验启动会；2018年4月，县教育局举办"自学·议论·引导"教学法实验推广启动会。刘玲芳工作室承办了这两次启动会，课题组全体成员参与，活动中，领导宣读了教学法推广方案，李兰临做了《认识三角形》示范课，刘玲芳做了《有规则的自由课堂——"自学·议论·引导"教学法》的讲座，聘请市教科所课题专家做了《教师如何做课题研究》的讲座并对如何开展本课题研究做了指导。教学法推广启动会的召开，极大地调动了全县数学教师对"自学·议论·引导"教学法实验研究的积极性，为课题研究的全面实施提供了有力的保障。

（2）课堂实践促落地。从课题开题开始，课题组要求每个成员首先在自己的班级进行教学法实验，并利用学校每周四下午的教研活动时间，通过集体备课、讲课、听课、评课、反思交流等教研活动，逐步探索适合学情的有效教学策略。

（3）交流学习促进步。2017年9月，全体成员参加县数学工作坊线下教学研讨活动，刘玲芳做了关于开展《"自学·议论·引导"教学法在县域初级中学的实践研究》课题研究的讲座，号召全县初中数学教师积极投入实践研究。10月，4人参加兰州市片区教研活动，李兰临做了《二元一次方程》示范课；全体成员参加县片区教研及刘玲芳名师工作室送教下乡活动，邹大桥做了《一次函数》示范课。2018年3月，刘玲芳、李兰临参加市教科所组织的永登八中送教活动，李兰临做示范课《探索直线平行的条件》，刘玲芳点评并做了关于教学法的微讲座。10月，刘玲芳参加市教育科研工作大会，并展示了本课题研究成果。在市初中教学开放周活动中承担评课；在市"十三五"市属初中数学教师培训中承担了讲座。通过片区教研、送教下乡、听评课、做讲座等交流活动，大家互相学习、共同探讨，进一步完善教学法的实施策略。

（4）专家引领促成效。2018 年 11 月，刘玲芳名师工作室成功承办了以"聚焦核心素养、探索有效教学"为主题的兰州市第 44 期"名师大讲堂"活动及兰州市"自学·议论·引导"教学法推广基地校 81、56 中"送教下乡"活动。活动通过课堂观摩、名师点评、专家讲座、活动反馈等形式，完整、系统地对"自学·议论·引导"教学法的认识、实践进行了展示、交流、反思、总结，取得了显著成效，并形成了成果集，极大地推动了教学法的本土化。

（5）以赛促研获成就。2017 年 5 月，参加了"甘肃省初中数学单元教学设计优质课大赛"观摩活动，李兰临参加了讲课比赛并获奖；7 月，参加了"甘肃省初中数学单元教学设计文本比赛"，9 人获奖。2018 年 3 月，参加李庾南"自学·议论·引导"教学法第三届优质课比赛初赛；4 月，开展校优质课大赛；6—9 月，参加县、市第一届"自学·议论·引导"教学法优质课、课例、论文评比，8 人次获奖。2019 年 5 月，参加学校首届数学思维导图设计比赛，6 人获奖。通过参与比赛，老师们获得了成就感，同时也对自己的教学进行了深刻的反思，查漏补缺，明确了改进的地方。

（6）总结反思凝成果。平时反思与集中总结相结合。学校教师每节课都有教学反思，2018 年 3 月，工作室组织学校"自学·议论·引导"教学法展示研讨交流活动；4 月，组织县骨干教师赴南通参加李庾南"自学·议论·引导"教学法第三届优质课比赛观摩活动交流研讨会。2019 年 7 月，召开课题研究阶段性总结会。对论文、案例、反思等成果资料进行了收集、整理，初步构建了"三四六"数学教学新模式，并撰写完成了课题中期报告。8—12 月，汇编校本教材、案例等成果集。

（三）总结阶段：2020 年 5 月—2020 年 7 月

1. 反思、总结整个研究过程，整理各个阶段的材料；

2. 撰写课题研究结题报告；

3. 召开结题报告会，完善结题资料，按要求整理装订，上交材料参加结题。

九、课题研究成果

"自学·议论·引导"教学法在我县初中数学课堂教学中实验以来，经过大家的努力实践与研究，在"自学·议论·引导"教学法核心理念落实策略、教学设计（学材再建构）、学生自主学习、合作学习（学法三结合）、课堂生成（学程重生成）、创新能力（发展学力）、有效引导等多方面取得了丰硕的研究成果，特别是结合县域初级中学数学课堂教学的实际，构建了本土化的"三四六"数学课堂教学新模式，创建了有生命活力的生态课堂，并依托刘玲芳名师工作室进行实验推广，对我县课堂教学改革起到了积极的推动作用。有效落实了"以生为本"的教育理念，促进了教与学方式的转变，充分发挥教师的主导作用和学生的主体作用，培养学生的自学能力，使学生在探索知识生成的过程中发展学力，学会学习，学会自主发展。促进了县域初级中学校本课程的开发与建设，促进了县域教师的专业成长，提高了县域学校教育教学的质量。

（一）构建了本土化的"三四六"数学课堂教学新模式

课题实施两年多来，课题组把课题研究同平时的教育教学及教研工作有机融合，在实践过程中，结合实际，发挥资源优势，将皋兰三中原有的"三四六"数学课堂教学模式与"自学·议论·引导"教学法有机融合，进一步完善了具有县域特色的"电子白板+传统黑板"环境下的"三四六"数学课堂教学新模式。

"自学·议论·引导"教学法的核心理念是以学生为主体，在师生合作中学会学习，学会自主发展，这与2016年9月正式发布的中国学生发展核心素养的理念是一致的。中国学生发展核心素养以培养全面发展的人为核心，从文化基础、自主发展、社会参与三个方面，凝练出人文底蕴、科学精神、学会学习、健康生活、责任担当、实践创新六大素养。也与新课标"教学要以学生为主体，教师为主导"、采取"自主、合作、探究"的教学方式的理念相吻合。所以，探索实践"自学·议论·引导"教学法具有现实意义和价值。"自学·议论·引导"教学法的操作规则是"三学"，即学材再建构、学法三结合、学程重生成，其目标是学力有提升，这是"三学"的价值所在。学材再建构，保证了教学或课程资源的丰富；学法三结合（即个人学习、小组学习、全班学习），保证了教学形式的活泼，教学结构的灵活，教学氛围的民主和活跃，它们最终都指向了教学的有效、优质生成，推动学生学力的不断发展和提升。学材再建构是平台重建，学法三结合是路径的优化，学程重生成是目的所在，学力有提升是价值体现。

本校原有的"三四六"数学课堂教学模式是以学生自主学习和探究学习为主，以学习小组为基本单位讨论研究，以"电子白板+多块黑板"为展示的载体，以"预习、展示、反馈"模式为主线展开教学。它的核心是自主、合作、探究，目的是要让人人参与学习过程，人人尝试成功的喜悦，不同的人得到不同的发展。"三四六"课堂教学模式具体是：课堂教学的三种策略（即成立合作学习小组、采用问题化教学、利用"电子白板+传统黑板"的高效教学手段）；课堂教学的四个特点（即明确目标，自主预习；互助展示，点拨释疑；师生互动，教学相长；当堂检测，归纳提升）；课堂教学的六个步骤（预习、互助、展示、精讲、检测、反馈）。这与"自学•议论•引导"教学法的核心理念高度吻合，在实践过程，结合实际（我校有班班通、电子白板），发挥资源优势，将我校原有教学模式与"自学•议论•引导"教学法有机融合，进一步完善推出了具有我校特色的"电子白板+传统黑板"环境下的"三四六"数学教学新模式。

"三四六"数学教学新模式的核心理念是以学生为主体，在师生合作中学会学习，学会自主发展，以学习小组为基本单位讨论研究，以"电子白板+多块黑板"为展示的载体，以自学、议论、展示、引导为主线展开教学。"三四六"数学课堂教学新模式具体是：

课堂教学的三学理念：学材再建构、学法三结合、学程重生成。

课堂教学的四种策略：成立合作学习小组、采用问题化教学、利用导学案、"电子白板+传统黑板"的高效教学手段。

课堂教学的六个步骤：自主探究、合作交流、分享展示、精讲提升、检测反馈、巩固再练。

六个步骤的操作规程是：自主探究是教师在课前要精心设计自学内容，将自学任务问题化，用多媒体或导学案或课本呈现问题，让学生带着问题自学，有的放矢；合作交流是学生将自学内容进行交流，采用同桌交流或前后桌交流，常用两人或四人小组交流，有疑难可以互助，然后将交流的结果由个人或小组长汇总；分享展示是选派适当的小组成员将交流结果或者过程展示在黑板上或者口述或者实物投影或者边讲边写，分享成果。精讲提升是教师根据学生自学、议论和展示情况，讲清重点、难点、解题思路、技巧及注意事项，及时引导、点拨并发现捕捉探点与生长点，作变式训练，培养创新能力，让学生学会学习；检测反馈是对所学内容进行当堂测试练习，内容为课本随堂练习或配套练习册或测试题等，通过多媒体手段或导学案或板书等形式展示给学生，当堂巩固练习与检测，查漏补缺。巩固再练是根据检测反馈的信息，及时适量做一些有针对性的补充练习，内化知识，学会学习。

通过六步教学，使学生学会学习，学会自主发展。"自主探究"在教学过程中主要为学生对新知的主动的选择学习、积极的独立学习提供保障，这是学生学习主动性的体现，有助于自学能力的增强和良好学习习惯的形成。"合作交流"主要是指师生、生生间的合作学习。灵活多样、多边多向的合作探索、协商学习可以让学生在宽松和谐的学习环境中发现问题、解决问题，并达成师生、生生间的情感沟通，有利于培养学生的合作精神。"分享展示"主要是根据初中学生善于表现自己的特点，培养学生的语言表达能力与良好的展示能力，发展学生良好的个性。通过分享展示可了解学生对知识的掌握情况，让学生能够发现新知识、看到自己的不足。"精讲提升"主要是对"四基"的高度提炼，是引导学生生成知识体系和思想方法，学会学习。"检测反馈"主要是对当堂所学知识及时巩固练习，查漏补缺。"巩固再练"是对所学知识达到创新应用的要求。六个步骤中，"自主探究"是关键，是前提，是新课改理念"先学后教"的体现。"合作交流"是"分享展示"的基础。"精讲提升"是对自学、议论、展示的深化。四者是相辅相成的，这样的课堂有利于发挥学生的主体性，有利于发展学生核心素养。

新模式有利于师生共同发展。前后两种模式进行比较，前者是课堂教学的三种策略、四个特点、六个步骤，后者是三学理念、四种策略、六个步骤。很明显，后者是借鉴了"自学·议论·引导"教学法的精髓，也是教学法的操作规则——"三学"理念（即学材再建构、学法三结合、学程重生成）。为了能在课堂上落实"学材再建构"理念，则增加了一种教学策略——导学案。删去了原有模式中的四个特点，因为四个特点在六个步骤中体现比较明显，所以，不必赘述。

这样一来，"三四六"数学课堂教学新模式给教师既提供了教学的理念，又提供了教学的策略与方法，使得他们的教学有章可循，有法可依，促进了县域教师专业成长。同时，新模式的四种策略中增加的导学案会保障课堂教学效率，六个步骤的描述更体现活动的目的性，让教师清楚每一步在做什么、怎么做、为什么。新模式体现了教师的主导性和学生的主体性，能促进教与学方式的转变，提升学生的学力，发展学生的核心素养。"三四六"数学教学新模式让教师学会了教学，学生学会了学习，从而极大地促进了师生共同成长。"三四六"数学教学新模式不是一成不变的，也不是可以生搬硬套的，它是一种模式，更是一种课堂教学理念与方法，只有结合教学实际灵活应用，才能帮助教师厘清教学思路，掌握一定的操作规程，从而科学施教，提高教学水平。

（二）"自学·议论·引导"教学法核心理念在课堂教学中的落实策略

1. "自学·议论·引导"教学法的核心理念。

"自学·议论·引导"教学法的核心理念是以学生为主体，在师生合作中学会学习，学会自主发展。（1）体现以人为本的先进教育思想。以人为本的教育思想是当前教育改革的重要方向，"自学·议论·引导"教学法正体现了以人为本、以学生能力提升为目标的教育思想，改变过去以知识为中心的教学方式，实现了课堂教学活动培养学生学习的能力、自主探究和团队协作的能力。（2）体现先学后教的高效教学理念。以人为本、以学生为中心的教育思想，强调在学生"最近发展区"进行提升，先学后教能够有效实现这一目标。"自学·议论·引导"教学法正是改变传统教学中课堂教学通过"满堂灌"的教和"一刀切"的作业布置的教学模式，实现了先学后教，将知识认知交由学生"自学"，课堂上通过多元互动的"议论"和教师合理的"引导"来巩固和解决难点，并通过课后反思不断改进学和教的方式。

2. "自学·议论·引导"教学法的核心理念的课堂落实措施。

（1）以人为本、兴趣第一，实现学生快乐"自学"。传统教学以知识为中心，学生被动接受，课堂教学"满堂灌"，课后作业"一刀切"，这样的教学可能符合部分人的需求，但一定不能符合所有学生的兴趣。为了实现学生快乐学习，"自学·议论·引导"教学法让学生自主选择学习方式。首先，"自学"允许学生自由选择自己喜欢的学习方式，可以阅读课本，可以查阅资料，也可以网络学习；其次，在大的内容框架固定的情况下，"自学"活动还能够实现学生自主地选择具体的学习内容，在"自学"阶段选择性地学习目标任务的部分内容，自己兴趣不高或者难以理解的内容则在"议论"阶段的课堂互动中向别人求教。当然，"自学"也不是学生生来就会，教学中，教师要进行学习方法的指导，让学生学会学习。最后，教师还应该引导学生对自学策略和效率进行反思和提升。

(2) 活跃气氛，讨论探究，实现课堂有效多元互动。"自学·议论·引导"教学法有助于学生积极有效地进行课堂讨论，通过多元互动提高学生的学习效率和学习能力。首先，要依据学生的知识水平、组织能力、性格特点等进行合理的分组和讨论活动的任务分工。其次，教学中围绕教学内容设置有趣的课堂提问和话题引导学生课堂讨论。再次，要尊重每一个人的发言，并随时发现讨论中出现的问题，要根据教学需要引导讨论话题，并就难点问题作出必要的讲解与指导。最后，教师在课堂讨论和讲解中依据教学需要整合使用多媒体。通过以上方式，教师能够有效实现课堂互动保持良好氛围，在最短的时间完成最多的学习任务和训练任务并有效提高学生的学习能力，实现人的发展，体现以人为本的教育思想。

(3) 加强教师"引导"，注重"自学"实效和"自学"能力的提升。"自学·议论·引导"教学法改变传统先教后学的教学模式，有助于提高教学效率。正是因为其改变了传统教学过程以知识为中心，教学活动突出教，教学过程"满堂灌"，不能实现教学过程根据学生的认识能力和知识掌握水平进行差异化、个性化，因此教师要通过课前"自学"的方法指导和检查，落实自学活动并逐渐提升自学效率。具体办法是教师通过导学案进行自学方法的引导，导学案要突出"导"，让学生在导学案填写过程中依据教师的思路进行相关内容的学习。导学案所体现出来的认识过程和知识层次就是教师对学生自学的积极引导。为了落实学生的学习活动，指导学生进一步学习，教师应该检查导学案完成情况，然后在导学案审阅基础上在课堂教学中引导学生的讨论话题，使学生在"讨论"中主题明确，任务清晰，在"引导"下进行有效的课堂讨论。最后，作为"引导"重要一环，教师还要通过检测让学生对所学内容进行回顾和反思，从而实现查漏补缺，保证知识系统的完整性。总之，"自学、议论、引导"教学法中教师的"引导"是保证学生良好学习的重要环节，只有教师的积极引导，才能通过有效的"自学"，真正提高学生的自学水平和自学能力。

（三）"自学·议论·引导"教学法的教学设计策略

好的教学理念只有落实到课堂教学中才有价值，"自学·议论·引导"教学法在课堂教学中有效实施的关键是课堂教学设计。

1. 教学设计应体现"自学·议论·引导"教学法的核心理念。"自学·议论·引导"教学法体现的是以人为本教育思想，注重学生学力的提升。数学教学设计要突出引导学生主动探究，强调在学生"最近发展区"进行提升。"自学·议论·引导"教学法，将传统教学中的知识认知交由学生"自学"，教学活动变成了通过多元互动"议论"和教师的合理"引导"来巩固和理解知识，教学设计要体现这一改变。首先，教学设计应在学情基础上，在"自学"过程中了解学生知识的掌握程度以及可能存在的不足和漏洞；其次，教学设计要突出多元互动活动，通过"议论"补全知识，并对可能出现的任何情况做好预案；最后，教学设计还要强调教师的"引导"以确保多元互动不偏离教学方向。

2. 适应"自学·议论·引导"教学法教学设计的实现。（1）数学教学设计要考虑学生的兴趣，采用学生熟悉的生活问题引导学生的思维，如利用多媒体演示。（2）教学设计应该听取学生的意见和建议，争取做到下一节课比上一节课更加科学有效。（3）数学教学设计中例题选择应该结合学生生活实际，要考虑学生的认识需要和认知能力，不能过难也不宜过于简单。另外，教师还应该从生活中选取素材组织例题，这样学生对例题所提问题的兴趣也会有所提高。利用学生熟悉而又适合学生水平的数学问题进行多元互动，能够让学生更为轻松地认识数学知识，掌握数学知识点之间的联系，提升学生的解题能力和学习能力，提高数学学习效果。（4）数学教学设计应该体现先学后教的教学理念。"自学·议论·引导"教学法实施以后，教学活动从"先教后学"转变为"先学后教"，在这一过程中，导学案是学生学的主要依托，导学案的完成质量是教师教的主要依据，因此教师教学设计时要将导学案和教学活动配合设计，要在导学案编写的基础上进行教学设计，就导学案在具体教学活动之前使用中可能出现的情况做好足够的预案，在导学案使用中出现任何情况教师都能从容应对，从而达到教学统一，避免教学活动脱离学生认知水平和认知能力。自推行"自学·议论·引导"教学法以来，为了适应课改的需要，我校全面推行使用导学案。导学案的设计汇集了备课组成员的集体智慧。使用导学案，学生在学习时有章可循，减少学习活动中的很多无效环节，从而节约了时间。有了导学案，学生依照导学案中的要求、内容展开课前预习，课内交流、展示，学习效率大大提高，本来一节课一课时都学不完，现在时间比较宽松，当堂可以完成作业，学生的学习兴趣也随之提高。

3. 数学教学设计应该关注学生的课堂互动。"自学·议论·引导"教学法实施以后，我们的教学设计尽量使学生有章可循，让学生有方向，知道探讨哪方面的内容，交流汇报时，也知道怎样谈、谈什么。另外，教师对教学设计要做好多元互动的预案，多元互动中往往会出现意料之外的情况，不仅有学生在学习中存在的问题，还有即时性的问题，甚至还有学生参与度不足、缺乏兴趣等问题。只有教师准备的预案足够充分，才能实现在教学中积极引导和组织多元互动，从而提高教学效率。

（四）初中数学教学中"学材再建构"的意义及原则

"自学·议论·引导"教学法的操作规程是"三学"，即学材再建构、学法三结合、学程重生成。其中学材再建构是学法三结合的操作平台，是学程重生成的源头活水。在学习实践教学法的过程中，不论是现场听李老师讲课或讲座，还是观看课例视频或阅读专著或听专家解读教学法，大家都明显感觉到结构式板书是李庾南老师的一大特点，而且可学、易学。但细细琢磨，李老师的板书是"三学"课堂的显性体现，直观感觉是知识结构图，充分体现了各知识点间的逻辑关系，脉络清晰，一目了然。其实，知识结构图的形成过程是李老师课前对教材的精心设计，更是课堂上以问题为导向，启发学生的思维，师生互动共同建构而生成的"智慧树"，是李老师把教材活化，生成了学材。久而久之，学生也学会了如何研究问题，如何自主建构知识体系，自然学会了学习。所以，学材再建构无疑是李庾南老师教学法在我们的课堂落地的首要任务和基本途径。

1. 学材再建构的意义。学材再建构在数学教学上的主要表现形态是单元教学。单元教学即根据数学知识发生的规律、内在的联系、学生学习的基础与可达到的高度等，将学材分为单元或知识模块，从整体上把握教学要求，安排教学内容，分课时实施。单元教学设计的内容源于教材，又高于教材，目的是将教材转化为学材，教学为学生服务。学材一般都大于教材。实施单元教学是数学教学一个很大的突破，因为它打破了数学教学中单纯以课时为主的教学模式，避免了重复教学，也注意到了教学的点面结合，能做到重点突出，学生能够在老师的引下做到有序、高效。从学生的生活经验和已有的知识背景等现实出发，重组教材，实施有效的数学教学，让学生体会到数学就在身边，感受数学的趣味和作用，体会到数学的魅力。

2. 学材再建构的基本原则。（1）以课程标准为基准，确定单元教学总目标。（2）以教材为主要参照，确定单元教学知识结构、内容。（3）以学情为根据，确定教学方式、方法。（4）以自主建构为努力方向，让学生学会学习。"三学"的核心理念是自主建构，所谓"自主建构"就是学生在老师的指导下，教师根据学生原有的知识经验等基础上，通过学生的主动探索，促使学生深刻领会教学内容，将教学内容内化为学生自己的经验，形成学生自有的知识。学材再建构对原有的教学材料进行重组的目的是使学生得到更好、更快的发展，而学生的发展最明显的标志就是学生学会自主建构认知，从而发展学力，为学生终身发展奠定基础。

3. 学材再建构教学设计元素。学材再建构在数学教学上的主要表现形态是单元教学，数学单元教学设计元素包括教学要素分析（数学分析、课标分析、教材分析、学情分析、教学重难点、教学方式）、教学目标确定、教学流程（课时分配、教学过程），也包括教学流程的实施以及反思等。

（五）初中数学教学中培养学生自学能力的策略

在"自学·议论·引导"教学法教学模式中，"自学"是第一环节，也是最重要的环节，同时它还贯穿学习的始终，关系着整套教学法的落实，也关系着课堂教学的效率和成败。根据我们的研究结果，将学生自学能力的提升具体措施总结如下：

1. 高效数学教学中学生自主学习所需能力。依据我校新课程改革和课堂教学改革的需要，以实现我校数学高效课堂教学为目标。我们在教学中探索"自学·议论·引导"教学法在初中数学教学实践中学生自学能力的培养措施。在这一过程中，学生应该在以下三个方面不断提高：一是学生自我学习管理能力，二是自主认识数学知识的能力，三是课堂互动自主解决问题的能力，四是课后自主反思深化认知的能力。

2. 提高学生自主学习能力的具体措施。

（1）自我学习管理能力提升策略。导学案引导：一般来讲，初中生的自我学习管理能力比较弱，学生要在课前自主学习中提高学习效率，达到学习目标，教师必须要给学生明确的指令。这样，导学案的编写就显得尤为重要。初中数学教学中以学生知识输入为目标的学生自主学习阶段，必须要有完整而且科学的导学案引导学生自主学习。这就要求全体教师通过集体备课，集思广益，编写完善而科学的导学案，用导学案引导学生提升自我学习管理能力。有了导学案，还必须保证学生能够保质保量完成学习任务。初中生自我管理能力有限，这就要求教师对于每节课前的导学案要按时收回和批阅。这一方面是掌握学生的学习情况，另一方面则是督促每一个学生能够按时完成学习任务。有了科学完善的导学案和教师的严格督促，学生才能做好课前自主学习，掌握所需知识，在长期坚持的基础上提高学习能力。

（2）学生数学自主认识能力的提高策略。夯实基础：初中生数学知识有限，要提高学生数学自主认识能力，必须坚持循序渐进的原则，夯实基础知识。首先要通过课本阅读认识基本数学知识，然后要尽可能多做一些能够巩固数学基本知识的练习题。只有学生将基本数学知识熟练掌握，学生才能对数学产生兴趣并有能力掌握数学学习能力。养成习惯：初中阶段是学生良好习惯形成的重要阶段，需要通过课前自主学习、课后自主复习逐步养成。教师应该给学生一些明确指令，这些指令可以包含具体的学习任务和题目，也可以是学生根据自身的学习需要自己寻找的内容。总之学生要在教师的帮助下形成良好的数学学习习惯。

（3）课堂互动——学生自主解决问题能力的提升策略。学生自学能力包括积极的课堂互动合作解决问题的能力。要实现课堂有效互动，提升互动效果，首先要创造良好和谐的课堂环境。课堂互动活动要依据学生的数学知识水平和学习能力，围绕学生感兴趣的话题展开，将学生思维引导到所要学习和讨论的知识点上。在课堂讨论过程中学习的每一个表达都能够得到重视，让学生能够在和谐轻松的环境中进行积极的课堂讨论。为了有效实现课堂互动，提升学生自学能力和自主解决问题的能力还需要对课堂讨论中可能出现的一些问题和现象有充足的预案，以保证教师对课堂教学过程的充分掌握，从而保障课堂学习效果。要实现学生在课堂教学中主动探讨，还需要根据学生的性格、能力等各个因素进行合理的分组。具体办法是按照学生学习水平的高低进行均匀的分组，此外还要根据学生的性格特点，将善于表达或组织的学生均匀分组，以便学生在自学过程中实现有效互助，提升自主探究的效果。

（4）课后反思——深化学生认知能力的提升策略。学生在学完一课内容之后，要查找与本节课有关的习题，巩固本节课所学内容。学生在课后还应自主反思自己的学习过程并做出改进。教师要做适当引导，帮助学生提高自身反思能力，比如可以帮助学生制作课后反思表，列出该节课的知识点、学习方法和学习策略及课堂讨论中较满意和需要改进的方面等。

（六）引导学生进行有效的自主探究活动教学策略

"自学·议论·引导"教学既强调学生的自学和学生学习的主体作用，又始终坚持发挥教师的积极引导作用。外因对学生自主学习内需的激发很关键，所以在课堂学习中，教师要充分地、智慧地发挥引导作用，促进学生的自学活动向自主学习活动提升。而在数学教学实践中，教师对于学生自主学习的尺度往往很难把握，如果完全放手让学生自主学习，总担心学生学而无获；如果教师引导过多，又会给学生干预较多，影响学生自学能力的培养。所以，如何引导学生开展有效的自主探究活动是中学教师普遍面临的难题。那么，教师怎样才能引导学生进行有效的自主探究活动呢？

1.适当整合教材内容，为学生自主探究提供更多的素材。

教育家叶圣陶先生说："教材只能作为教课的材料，要教得好，使学生受益，还要靠教师善于运用。"李庾南老师创建的"自学·议论·引导"教学法的操作要义首先是重组教材内容，实施单元教学。因此，在备课时，教师必须根据学生已有的知识水平和经验，对教材进行加工。选择具有现实意义、富有挑战性的学习内容，向学生提供充分从事学习活动的机会，帮助他们在自主探究和合作交流过程中理解和掌握基础知识、基本技能和基本思想方法。

2.创设生动有趣的问题情境，激发学生自主探究的欲望。

著名数学家华罗庚说过："人们对数学早就产生了枯燥乏味、神秘、难懂的印象，原因之一便是脱离了实际。"因此，教师要善于从学生熟悉的实际生活中创设生动有趣的问题情境，让数学走进生活，在生活中看到数学，激发学生学习数学的兴趣。

3.以问题为导向，引导学生的自主探究活动不断走向深入。

著名数学教育家波利亚曾说过："问题是数学的心脏。"有效的提问是提高课堂教学效果的保障，恰当的问题能引导学生的自主探究活动不断走向深入，从而学会自主探究的方法。

4.以小组活动为载体，积累学生数学活动经验，提高探究能力。

"自学·议论·引导"教学法所倡导的"议论"是指学生与学生、学生与老师之间开展小组或全班的交流讨论，这是合作学习的基本形式，也是一种主要形式。为了保证议论能议得开，议得深，议得大家有兴趣，能得益，教师就要把握住议论内容的深浅，让小组合作学习有效率、有价值。

5.组织学生总结与反思，凝练探究成果。

在"自学·议论·引导"教学法实验初期，李庾南老师就提出，学生是课堂的主人，学习是教学的核心，学会学习才是教学的目的，主旨是发展学生的学习能力。数学学习能力是一种以思维能力为核心的多层次、多因素的综合能力，主要包括了独立获取知识的能力、系统整理知识的能力和科学应用知识的能力。教师要善于引导学生学会及时反思与总结，提升学习能力。

好的教学活动，应是学生主体地位和教师主导作用的和谐统一。一方面，学生主体地位的真正落实，依赖于教师主导作用的有效发挥；另一方面，有效发挥教师主导作用的标志是学生能够真正成为学习的主体，得到全面的发展。在数学活动中引导学生自主探究有助于落实学生的主体地位和发挥教师的主导作用。当然，学生自主探究能力的形成不是一蹴而就的事情，教师对教学资源的整合、对学情的及时了解、对问题的设计、活动的组织、教学方式的选取等各方面必须有精心的准备。这样，在长期的数学教学活动中，就会逐步培养学生的自主探究能力，促进学生自主发展。

（七）初中数学课堂教学中的小组合作学习策略

"自学·议论·引导"教学法的核心理念是"以学生为主体，在师生互动中学会学习，学会自主发展"。合作交流是学生学习数学的重要方式，合作学习的方式也越来越被学生喜欢和接受。如何进行有效的合作学习，我们采取以下几点策略：

1.学会科学分组，合理分工。科学分组、合理分工是小组合作学习顺利开展，发挥小组学习功能的前提。我们应该根据学生的智力水平、认知基础、学习能力、心理素质等进行综合评定，然后按照"异质同组，组间同质"的原则进行分组，每小组 4 人。这样既能保证优势互补，又便于开展公平竞争。教师还要根据学习内容的不同、学生的特长、个性差异合理分工，也可以由合作小组的成员民主协商，自行分工，充分发挥小组成员的作用，保证合作学习活动顺利实施。在进行合理分工的同时，还要选好组长，组长是一个小组合作学习活动的组织者，是老师的小助手，选组长直接关系学习活动的效率和成败。我们可以采取个人自荐、组内表决的方法选组长，并对小组长宣布职责及相关要求。在参与全班交流中，小组成员轮流发言，机会平等，培养学生的平等参与意识。另外，同一形式使用时间过长，次数过多后，就会失去新鲜感，降低学习兴趣，所以合作小组应该至少每学期调整一次，以便让学生有更多的交流机会。

2.要处理好教师的角色，及时对合作过程实施调控。在合作学习中，学生学习方式的转变首先是通过教师的角色变化来实现的。教师的主要行为表现为倾听、交流、协作、分享，教师应成为学生学习的向导和促进者，有时还是学习的合作者，因而教师在合作学习中同时扮演了老师、顾问、同伴三种角色。教师应针对班级、小组的具体情况，用恰当的语言，对学生作出指导与评价，充分展示各种问题的形成过程与解决过程。同时，教师还应注意每个学生的参与度，及时作出指导和调节，促成高效的互动过程。

3.要善于把握合作时机，使学生积极、有效地合作。学生是学习的主人，教师应根据实际教学内容的需要，选择最佳时机，积极、有序、有效地组织学生开展合作学习。(1) 在重点、难点处进行合作学习。教学的重点、难点往往是学生理解掌握的难点，在这些地方加强合作，有助于教学目标的达成。(2) 在迷惑、混沌处进行合作学习。教学过程中，当学生思维处于混乱状态时，组织学生相互交流、辩论，有助于澄清概念，加深理解。(3) 在深化、拓展处进行合作学习。深化、拓展处是再创造的生长点之一，往往具有开放性和综合性，此时进行合作，有助于扩展学生的思维，激发学生的灵感，形成独特的认知。

课堂是教师的生命力所在地，是学生智慧的发源地。在合作学习中，具有不同知识结构、不同思维方式的学生可以相互启发，相互补充，产生新的认识，升华到创新的水平，用集体的力量共同完成学习任务。把小组合作学习真正落到实处，使课堂焕发生命的活力，才能让学生真正成为学习的主人。

(八) "一题多变"培养学生创新能力，发展学力

"自学·议论·引导"教学法的操作规程是"三学"，即学材再建构、学法三结合、学程重生成，其目标是学力有提升，这是"三学"的价值所在。在整个初中数学学习过程中，怎样培养学生的创新能力，发展学力，"一题多变"是一条很有效的教学途径，不仅可以提高学生的学习积极性，增强学生学习数学的兴趣，还可以培养学生创新思维能力以及处理现实生活中各种复杂问题的意识。实施"一题多变"，可以由特殊到一般，由浅入深，展开讨论与学习，从而激发学生发散思维与创新能力；实施一题多变，可以从分类着手，通过对习题的条件或结论进行变换，从而对同一个问题从多个角度来研究；实施"一题多变"，还可以借助类比推理，对所学知识进行横向联系和比较，找到类型相似问题的解决途径和方法，引导学生自己将题目中的问题或条件进行改变或重组，探索出新知识。数学教学离不开例题、习题，而教学中的"一题多变"就是要挖掘例题、习题的潜在价值，充分展示课堂教学的最大功能。"一题多变"就是从改变中总结解题方法，从改变中发现解题规律，从改变中发现"变"与"不变"。通过揭示不同知识点的联系，加深学生对所学知识的理解与内化，对知识形成比较系统的认识，同时克服学生的某些思维定式，使思维更具灵活性、深刻性、全面性和创新性。"一题多变"其实质就是对教材内容的再次建构，是知识的生成过程，是对教材的延伸和拓展过程。

(九) 在预设与生成中焕发数学课堂的生命活力

学程重生成中的学程是要让学生经历实践 (思维或操作)、体验 (发现、归纳、论证、概括)、内化 (是什么、为什么)、表达 (说出来，用起来) 的过程。

在这个过程中，只有师生互动，生生互动，深度交流，才能达到知识与技能、过程与方法、情感态度以及价值观的生成。数学教学需要预设，而精心的预设又必须通过课堂的生成才能实现其价值。因此，必须处理好预设与生成的关系，在精心预设的基础上，针对教学实际进行灵活调整，追求动态生长，从而让数学课堂在预设与生成的融合中焕发生命活力。

1.课前预设要全面了解学生，理智地认识生成。我们教育对象的年龄特征、个性特点、知识经验和生活环境的复杂多样，决定了教学行为的生成性。因此，全面地了解学生，预设学生解决问题的策略是科学预设的前提。从教学过程来看，教学是师生交往互动的过程，学生原有的知识经验、能力水平、个性特点必然影响着数学活动的展开和推进。因为只有在预设上多下功夫，理智地认识生成，才能更好地解决课堂生成的问题。

2.精心设计弹性方案，适时地促进生成。在教学中，预设是必要的，因为教学首先是一个有目标、有计划的活动，教师必须在课前对自己的教学任务有一个清晰、理性的思考与安排，但同时这种预设是有弹性的、有留白的预设。因为教学过程本身是一个动态的建构的过程，这些由学生的原有经验、知识结构、个性等多方面的复杂性与差异性决定的。因此，教师在备课的过程中，应充分考虑到课堂上可能会出现的情况，从而使整个预设留有更大的包容度和自由度，给生成留足空间。

3.灵活驾驭教学过程，巧妙地运用生成。新课程对互动的关注，对过程的强调，对探究的重视，都使得课堂教学越来越处在一种变化、动态的场景中。学生参与的积极性提高了，互动的范围与深度大了，课堂也就变得鲜活了，变化也就成了正常的事情。在课堂教学过程中，教师要善于把生成性内容看作新的教学资源，及时调整教学预设，形成新的教学方案。这对教师的素质与技能提出了新的要求，一定程度上也是最能考验教师教学智慧的方面之一。(1)在生成中灵活选择预设。课前教师对教学方案进行了多维预设，这为课堂教学的动态生成提供了广阔的空间。(2)在生成中机智整合预设。在对教学方案的预设中教师的思维方式是分析式的。但在实施教学的过程中，有时教师应根据师生交往互动的具体进程来对学生在上课生成的各种信息作出快速分析，并恰当地整合在课前的各种预设，通过质疑交流，使不同层次的学生相互学习，相互补充，获得不同发展。(3)在生成中果断放弃预设。课堂是千变万化的，不论教师做了多么充分的预设，课堂上会不可避免地出现一些意外的事情。课堂教学是有目标的，但学生的兴奋点往往与教学目标不一致。如果教师视教案为禁锢，不敢越雷池半步，就有违教学过程是师生交往、动态生成的过程的教学理念。

数学课堂教学要真正体现以学生的发展为本的教学理念，教师就必须转变教学观念，创造性地运用教材，创造性地设计学习活动，从而有效促进基于学生的生活实践或学习探究活动的预设生成，让学习主体的认知结构、自主探究、创新能力与个性发展等方面持续地、动态地生成于开放合作。

（十）论文、课题、教育教学获奖等成果及社会影响

课题研究期间，课题组成员积极投入，潜心研究，在各级刊物发表课题相关论文 9 篇（省级 7 篇、市级 1 篇、县级 1 篇）；市级相关课题结题 3 项（1 项规划课题、2 项个人课题）；在省、市、县优质课、教学设计课例、论文等评选中获奖近 30 项；课题负责人刘玲芳在市、县做教学法推广讲座 11 次，承担教学法优质、课例、论文教学设计等比赛评委及观摩课点评工作 10 多次，课题组成员做县级以上示范课 5 节。以上成绩的取得，对"自学·议论·引导"教学法实验项目在全县范围内的实施起到了极大的示范、带动、引领与辐射作用，效果显著，促进了县域初中数学教师的专业成长和课堂教学改革的进一步深入，促进了全县数学教学质量的提高。

1.已发表的论文。2020 年，刘玲芳撰写的论文《引导学生进行有效的自主探究活动》在《数学之友》杂志上发表。2019 年，刘玲芳撰写的论文《教学中"自学·议论·引导"教学法核心理念的落实措施》在《西部素质教育》杂志上发表；刘玲芳撰写的论文《浅谈适应"自学·议论·引导"教学法的教学设计》在《读书文摘》杂志上发表；李兰临撰写的论文《初中数学教学中培养学生自学能力研究》在《西部素质教育》上发表。2018 年，刘玲芳撰写的论文《初中数学教学中"学材再建构"研究》在《数学教学研究》杂志上发表；刘玲芳撰写的论文《"自学·议论·引导"教学法研修心得》在《皋兰教育》杂志上发表；马宏撰写的论文《在预设与生成中焕发数学课堂的生命活力》在《素质教育》杂志上发

表；龚云飞、李常新撰写的论文《初中数学"一题多变"与培养学生创新能力》在《兰州教育》杂志上发表。2017 年，陈增菊撰写的论文《浅谈初中数学教学中的小组合作学习》在《教研周刊》杂志上发表。

2.已结相关课题。2019 年 12 月，课题组研究的市级规划课题《自学·议论·引导教学法在县域初级中学的实验研究》通过鉴定并结题。2018 年，马宏老师的个人课题《初中数学教学中"预设与生成关系"研究》通过市级鉴定并获三等奖；陈雪芳老师的个人课题《初中数学例题教学策略研究》通过市级鉴定并获二等奖。

3.教育教学获奖。2017 年，刘玲芳获皋兰县中考数学学科质量三等奖；程万朝获皋兰县中考数学学科质量一等奖；李兰临执教的《提公因式法》获甘肃省数学单元教学设计优质课比赛二等奖；刘玲芳获甘肃省数学单元教学设计优质课比赛优秀辅导奖；刘玲芳撰写的《一二次方程的解法》获甘肃省数学单元教学设计文本比赛一等奖；邹大桥撰写的《二元一次方程组》获甘肃省数学单元教学设计文本比赛三等奖；陈增菊撰写的《生活中的轴对称》获甘肃省数学单元教学设计文本比赛三等奖；刘丰英撰写的《整式的乘除》获甘肃省数学单元教学设计文本比赛二等奖；李兰临撰写的《提公因式法》获甘肃省数学单元教学设计文本比赛二等奖；李常新撰写的《因式分解》获甘肃省数学单元教学设计文本比赛二等奖；龚云飞、陈雪芳分别获皋兰县 2017 年教育科研工作先进个人荣誉称号。2018 年，刘玲芳撰写的《初中数学教学中"学材再建构"研究》获兰州市第一届"自学·议论·引导"教学法论文比赛一等奖；刘玲芳撰写的《"自学·议论·引导"教学法研修心得》获皋兰县优秀征文比赛一等奖；李兰临撰写的《一种情怀，一种境界》获兰州市第一届"自学·议论·引导"教学法论文比赛三等奖；马宏撰写的《在预设与生成中焕发数学课堂的生命活力》获兰州市第一届"自学·议论·引导"教学法论文比赛三等奖；邹大桥撰写的《二元一次方程组的解法》获兰州市第一届"自学·议论·引导"教学法课例比赛二等奖；李兰临撰写的《探索直线平行的条件》荣获兰州市第一届"自学·议论·引导"教学法课例比赛三等奖；李兰临获皋兰县第一届"自学·议论·引导"教学法优质课比赛三等奖；马宏的个人课题《初中数学课堂教学中预设与生成关系的研究》获市课题成果三等奖；陈雪芳的个人课题《初中数学例题教学策略研究》获市课题成果二等奖。2019 年，刘玲芳撰写的论文《浅谈适应"自学·议论·引导"教学法的教学设计》获国家级一等奖；刘玲芳撰写的教学案例《在数学活动中引导学生自主探究》获省级一等奖；刘玲芳获皋兰县 2019 年教育科研工作先进个人荣誉称号；李兰临获皋兰县课堂教学竞赛及优质课评选二等奖；李兰临获皋兰县第二届"自学·议论·引导"教学法优质课比赛一等奖；邹大桥获皋兰县第二届"自学·议论·引导"教学法优质课比赛三等奖；李常新获皋兰县优秀教师荣誉称号。

4.讲座、示范课。课题负责人刘玲芳，2017 年，在兰州市"三名人才"下基层"送教下乡"活动、皋兰县初中数学工作坊线下教研活动中做了题为《"自学·议论·引导"教学法在数学教学中的应用》的讲座。2018 年，在兰州市"三名人才"下基层活动中做优质课例点评及教学法讲座；在皋兰县"自学·议论·引导"教学法推广启动会上做题为《有规则的自由课堂——"自学·议论·引导"教学法》的专题讲座；在兰州市初中教育教学开放周活动做题为《初中数学概念教学策略》的讲座；在兰州市第四十四期"名师大讲堂"活动中做题为《今天我们如何做老师——我的教育感悟》的专题讲座；在兰州市"十三五"市属教师培训——初中数学教师培训活动中做题为《做一个幸福的数学老师》的专题讲座；2019 年，在皋兰县新教师培训中做题为《立德树人，做新时代"四有"好老师》的专题讲座；在皋兰县骨干教师培训中做《备课、上课的理念与实践策略》讲座；在兰州市"千进八百互动"计划农村理科教师培训中做《核心素养背景下的初中数学课堂教学》专题讲座；在皋兰县 2019 年"自学·议论·引导"教学法观摩研讨活动及兰州市"三名"人才下基层教研活动中做专题讲座。

课题组主要成员李兰临，2017 年在兰州市"三名人才"下基层教研活动中做示范课《一次函数的图象》；2018 年在兰州市"三名人才"下基层教研活动中做示范课《平行线的性质》；在皋兰县教学法推广启动会上做示范课《三角形的内角和》。2019 年邹大桥在"送教下乡"活动中做示范课《二元一次方程组的解法》。2020 年 6 月，黄耀华在"送教下乡"活动中做示范课《生活中的轴对称》。

十、课题研究中存在的问题及今后的研究思路

(一) 研究中存在的问题

通过本课题的实践研究，我们完成了预定的研究任务，取得了丰硕的成果。但是也存在一些问题：一是县域教师的观念还相对落后，在应试教育的影响下，教师的课改意识不强，怕课堂上让学生自学、议论会浪费时间，完不成当堂的教学任务，所以教师对"自学·议论·引导"教学法的实验投入不够；二是受地域影响，家长、学生对学习的重视程度不够，难以形成自主学习、合作学习的习惯；三是县域教师比较缺乏课题研究的方法、经验、能力；四是课题组成员集中研究的时间和精力有限，反思不够及时、不够深刻。研究过程的阶段性资料收集、整理不够科学、不够完整等。

(二) 今后的研究思路

我们创建的具有县域特色的"三四六"数学教学新模式，在推广应用的过程中还需要进一步地完善、提升。我们对课题的研究不会停止，将贯穿在平时的教育教学工作中。我们将继续学习"自学·议论·引导"教学法等先进的教育教学理论，把先进的理念与实践相结合，用先进的理念指导教学实践，在实践中不断总结反思，努力创建更加适合县域实际的初中数学教学新模式，促进县域教师专业成长，提高县域教育教学质量。

附件：

初中数学课堂教学现状调查问卷（教师卷）

尊敬的老师：

您好！非常感谢您能参与本次问卷调查。本研究的目的是为了解县域初中数学教师对课标的了解、对教材的使用以及教学方式的选用情况，从而获得中学数学教学现状的信息。在此基础上有助于我们进一步了解新一轮课程改革的实施状况，以便总结实施成果及提出今后中学教学发展的方向。本问卷采取匿名形式，调查的结果只用于研究所需，不涉及对学校和个人的具体评价，请您不要有任何顾虑。真诚地感谢您的大力支持！

一、有关新课标的学习情况

1.您学过初中数学课程标准吗？（   ）

A.认真学过　　　B.粗略看过　　　C.培训时听过　　　D.没有学过

2.您认同新课程理念让学生自主、探究、合作学习的教学方式吗？

A.十分认同　　　B.基本认同　　　C.不认同

3.您是否按新课程要求在教学中充当引导者、组织者、参与者的角色？（   ）

A.充当得很好　　B.尽量充当　　　C.较少充当　　　D.不充当

二、有关教材的使用情况

4.上课前您编写教案的情况是（   ）

A.认真钻研教材，阅读大量的相关资料，并根据学情编写教案

B.认真研读课标，钻研教材，阅读大量的相关资料，并根据学情编写教案

C.阅读教材，照抄相关教学参考书上的教学设计

D.不编写教案，课前看一下教材，直接上课

E.研读课标，钻研不同版本的教材，并根据学情编写教案

三、有关教学方式、方法的选择

5.您采用该种教学方法的理由有（   ）

A.教学内容的性质　B.教学习惯　C.学生掌握得快，考试成绩高　D.根据学情

6.您在课堂教学中常用的教学手段是（   ）

A.电子白板、多媒体等现代教育技术　　B.一支粉笔、一张嘴　　C.两者都有

7.您在教学过程中经常采用的教学方法是（   ）（可多选）

A.合作式教学法　　B.讲授式教学法　C.多媒体教学法　　　D.自学式教学法

E.自学式教学法　　F.各种教法的综合运用　　G.其他教学法　H.精讲多练

四、有关课堂生成问题的处理

8.您如何处理学生向您提出的质疑（   ）

A.引导学生自己解决　　　B.耐心地向学生解释　C.忽略跳过

D.让其他同学帮助他

9.当学生提出一个很有见解的想法或问题时，您的做法是（   ）

A.简单评价，继续讲授　B.表扬鼓励，师生评价调整教学设计

C.让其他学生评价

五、关于小组合作学习的问题

10.您认为在课堂中让学生小组合作交流学习的效果如何(　　)

　A.很好　　B.一般　C.没有　D.不知道

11.您在教学中遇到过让学生主动参与、合作交流而影响教学进度的尴尬吗?

(　　)

　A.经常遇到　　　　B.没有遇到　　　　C.偶尔发生

初中数学课堂教学现状调查问卷（学生卷）

亲爱的同学:

　　你好! 非常感谢你能参与本次问卷调查。本研究的目的是为了解数学教师选用的教学方法的情况,从而获得中学数学教学方法现状的信息。在此基础上有助于我们进一步探索使用更加有效的教学方法,提高课堂教学效率,发展学生核心素养。本问卷采取匿名形式,调查的结果只用于研究所需,不涉及对学校和个人的具体评价,请您不要有任何顾虑。真诚地感谢你的大力支持!

一、学生对教师教学方法的认同

1.你认为数学教师的教学方法(　　)

　A.一般　　B.灵活多样,很喜欢　C.固定刻板,不喜欢　D.满堂灌,讲太多

2.你喜欢教师上数学课时的哪种教学法? (　　)

　A.先学生做,再由老师讲　　B.学生先做,再相互交流展示,最后老师评讲

　C.老师直接讲解　D.老师分析思路后学生做题　E.其他

3.你认为数学教师使用讲解法,你的学习效果(　　)

　A.较好　B.一般　C.较差　D.不知道

4.你认为数学教师使用自学引导的方法,你的学习效果(　　)

　A.较好　B.一般　C.较差　D.不知道

5.你认为数学教师使用小组合作学习,你的学习效果(　　)

　A.较好　B.一般　C.较差　D.不知道

6.你认为数学教师使用多媒体辅助教学,你的学习效果(　　)

A.效果较好　B.效果一般　C.效果较差　D.不知道

7.数学课上，你的数学老师经常让学生板演、讲解吗？（　　　）

　　A.经常板演，但不讲解　　　B.偶尔板演，但不讲解

　　C.很少板演，从不讲解　　　D.经常板演，经常讲解

8.数学课上，你喜欢板演或讲解展示吗？（　　　）

　　A.非常喜欢　　　B.喜欢　　　C.一般　　　D.不喜欢

二、学生的学习方式的选择

9.你认为自己对数学的学习状态（　　　）

　　A.非常积极　B.比较积极　C.一般　　D.不积极

10.遇到数学学习上的困惑时你是怎么解决的（　　　）

　　A.问老师　　　B.问同学　　　C.不解决 D.等老师讲

11.在课堂上，你发言的机会（　　　）

　　A.多　　　　　B.较多　　　C.很少　　　　D.没有

12.你喜欢在课堂上自主看书学习和思考问题吗？（　　　）

　　A.喜欢　　　B.比较喜欢　　　C.不喜欢

13.你喜欢小组合作学习吗？（　　　）

　　A.喜欢　　　B.比较喜欢　　　C.不喜欢

14.你敢于在课堂上表达自己独特的见解吗？这样的机会多吗？（　　　）

　　A.敢、很多　　　B.敢、很少　C.不敢、很多 D.不敢、很少

皋兰县"三四六"数学课堂教学评分表

学段＿＿＿＿＿　　　　授课班级＿＿＿＿＿＿　　　　时间＿＿＿＿＿＿＿

授课教师＿＿＿＿＿　　　　课题＿＿＿＿＿＿＿＿＿＿＿＿＿＿＿＿＿

一级指标	二级指标及说明	分值
学法三结合30分	1.自主学习贯彻始终	10分
	2.灵活交替地运用小组学习、全班学习形式	10分
	3.研究气氛热烈、和谐、深刻、扎实	10分
学材再建构30分	1.源于教材、源于学生，根据教学需要重组教学材料，追求最大发展	10分
	2.突出主干知识，关注知识逻辑结构，体现单元教学思想	10分
	3.重视知识的教育功能，促进学生和谐全面发展	10分
学程重生成30分	1.生生互动、师生互动、交流合作	10分
	2.自主生成，懂得知识的原理、结构和应用	10分
	3.学习有深度、有成效、有创见	10分
教师素质10分	适时引导，方法得当；语言精练，富有魅力；媒体选用恰当，板书合理美观；有较强的课堂调控能力	10分
总分合计		
综合描述		
评价等级	优（100—85分）良（84—75分）合格（74—60分）不合格（60分以下）	

评委签名：＿＿＿＿＿＿＿＿＿＿＿＿

"三四六"数学课堂教学导学案

一、温故知新

1.平行四边形的定义是什么？

2.平行四边形有哪些性质？

二、新知探究

1.问题：考虑两组对边分别相等的四边形是平行四边形吗？已知：如图，在四边形 $ABCD$ 中，$AB=CD,BC=AD$.求证：四边形 $ABCD$ 是平行四边形.

得出结论：

2.问题：如果四边形有一组对边相等，那么还需要添加什么条件，才能使它成为平行四边形？

3.问题：一组对边平行且相等的四边形是平行四边形吗？已知：在四边形 *ABCD* 中，*AB∥CD* 且 *AB=CD*.

求证：四边形 *ABCD* 是平行四边形.

4.问题：思考两组对角分别相等的四边形是平行四边形.已知：如图，在四边形 *ABCD* 中，∠*A*=∠*C*，∠*B*=∠*D*.求证：四边形 *ABCD* 是平行四边形.

得出结论：

三、新知应用

如图，在平行四边形 $ABCD$ 中，E、F 分别是 AD 和 BC 的中点.求证：四边形 $BFDE$ 是平行四边形.

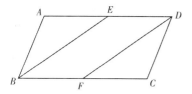

四、拓展提升

如图所示，$AC=BD=16$，$AB=CD=EF=15$，$CE=DF=9$，图中有哪些互相平行的线段？

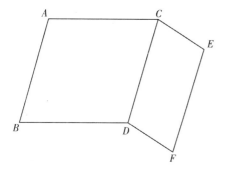

初中数学课堂教学中师生互动及有效性的研究

一、关键词界定及课题名称的解读

初中数学：指七至九年级的数学学科。

课堂教学：课堂教学是指以班级授课制为表现形式，以培养和发展学生为目的，由相对固定的教师和学生在相对稳定的时间和相对固定的空间内，围绕特定的教学内容进行的教学活动。

师生互动：即在教育教学过程中，师生共同探讨、共同研究，在这一过程中，老师给学生以指点，学生也给老师以启发，相互促进，共同发展。师生互动分为教师与学生个体之间的互动，教师与学生群体的互动；生生互动可分为学生个体之间的互动，学生群体之间的互动，学生个体与学生群体之间的互动。师生互动的方式可分为行为互动、情感互动、认知互动。

有效性：通俗地说，课堂教学有效性是指通过课堂教学活动，学生在学业上有收获、提高、进步。具体表现：认知上，从不懂到懂，从少知到多知，从不会到会；情感上，从不喜欢到喜欢，从不热爱到热爱，从不感兴趣到感兴趣。从专业角度说，有效性指通过课堂教学，学生获得发展。就其内涵而言，发展指的是知识与技能、过程与方法、情感态度与价值观三维目标的整合。

初中数学课堂教学中师生互动及有效性的研究：就是研究数学课堂教学中如何进行师生互动才能取得课堂教学的最佳效果。通过改变当前互动存在的单调形式，丰富互动的内容（认知、情意、行为），提升互动的深度，从而提高课堂教学的效率。有效的师生互动，既要体现课堂教学的指向性，突出重难点，又要有利于学生各种能力的形成。

二、课题研究的背景及意义

课题研究的背景：随着国家基础教育课程改革的逐步深化，新课程理念已经被广大教师所接受，但教学实际效果还不尽人意。在课堂教学中无论是教学思想、内容、方法、师生角色定位，还是教学过程都存在很多的问题。特别是教师"一言堂"现象还很严重，课堂上师生互动少，这与新课标理念相悖。

新课程标准提出，在数学教学中有效的数学学习活动不能依赖模仿与记忆，动手实践、自主探索与合作交流是学生学习数学的重要方式，学生的数学学习活动应当是一个生动活泼的、主动的和富有个性的过程。学生作为课堂的重要组成要素，新课改中提出把课堂学习的时空还给学生，让学生成为学习的真正主人。进行课堂教学有效性的研究，提高课堂教学的效益，唤醒学生沉睡的潜能，点燃学生智慧的火花，不仅面向学生的现在，更要注重面向学生的未来。按照新课程要求，采用"互动式"教学势在必行。

课题研究的意义：强调师生交往，构建互动的师生关系、教学关系是新课标下教学改革的首要任务。教学是师生双向活动的动态过程，教学过程是师生交往、共同发展的互动过程。教师与学生是教学过程的主体，在教学过程中强调师生间、学生间的动态信息交流，通过信息的交流实现师生互动。通过对课堂教学有效性的研究，使教师的角色发生变化，形成一套切实可行的以学生为中心的初中数学课堂教学模式。

三、课题研究的目标

1.通过课题研究，形成一套初中数学教学师生互动的教学模式。将行为互动、情感互动、认知互动三者有效地结合起来，在课堂上充分体现教师的主导作用与学生的主体地位。

2.通过课题研究使自己的课堂角色发生变化，从单纯注重知识传授转为比较关注学生的学习方式、学习愿望和学习能力。

3.通过研究使课堂更多地出现师生互动、平等参与的局面。学生学习方式开始多样化，乐于探究、主动参与、勤于动手，课堂教学的组织形式也要在一定程度上发生变化，在培养学生合作与交流能力的同时，调动每一个学生的参与意识和学习积极性。

四、课题研究的内容

1.新课程实施中师生互动方式的理论研究。

通过文献研究，比较新课程与传统课程中师生互动的不同要求，探索新课程背景下师生互动方式的内涵，提炼、概括出与实施新课程相匹配、相一致的师生互动方式的要素和特征。

2.本校教师课堂教学中师生互动方式存在问题的现状研究。

通过听课和调查，对本校数学教师在课堂教学中互动方式所呈现的问题进行研究，探索改善现状的方式和途径。

3.数学课堂教学中师生互动及有效性的案例研究。

选择课堂教学中师生互动方式有效性较高的课堂教学案例，分析、研究从中呈现的特征和规律，总结推广成功经验。

五、课题研究的方法

1.文献法：查阅资料，借助各种相关的理论和经验，指导课题研究。

2.调查法：通过对教师和学生进行访谈和问卷调查，了解数学课堂教学中师生互动的相关情况。

3.行动研究法：运用有效互动进行教学，改进和总结课堂中师生互动的途径和方法，滚动式推进研究过程。

4.经验总结法：通过各级各类公开课、示范课活动，及时总结、调整和完善。重视资料的积累，按照研究内容写出阶段性研究报告和经验总结。

六、课题研究过程

1.前期准备：（2013.7—2013.10）

收集有关信息，决定研究主题，制定课题研究计划，更新教学观念，增强对本课题研究意义及价值的认识，进一步明确研究目标、具体操作方法。

2.研究阶段：（2013.11—2014.7）

第一阶段：（2013.11—2013.12）

进行初中数学课堂教学中师生互动的情况问卷调查及结果分析。

第二阶段：（2014.1—2014.2）

根据调查结果，对照课标查找数学课堂教学中师生互动存在的问题。

收集与本课题相关的理论学习材料，通过文献研究，比较新课程与传统课程中师生互动的不同要求，探索新课程背景下师生互动方式的内涵，提炼、概括出与实施新课程相匹配、相一致的师生互动方式的要素和特征。发展心理学的"双主体"理论、多元智能理论等都为互动的教学情境创设课题提供了理论依据。总结以往数学课堂教学实践中师生互动的情况，并从案例中进行分析比较，对当前初中数学课堂教学中师生互动存在的问题有了进一步的认识。

（1）师生问答中存在的问题。

首先，教师提问内容太宽泛，学生回答不着边际。教师提问的目的是什么？是想让学生全面理解意图，还是想针对教学内容的安排来展开？或是让学生利用情境来观察思考？初中生还比较单纯，想到什么就说什么，你让他们想，他们就会想得很多，很有诗意，但也许跟数学都搭不上边。这时候的师生互动表面上看气氛很活跃，学生争先恐后地举手回答教师的问题。但似乎只为了调节课堂气氛，离着教学目标太远了。其次，教师提问次数太频繁，课堂处于"满堂问"。一些教师的课堂提问简洁明了，节奏相当快，课堂非常紧凑。但教师提出问题后，一定要给学生提供思考的空间。如果问题过多、过频，教学的重难点难以突出，这种单向提问的方式，会在一定程度上阻碍学生思维的发展。所以教师的提问应该设定一定范围，抓住教学重点和学生容易产生疑问之处设计问题，使问题更具有启发性。另外，初中数学课堂提问应该是递进的，具有层次的，这样才能激发学生积极思维。如果问题过小、过浅、过易，学生不假思索就能对答如流，不仅不能促进学生思维的发展，而且在表面上看似热闹的课堂气氛，反而会使学生养成浅尝辄止的不良学习习惯。教师提出的一些简单的知识性的问题常常针对全班，经常使用"对不对？""是不是？"这样的提问方式。这种提问方式无疑对于活跃课堂气氛也是有一定的积极意义的。但是这样的提问形式使用得过多，就将一些问题简单化。由于教师常常将问题设计为对与错的问题，导致学生的思维出现非此即彼的线性思维，而缺乏复杂的多维思维。学生简单地以"对""是"来回答教师的提问，课堂中时时充满了声音洪亮、整齐划一的喊声，殊不知在这个过程中教师没有也不愿意深入地与学生交流，只是对或者错的评价，这样的互动效率是低的，也会导致学生对问题的想法只是对错的判断。

（2）小组合作学习中存在的问题。

首先，准备不充分，流于形式。教师对小组合作学习的准备不充分，表现有两方面：一方面是思想上准备不充分，没有很好地理解课程标准精神、分析教学内容，没有合理地预设合作的契机、安排合作的环节；另一方面是操作上准备不充分，没有异质分组，没有为讨论类合作学习设计合适的讨论题，没有为操作类合作学习提供充分学具，包括记录合作学习过程和成果的报告单、记录表等。其次，要求不到位，作而不合。教师在小组开始活动前没有提出明确的要求，表现出两种情况：一是没明确宣布要求，二是没及时宣布要求。在初中数学课堂教学过程中，教师的一句"现在四人小组开始交流"便拉开了小组互动的序幕。学生对我在小组活动中做些什么、怎样做以及时间限制、竞争条件、展示准备、汇报要求等不清楚。再次，时间不充足，合而无质。时间不充足指教师给学生进行小组学习的时间达不到合适的长度。很多教师在宣布小组学习活动开始后，只过十几秒就宣布停止，有的学生还没来得及发言，更不要说达成共识、共同进步了，造成小组学习的合而无质。最后，指导不及时，合作无结果。

（3）课后互动中存在的问题。

作业是课后师生互动的载体，但数学作业的批阅过于简单，只注重知识的对错评判，不重视对错背后的非智力因素的评判，很少有激励性、发展性的评语。

第三阶段：（2014.3—2014.7）

针对初中数学课堂教学师生互动存在的问题，开展备课、说课、上课、听课、评课"五课"活动；积极组织并参与"同课异构"实验课、示范课活动；参加县教研室组织的教学开放周活动。通过学习、交流、实践、探索，初步认识到初中数学课堂教学师生有效互动应采取以下策略：

（1）建立现代数学教学观。第一，建立师生交往、共同对话的教学本质观。

叶澜教授曾提出："人类的教育活动起源于交往，教育是人类一种特殊的交往活动。"教学活动作为教育活动的一部分，它是人类交往活动中更特殊的一种。因此，交往可以看作是教学过程的一种本质。而在人与人的交往中，每个人都是作为主体而存在的，每个人都是彼此相互认识和交流的对象，每个人都应具有自己独立的人格。因此，教学中的师生关系不再是"人—物"关系，而是"我—你"关系；教师不再是特权式人物，而是与学生平起平坐的一员；教学便是师与生彼此敞开心扉、相互理解、相互接纳的对话过程。在这样的教学过程中，师生形成了一个学习共同体，他们都作为平等的一员在参与学习过程，进行心灵的沟通与精神的交融。第二，建立有序、变通、动态生成的教学过程观。迄今为止，我们的课堂教学设计沿用的仍然是理性分析主义理论，造成我们的课堂显得严谨有余、生气不足，条理清晰、创新不够。事实上，我们的课堂教学由于师生带有灵性的参与，应该充满感性的成分，应该具有勃勃的生机。一方面，课堂教学是师生交互活动的过程，交互活动不断地进行，课堂就将发生不断的变化和意外。因为交互活动不可能有太细的规则，不可能完全按照事先计划好的每一细节操作，它具有不可控性。另一方面，现代知识观也坚持认为，教材教案等一切文本的意义都具有不确定性，师生皆可对之进行不同的诠释与解读，进行不断地界定和再界定。因此，我们追求的教学过程，就不再是永远的平衡，而是失衡再平衡；不再是一味的有序，而是无序中的有序。教学过程还其本来面目，应该是多元变通、动态生成性的过程。

（2）增强数学课堂师生互动的教学设计。首先，设计创新性问题，扩大互动空间。其次，设计多向合作的学习活动，拓宽互动途径。最后，设计生活化、情境化、信息化的教学环境，丰富互动内容。

（3）提高我们的教学敏感性。我们教师既要与学生群体、学生个体产生互动，同时又应该是课堂互动的调控者。因此，我们应提高教学敏感性，充分挖掘和利用课堂中的一切互动因素，调整互动、促进互动。一方面，创造机制彰显学生真实的学习过程，促进互动。课堂中，如果我们不注意引导，很多学生会由于害怕被别人发现错误而掩饰自己真实的学习过程。有的学生本来有自己的想法却随大流人云亦云，有的学生本来有疑问也不敢提出来让大家讨论。于是原本一次深刻的思维碰撞机会就错过了，原本一次很好的情感交流机会也错过了。因此，我在实际教学中跟学生共同设立了一些课堂制度：如奖励发表异议的、鼓励大胆发言的、批评讥笑别人错误的等等，让每个学生都敢于表露真实的思维、愿意表达真切的情感体验、大胆实施自己的学习策略，这样就促进生生间、师生间产生更广泛更深刻的互动。另一方面，捕捉并重组课堂信息，调整互动。教学过程中，仍普遍存在教师为完成教学任务而漠视学生课堂表现的现象。往往在不经意间，学生产生了一个典型的疑问、生出了一朵创新思维的火花，如果我们善于捕捉这些细微之处流露出来的信息，或许可以引发一场激烈的讨论，给下面的课堂带来一份精彩。

3.结题阶段：（2014.8—2014.9）

（1）将实验研究阶段师生互动、交流反馈、教学反思、经验总结文字资料进行整理。

（2）整理实验研究阶段的精彩教学案例、课堂照片、课堂实录等影像资料，制作光盘。

（3）整理实验研究资料，进行成果总结，撰写研究报告。

七、研究成果

通过对本课题的研究，认识到了初中数学课堂教学中师生有效互动的必要性和互动环境要素的重要性，从而用理论指导实践，用实践见证理论，达到了最好的教学效果，并形成一套符合实际的初中数学课堂教学师生有效互动的"三四六"数学课堂教学新模式。将行为互动、情感互动、认知互动三者有效地结合起来，在课堂上充分体现教师的主导作用与学生的主体地位。在课题研究中，使自己的课堂角色发生了变化，从单纯注重知识传授转为比较关注学生的学习方式、学习愿望和学习能力的培养。通过研究使课堂较多地出现了师生互动、平等参与的生动局面。学生学习方式开始多样化，乐于探究、主动参与、勤于动手，课堂教学的组织形式也要在一定程度上发生变化，在培养学生合作与交流能力的同时，调动每一个学生的参与意识和学习积极性，逐步形成新的课堂环境。同时，进行富有创造性的工作，让自己迸发出了前所未有的探索、研究热情，更坚定了我的教育理想——让数学课堂成为孩子们生命成长的乐园。

[理论成果]

1.对初中数学课堂教学师生互动有了新的认识。

初中数学课堂教学师生互动是指教师和学生之间在初中数学课堂教学情境中，师生双方借助各种中介而进行的认知、情感、态度、价值观念等多方面的人际交往和相互作用的过程。初中数学课堂教学中的师生互动不仅是为了交往，也是为了促进师生双方尤其是学生的学习、认知和社会性的发展。因此，在互动行为中，教师会自觉不自觉地流露出对学生的情感、期望与评价，从而影响学生的自我认识、自我评价及其社会性行为。在初中数学课堂教学中师生互动的主体即教师和学生，均不是独立地出现在活动中，而是共同参与在互动活动中，具体可以表现为教师与学生个体互动、教师与学生小组互动和教师与全班学生互动。

（1）初中数学课堂中的师生互动应是有效的互动。

有效是指尽量调动学生思维的主动性，在互动中尽量地挖掘出教材的价值，激发学生的主动性。一个巧妙的设计，使班里的学生都积极地投入思考，这种师生的互动就是有效的过程。

（2）初中数学课堂中的师生互动应是平等的互动。

一是初中数学课堂互动应该是师生关系平等的互动。针对过去教学中的教师中心倾向，本人更强调教师的倾听。毫无疑问教师不仅承担着教育的责任，而且无论专业知识还是社会阅历都在学生之上，但作为的活生生的人，作为一个和学生同样有着求知欲的成年学习者，教师同时也是学生的伙伴和真诚的朋友，在倾听学生言说的过程中，学生的见解和来自学生的生活经验间接地作为个人独特的精神展示在教师面前，这对教师来说，同样是一份独特而神奇的收获。二是初中数学课堂互动应该是生生关系平等的互动。多数教师都认为以小组为活动形式的师组互动能密切师生关系，让学生从被动服从向主动参与转化，从而形成师生平等、协作的初中数学课堂气氛，使教师真正成为教学活动的组织者、引导者、合作者。一方面教师通过设计小组互动内容生成学习，另一个面在小组学习的过程中，教师走到学生中间，近距离地接触学生，了解每个学生的学习状况。这样便或多或少弥补了教师一个人不能面向每个学生的不足，通过学生间的讨论与交流，某方面成绩好的学生可以帮助这方面学习差的，认识技能互补，达到人人教我、我教人人的目的。

（3）初中数学课堂教学师生互动应该是真实的互动。

学生是学习的主体，真实的师生互动是指教师和学生都能全心全意地投入，学生能自由表达自己的想法和体验及思考，充分挖掘学生学习的主动性，发挥主体作用，实现个人素质的提高，这样才能达到我们教育的目的。课堂需要真实，初中数学课堂中的师生互动需要真实，是作为学习者的学生和作为教育者的教师共同的心灵体验的过程。真实的语言，入情入境的活动让初中数学课堂变成了师生共同的舞台。

（4）初中数学课堂师生互动以培养创新精神为目的。

素质教育要以培养学生的创新精神和实践能力为重点。显然，要想培养学生的创新精神和创新能力，必须从小抓起，从初中数学课堂教学抓起。只有让学生在课堂中活起来，才能使他们充满渴求知识的激情，思维活跃，勇于探索。培养学生的创新精神和创新能力，应成为初中数学课堂上师生互动的教学目标。

2.初中数学课堂教学中师生有效互动的策略。

通过教学实践与研究，在初中数学课堂教学中，要加强师生互动，实现有效教学，我认为需要从以下几方面入手：

（1）营造宽松、和谐、民主的教学氛围是师生有效互动的前提。

和谐民主的师生关系、宽松愉悦的课堂氛围，是教育教学活动中学生生动活泼、积极主动发展的基础，也是师生自由对话的平台。只有给学生创造一种宽松、和谐民主的教学环境，才能激发学生内在的学习需要，使他们生动活泼，主动有效地进行学习。只有在亲密融洽的师生关系和民主和谐的教学氛围中，学生对课堂教学才有一种安全感和愉悦感，才敢于真实地表现自己，充分发挥自己的主观能动性。常言道"亲其师而信其道"。实践证明，学生往往先喜欢老师，再喜欢老师所教的那一门学科。因此教师要热爱学生、尊重学生、关心学生、了解并理解他们，对学生抱有亲切感、信任感、期望感，做他们的知心朋友。教师要把微笑带进课堂，让每一个学生都感到自己是被老师重视的、被老师所关注的，从而拉进师生之间的心理距离，使他们积极主动地投入到学习活动中。初中生天生好奇，喜欢发问，但由于知识经验、思维能力有限，提出的问题可能很幼稚，或者说根本不像个问题，作为老师应该做到尊重与宽容。要尊重学生的人格，让学生感到平等，学生的提问让老师感到无从回答时，不训斥压制学生；要尊重学生的思维方式，不轻视、嘲讽学生可笑的问题或肤浅的看法。要宽容学生有时不听命令情不自禁的尝试，要宽容与老师不同的意见、与老师不一样的做法甚至怪异的回答。要爱每一位学生，相信每一位学生通过自己的努力都可以在原有基础上得到发展，以自己对学生的良好感情去引发学生积极的情感反应。新课程标准的全面实施给我们带来了全新的教育理念，它所提倡的积极、合作、探究的学习方式，更是要求我们建立一种平等、民主、和谐的新型师生关系。在初中数学课堂教学过程中实现师生互动，让教师与学生分享彼此的思考、经验和知识，交流彼此的情感、体验与观念，丰富教学内容，求得新的发现，从而达到共识、共享、共进，实现教学相长，共同发展。

（2）创设恰当的问题情境是师生有效互动的基础。

"问题是数学的心脏。"初中数学课堂教学中的师生互动，问答形式占师生互动形式的绝大部分。教育专家斯特林·G.卡尔汉认为：提问是教师促进学生思维、评价教学效果以及考察达到预期目标的重要手段。作为一种传统的教学手段，提问是老师们用得最频繁的，教师的提问直接影响到师生互动的质量，因此本人认为有效的师生互动策略可以从问题设计策略、控制策略和评估策略这三方面考虑：首先，问题设计策略。问题设计策略指提问阶段教师选择恰当问题的方法和技巧。有效提问要将进行的课堂提问提前做好充分准备，设计好问题，确定提问的目的、内容，尽可能避免所有的提问只需一个"是"来回答。在问题设计阶段，常用的策略有：教师提问应使用学生所熟悉的词汇，语言简单、清楚，容易理解；提与学生知识水平、思维能力相符的问题。学生学习的目的不只是为了掌握知识，而是通过信息的分析提高学生的认知能力、思维能力和解决问题的能力。因此，信息性问题不可太多，问启发思维的问题，即推理性、开放性、发散性或参考性问题。提挑战性问题，问题应对学生的语言能力、思维能力、知识水平都具有一定的挑战性。对这类挑战性问题的正确回答，对培养学生的自信心，对思维的发展具有十分重要的作用。当学生的回答不得当、不完整时，教师应提继续性问题，通过提示帮助学生说出正确答案。当学生的回答正确时，教师也应在其回答的基础之上进而使问题步步深入，激发学生讨论，充分调动学生的积极性，让更多的学生参与到探索问题的过程中。这样，学生不但能从教师那儿得到更多的输入，也能加大自己的输出，从而有助于学习。其次，问题控制策略。控制策略是指在提问过程中有意识地调整提问方式的策略。提出的问题应按由易到难，由事实性问题到推理性、开放性问题，由聚合性问题到发散性问题，由浅层问题到深层问题的顺序排出层次性。提名的方式应是先问问题，停顿给学生思考的时间，然后提名，否则，没提到名的同学有可能不再积极思考。当被提问者不能回答出问题时，大部分同学希望教师能够给一点启发使他们找到问题的正确答案，而不希望教师马上将机会转给其他同学。因此，教师针对学生的具体情况，调整自己的问题，将他们难以回答的问题分成几个梯度并给予提示，帮助被提问者找到问题的答案。但是经过教师的反复提示、诱导仍不能回答，可将问题转向下一个学生，等待时间不能太长。提问时，教师应面对所有学生，让学生感到教师是在讲话，从而集中精力于课堂活动之中。面向全体学生能充分体现以学生为中心，调动每个学生思考问题的积极性，让全体学生参与教学过程，让每一位学生有回答问题的机会，体验参与和成功带来的愉悦。教师在提问时，应经常变换提问的方式、提名的顺序，问学生有新鲜感，并造成适当的焦虑，使全体学生的思维处于活跃的状态。最后，问题评估策略。提问是过程，评价是方法，学生回答问题后要适时评价，评价既要有对否的判定，又要能指出其原因，更要维护学生的自尊心和积极性。在初中数学课堂教学中，本人倡导延迟评价方式，主张教师通过不断地启发使每个学生都能享受到回答成功的快乐。如果回答中有错误或不当之处，要诚恳地指出，绝不能讽刺挖苦，对平时回答问题不够主动的学生，要多给一些机会锻炼。即使回答一无所知，也要让其体面地坐下，以保护学生的学习积极性。苏联教育家苏霍姆林斯基十分重视教学语言艺术，他深刻地指出教师的语言是一种什么也代替不了的影响学生心灵的工具。由此可见，教师课堂教学评价语言质量的高低，不仅影响课堂学习的效果，而且关系学生的终身发展。随着新课程改革不断深入，许多教学问题都聚焦在真实的课堂活动中，即教师怎样教和学生怎样学。教学中，师生对话构成了师生共同活动的过程。师生问答成了互动交流最常用、最主要的方式之一。提问的有效与否直接关系到整个教学过程的成败。

（3）丰富的学习方式是师生有效互动的重要途径。

要灵活运用多种学习方式，激发学生主动参与学习的热情。教师的教学方式应当服务于学生的学习方式，教师应创设有利于学生主动参与的教学方式，培养学生掌握知识、运用知识的态度和能力，从而调动学生学习的积极性。首先，自主探究、合作交流。多年来教师习惯于根据自己的设计思路进行教学，课堂沉闷、压抑、无趣。其实每个学生都有自己的经验世界，基于自己的经验的背景，不同的学生会对某种问题形成不同的假设和推论。通过学生之间的沟通互动，他们会看到各种不同的理解和思路。自主、探索合作的学习方式，最大限度地提高了学生主动参与学习的程度，而合作学习既有助于培养学生合作的精神、团队的意识和集体的观念，又有助于培养学生的竞争意识与竞争能力。合作学习还有助于因材施教，可以弥补一个教师难以面向有差异的众多学生教学的不足，从而真正实现使每个学生都得到发展的目标。在合作学习中由于有学习者的积极参与，高密度的交互作用和积极的自我表现，使教学过程远远不只是一个认知的过程，同时还是一个交往与审美的过程。小组合作学习在讨论前要考虑各小组学生的实际情况，让学生独立思考，再在组内讨论交流，这样每个学生都有思考的机会和时间。小组讨论的时候，教师要深入到小组当中，了解合作的效果，讨论的情况等等，从而灵活地调整下一个教学环节。例如，在讲了图形的认识和七巧板后，先让学生试着摆出一些基本图案，然后让各小组合作设计一幅画，他们群策群力，把大家的七巧板拼在一起，设计出了一幅幅极有创意的画。而且学生在合作中学会了沟通、互助、分享，既能够尊重他人、理解他人、欣赏他人，也能使自己更好地得到他人的尊重、理解与欣赏。其次，师生互动评价。仅靠老师单向评价而忽视学生评价，不仅不利于教师全面了解学生的学习状况，而且还让学生失去一个认识自我和相互学习的机会。在教学中，我让学生平等地参与评价，实行自评、互评、师评相结合。通过自评让学生客观认识自己的优点，树立自信，查找不足。小组互评，可以补充自评的不足，有效提高学生的认识水平，同时也是一个相互学习的机会，学生可以客观地评价别人，欣赏别人的优点。师评是对自评和互评的有效补充，更明确指出学生的成功之处和须改进的方面。这样，三结合的评价方式更客观、公正、全面，学生乐于参与、乐于接受。最后，师生共同管理。课堂管理是每位教师的一项重要工作，教师要引导每一位学生参与到教学管理中，充分发挥他们的能动性，鼓励他们积极动脑、动手，大胆实践。小组长的工作在课堂教学管理过程中最具体，最烦琐。我把小组长的工作分解开来，让小组内的学生轮流担任学习组长、纪律组长，在课堂上参与教学管理，大家既是管理者，又是被管理者，既加强了同学间的合作意识，又强化了团队精神。学生是一个个鲜活的生命体，课堂教学是他们生命历程的组成部分，理应充满勃发的生命活力。让我们努力营造充满生命活力的课堂，使学生真正成为课堂学习的主人。

（4）合理使用现代信息技术是师生有效互动的重要手段。

初中数学的教学目的是："使学生学好当代社会中每一个公民适应日常生活、参加生产和进一步学习所必需的代数、几何的基础知识和基本技能，进一步培养运算能力，发展思维能力和空间观念，使他们能够运用所学的知识解决简单的实际问题，并逐步形成数学创新意识。培养学生良好的个性品质和初步的辩证唯物主义的观点。"由于初中学生的思维正处于由形象具体思维为主要形式逐步向抽象逻辑思维为主要形式的过渡阶段，而数学的高度抽象和学习过程中的严密的数学逻辑思维活动对初中学生来说则不免显得单调和枯燥。如何把数学教学过程和高度抽象的学习内容以更为直观的方式呈现给学生，严密的逻辑思维过程以更为形象、生动的形式展示给学生，从而使抽象变得具体、单调变得生动就成了数学课堂教学改革所追求的首要目标。交互式电子白板在教学中的运用，使得这种追求变为可能。多媒体课件中虽然可以实现师生或生生之间的互动交流，但这种交流大部分是与电脑的对话，而交互式电子白板可以在课件基础上让学生动起手来，学生真正地参与到课堂教学中来，亲自动手去操作电脑，在交互式电子白板上进行书写和点击，建立起以学生学习为中心的课堂教学，克服了多媒体投影只能用于展示教学内容的缺点。通过互动方式展示教学内容，有利于调动学生在课堂上主动学习的积极性和参与性。交互式电子白板为新课程改革提供了一种新型的教学互动平台，它完全颠覆了传统"人灌"或"电灌"的填鸭式教学模式。教师以更感性、更直接的方式授课，学生也可以积极地参与到教学过程中，大大提高了师生互动的机会和效率，培养了学生的自主学习和创造性思维的能力，发挥了教师的教学潜能。教育部基础教育课程改革纲要 (试行) 指出："大力推进信息技术在教学过程中的普遍应用，促进信息技术与学科课程的整合，逐步实现教学内容的呈现方式、学生的学习方式、教师的教学方式和师生互动方式的变革，充分发挥信息技术的优势，为学生的学习和发展提供丰富多彩的教育环境和有力的学习工具。"交互式电子白板进入我们的数学课堂，为数学学习的良好情绪体验提供了技术支撑，为数学学习的有效思维建构提供了丰富的活动平台。它有利于主体的情感传递，有利于知识的即时生成，有利于信息的多向交流，有利于思维的碰撞展现，有利于过程的反思再现，有利于资源的高度统整。在交互式电子白板环境下的课堂教学中，教师、学生、文本通过对话，生成了新的教学内容、教学话题，突破预定的方案，甚至完全打乱预设的教学程序。在交往中互动，在互动中生成，达到真正意义上的学习。交互电子白板方便灵活的交互功能，使教学过程不再是线性思维的固定模式，而具有更灵活的生成性。教师要加强使用习惯的转变，充分发挥交互式电子白板的功能，调动学生的参与学习的积极性、主动性，促进其学习方式的改变，给学生更多参与机会，使数学课堂充满生命的活力。

(5) 利用作业评语和网络互动创建长效的师生互动平台。

数学作业作为数学教学的重要组成部分是课堂教学的延伸和继续，也是知识落实的重要途径和学生能力培养的重要载体。批改作业是教师检查学生学习情况，取得反馈信息的手段，也是促进学生自我纠正进而提高学习效率的手段。目前，初中数学作业的批改更是习惯于用"√""×"或"优秀、良好"及"A、B、C、D"来进行评判，却忽视了作业评语。实践证明，数学作业批改中使用评语，从学生解题思路、能力、习惯、情感、品质等多方面综合评价，指出其不足，肯定其成绩，从而调动学生的学习兴趣，增进师生之间的情感沟通和交流，让作业评语成为数学课堂教学的一个自然延伸。另外，现代社会是信息时代，新课标下构建"师生互动网络学习"模式是时代的要求，利用网络互动可以将课堂学习延伸到课外学习，校内学习延伸到家庭学习，学科学习延伸到综合实践活动。通过师生网络互动可拓宽学生接受知识的视野和途径，转变学生的学习方式，适应时代的要求。

数学课堂教学中师生有效互动是教学成功的重要前提。教学中的师生互动说到底就是要改变"满堂灌"的注入式教学，教师创造性地使用教材，想方设法地引导学生全员参与、全程互动的教学过程，让学生切实成为课堂的真正主人。因此，只有变教师的"独角戏"为师生的"交响乐"并让互动成为其中的主旋律，师生才能在和谐配合的过程中更好地教和更好地学，最终达到师生共同发展。

[实践成果]

通过本课题的研究，形成了一套符合本校实际的初中数学课堂教学师生有效互动的"三四六"教学新模式，将行为互动、情感互动、认知互动三者有效地结合起来，在课堂上充分体现教师的主导作用与学生的主体地位。"三四六"数学课堂教学模式是以学生自主学习和探究学习为主，以学习小组为基本单位讨论研究，以"电子白板+多块黑板"为展示的载体，以"预习、展示、反馈"模式为主线展开教学。它的核心是"自主，合作，探究"，目的是要人人参与数学学习过程，人人尝试成功的喜悦。"三四六"数学课堂教学模式具体指：课堂教学的三种策略：成立合作学习小组；知识问题化，学习任务化；"电子白板+传统黑板"、导学案高效教学手段。课堂教学的四个特点：自主预习，明确目标；互助展示，点拨释疑；师生互动，教学相长；当堂检测，查漏补缺。课堂教学的六个步骤：预习、精讲、互助、展示、检测、反馈。六个步骤中，预习是关键，是前提，是新课改理念先学后教的体现。预习可以在课前，也可以在当堂。对于新课多采用当堂预习，习题课、复习课多采用课前预习。检测反馈也可以根据展示的进展情况而在课后进行，学生的作业其实也是一种检测形式，老师对作业的批阅就是一种反馈，老师还可以利用评语和学生进行沟通，从而建立良好的师生关系。而良好的师生关系不仅仅是一种人际关系，同时也是一种无声的教育因素，是一本活的教科书，它对学生在思想、道德、心理和学习等方面产生的影响，是有声教育不能代替的。

在本课题研究中，使自己的课堂角色发生了变化，从单纯注重知识传授转为比较关注学生的学习方式、学习愿望和学习能力的培养。通过研究使课堂较多地出现了师生互动、平等参与的生动局面。学生学习方式开始多样化，乐于探究、主动参与、勤于动手，课堂教学的组织形式也在一定程度上发生变化，在培养学生合作与交流能力的同时，调动每一个学生的学习积极性，逐步形成新的课堂环境。

教育教学工作取得了可喜的成绩。2013 年 1 月 15 日，指导李颖同学在 2012 年全国中学生数学能力竞赛中荣获八年级组全国二等奖；指导魏瑞同学在 2012 年全国中学生数学能力竞赛中荣获八年级组全国三等奖。2013 年本人录制的课例《认识三角形》荣获"全国大中城市教育技术应用评优活动"交互式电子白板优质课一等奖和现场说课二等奖，并获兰州市信息技术与学科教学融合课例比赛二等奖;《车轮为什么做成圆形》荣获"第十七届全国教育教学信息化大奖赛"基础教育组多媒体课件甘肃赛区二等奖。本人被学校评为优秀教师，被县教师进修学校吸收为教育教学专家团队的成员。论文《新课标下提高初中数学课堂教学有效性的几点做法》在省级刊物《新课程》上发表。2014 年我被确定为甘肃省省级骨干教师、皋兰县优秀教师。

九、课题研究中存在的问题及今后的设想

1.课题研究中存在的问题：

（1）理论学习不够，缺少理论知识的积累，对初中数学课堂教学师生有效互动认识比较浅薄，对师生网络互动的研究才刚刚开始。

（2）对信息技术在常规数学教学师生互动中的有效使用策略实践研究时间短、实践经验不足。

（3）对实践研究过程中形成的材料收集、研究不够。与同行交流太少，进步很慢。研究缺乏方法、经验、能力。

（4）反思不够及时、不够深刻。

2.今后的设想

（1）将对本课题的探究始终贯穿在自己的教育教学实践活动中。

（2）加强理论学习，提升理论素养，用先进的理念指导教学实践，再及时总结实践经验，不断改进教法，提高教育教学质量。

（3）积极参加同行之间的交流研讨活动，多向专家学习先进的理念和新的数

学教学新模式。

（4）初步的研究成果要在今后的教学中实践、检验、完善。在以后的教学实践中将继续研究初中数学课堂教学中师生有效互动的策略，而且重点要放在利用"电子白板+推拉黑板"提供的环境促进师生互动方式的转变，特别是探索资源型、情景化和探究式的教学模式。要围绕新课改进一步深入研究初中数学课堂教学师生有效互动新模式，以点带面，促进学校教育教学质量的提高。

（5）我们的校训是"进步就是成功，人人都能成才"。在教学研究中取得的进步使我对我的研究充满信心，我深知我的职责，我热爱我的工作，深爱我的学生，我会将教学实践与教学研究结合起来，不断学习，在实践中不断完善具有我校特色的"电子白板+传统黑板"环境下的高效数学师生有效互动新模式，为推进素质教育的发展贡献力量。

时代呼唤着发展课堂现代教育技术，学习化社会呼唤着教学方法的改革，课题的实验研究对我们改革课堂教学搭建了师生互动的平台，让我们在实际中感悟，在借鉴中汲取，在探索中思考，让师生互动成为数学课堂教学的重要方式，使我们的数学课堂教学焕发无限生机与活力，让数学课堂成为孩子们生命成长的乐园。

新课改下初中数学预习、展示、反馈教学模式的研究

一、关键词界定及课题名称的解读

预习：是指在老师讲课之前，为实现一定的教学任务而设置的学生自学新课内容的学生活动，要求学生做到初步了解教材内容，生成本节课的重点、难点、疑点，并做好上课的知识准备的过程。

展示：是课堂中为实现一定的教学任务而设置的师生互动活动，包括学生口头回答问题、呈现作业、板演、讲解、辩论等形式，是以个人或小组为单位进行的生生、师生互动的过程。

反馈：指教学过程中，教与学双方的各种信息（包括认知领域、情感领域和操作领域等几个方面的信息）的相互传递和相互作用，是对所学内容进行反思和总结，对预设学习目标进行检测、查漏补缺、取长补短的过程。

"预习、展示、反馈"的教学模式是在教师指导下让学生课前自主预习、课堂互助展示、当堂检测反馈，很好地体现了学生自主探究、合作交流的新课程理念，创造了一种生生、师生互动，教学相长的和谐学习氛围，有利于新课程三维目标的实现。

二、课题研究的背景

这种模式在国内外均有研究，且时间已久，范围广泛，特别是我国山东省杜郎口中学首先创出这种模式并进行推广已近 10 年，取得了很大成果，积累了很多理论与实践经验。2009 年下半年，新课改在我市、县教育局领导的大力倡导

下进行得有声有色，我校也积极参与。我校先后派 40 多位老师到甘肃庆阳、山东杜郎口、青海、广州等地学习先进的课改经验。特别要求学习推广的是甘肃庆阳的"预习、展示、反馈"教学模式（借鉴学习山东杜郎口中学的教学模式）。这种新模式的确给人以心灵的震撼，它真正打破了教育的单向传授形式，打破了教师压抑学生学习天性的课堂霸权，真正把课堂还给了学生，使得学生在灵动与鲜活的课堂上自主学习、合作学习、分享成果。最大限度地调动了学生的积极性和主动性，充分发挥了学生的主体作用。而我本人也有幸参加了赴庆阳学习新课改的教研活动。回来后，经校务会研究决定，确定我带的两个班及另外两个班为新课改实验班，我本人被推到了课改的前沿。面对庆阳新的课堂模式，我终于找到了我的教育理想。我的课改热情被激发，全身心地投入了新课改。

三、选题意义及研究价值

一是此模式很好地体现了以生为本的新课程理念，把学习交给了学生，把课堂还给了学生，充分体现了"自主、探究、合作"学习的新课改理念，形成了师生互动、生生互动、教学相长的和谐学习氛围，真正实现了相信学生、解放学生、依靠学生、发展学生的新课改目标，使素质教育落到了实处。

二是本课题研究有助于提高教师教研能力，有助于促进教师更新观念，从而真正成为新课改的实施者、推动者和创造者，推动素质教育的进程。

四、课题研究内容

1.探索研究预习、展示、反馈的方式、时间、内容等问题。
2.探索研究有效的小组合作学习及分层管理、量化管理、自我管理模式。
3.探索研究将传统黑板、多媒体与课堂教学有机整合的高效课堂教学模式。

五、研究方法

理论学习研究法：利用网络检索、收集与本课题相关的理论学习材料，通过学习更新理念。

教学实践研究法：积极参加备课、上课、听课、评课、同课异构等活动，从案例中提炼出各环节的有效实施方式。再根据研究中遇到的具体问题，边实践，边修改，边完善，不断反思、总结、提升，实现由理论到实践，再由实践到理论的反复完善。

六、课题研究过程

（一）前期准备（2009.11）

1.收集有关信息，更新教学观念，增强对本课题研究意义及价值的认识。

主要通过书本资料和网络文章来了解新课改模式信息。先后阅读了北京师范大学出版的《走进新课程》《数学课程标准解读》，中国人事出版社出版的《课程改革与教师角色转换》《中国基础教育课程与教学研究》《研究性学习指南》，北京大学出版社出版的《教师教学究竟靠什么——谈新课程的教学观》《课程的反思与重建——我们需要什么样的课程观》等理论著作。阅读了庆阳齐家楼初中课改组拓俊儒老师的《教师指导下的学生合作学习简介》、庆阳齐家楼初中李建忠校长的《构筑理想课堂 共享生命精彩》、庆阳齐家楼初中教育教研网上的《教学改革应树立一下六个新的教学理念》、庆阳四中王俊斌老师的《赴山东杜郎口等中学考察学习报告》、永新中学李续芳老师的《杜郎口"三三六"数学教学模式探索》等文章。更新了教学观念，增强了对本课题研究意义及价值的认识，进一步明确了新课改下新教学模式实施的必然性。

2.加强电子白板使用学习，为打造高效课堂教学提供先进的教学手段。

交互式电子白板的教学平台与传统黑板相结合，取长补短，从根本上解决了以往教学模式中存在的问题和不足，真正实现了教与学的互动，实现了高品质、高效率的教学模式。这有助于提高学生的学习兴趣，更适合多样化教学和创造性教学的需要。将电子白板与数学教学有效整合，变革了师生教与学的方式，使数学课堂收到了最佳的教学效果。

3.借鉴庆阳齐家楼初中的"五四四"课堂框架、杜郎口中学的"三三六"课堂教学新模式等，结合我校的实际和自己近20年的教学实践，初步构建了具有皋兰三中特色的"三四六"数学课堂教学模式。

4.构建科学有效的合作学习小组，为学生搭建一个合作交流的平台。学习小组以"842""632"为主要形式，即 8 人 4 对或 6 人 3 对。学困生、中等生（或 4 人）、优秀生各两人，中等生和学困生组成两个帮扶对，优秀生和中等生组成互助对。这种组建方式既避免了组内帮扶异质过大，又均衡了学习力量，确保了合作学习效果。

5.建立激励机制，制定了课堂教学量化评价细则。根据积分每周评选"展示之星""合作之星""标兵小组""优秀小组长"，每月评选"进步之星""演讲之星""读书标兵"，每期评选"十佳中学生""百名优秀学生""优秀班干部"等，每学期授奖面占学生总数的 60%以上，让学生感到学校是自己成长的乐园。

6.改变备课形式，促使教学方式和学习方式的转变。备课采用导学案，导学案主要由学习内容、三维目标、学习重点、学习难点、学习方法、预习问题、精讲内容、互助展示、练习设计、当堂检测、教后反思等内容组成。与传统教案相比，导学案更注重学生的活动，充分体现了"预习、展示、反馈"的教学模式。一堂高效的课离不开教师高超的导学艺术，精心设计好导学案是新课改能否顺利的保证和前提。

（二）研究阶段

第一阶段：（2009.11—2009.12）

1.通过观看杜郎口、庆阳等地新模式下的课堂教学实录和一些推广学习宣传片，让学生了解"预习、展示、反馈"教学新模式，理解新课改的意义、价值、目标，激发学生积极、主动参与新课改的意识和兴趣。

2.在"导学案""合作学习小组""量化评价细则""电子白板+传统黑板"等教学载体的支持下，在教学中逐步探索使用"三四六"数学课堂教学新模式。在实验过程中，以精心设计导学案为抓手，开展集体备课、同课异构等研讨活动，为有效进行课堂教学提供了保证，为顺利实施新的课堂教学模式创造了最有利的条件。

第二阶段：（2010.1—2011.1）

总结第一阶段实验的进展和效果，完善课题研究方案，继续进行更深入的探索实践。

1.课改的亮点：

（1）学生参与课改的积极性很高，兴趣浓厚。

案例：听到课堂教学改革，同学们都很兴奋，充满了期待。分小组、起组名、写组训、写自己的座右铭，点燃了同学们的激情。各小组起的名字就代表了他们的追求目标，组训让同学们有了梦想。大家将组名、组训、座右铭或贴在桌上或贴在墙上或写在黑板上，一时间热闹非凡。

（2）学生更自信了，思维更活跃了。

精彩的展示使学生的表现欲被释放，思维被激活，课堂上各种形式的展示（口述、板书、讲解、辩论等）精彩纷呈。原来我们的学生真了不起，比我们想象的要好很多。

案例：《一次函数》公开课结束时的场景。师问：大家说说本节课谁的表现最精彩？学生中有一个回应："我。"这个"我"不就是让学生产生的自信吗？我们的教育就是让每个孩子更自信，这种自信会让孩子的生活充满阳光。

案例：如果让各组同学展示同样的题目，经常出现一题多解的情况。而一题多解是开发学生思维、教会学生方法的最有效方法。通过比较不同的解题方法，同学们不但分享了同伴的智慧，还得到了思维的启发。

（3）生生关系更和谐了。

案例：同学们写在教学反馈本上的话，让人感动。我觉得今天每个组的同学都很棒，我也要多帮助我们组的1、2号同学，我会使他们更好——魏亮；在现在的课堂上，没有好学生与差学生的区别，只有愿意学和不愿意学的差别——魏茜；争取让每个组员都变得更优秀，1号同学讲题也能像6号一样好——梅钰。

（4）教学内容的呈现方式更精彩了，容量更大了。

案例："鱼的变化"课堂场景很壮观。按课堂展示的任务分配，八个组每两组一种变换方式，将图形"鱼"进行平移、伸缩、放大、轴对称变换。不到10分钟，每个小组在组员的合作下很快在各自的板块上按要求完成了变换。有的组还用彩笔将变化前后的图形加以区分。此时，教室的三面墙上爬满了各种各样的"鱼"，然后师生一起归纳总结了"鱼"的多种变换的条件。这堂课在一种轻松、愉快的氛围中完成了教学任务。如果按照传统的教法，由老师完成"鱼"的四种变换，节约时间。如果有多媒体课件演示也是走马观花，看懂容易，忘得也容易。只有同学们自己动手、自己总结出来的结论才不容易忘记。

(5) 教学相长，师生共同收获了成功、愉快的情感体验。

案例：反馈让教育走进了心灵。现在我终于发现，其实数学并不难，只要你努力了，上课认真听了，就一定能超越 6 号。虽然今天讲课时，我非常紧张，但是我终于战胜了我自己，我今后一定会努力学习，因为我认为我永远是最棒的！而且我希望每天能听到赞赏的声音，而不是责骂——李媛媛；在学习时，我总是有些不自觉，需要人监督。但是现在，学习的乐趣让我很快乐，数学中的公式、证明，让我的大脑更加开阔，我可以每天自豪地对自己说，今天我又学到一点新知识！——陈爱民。

2.课改中的不足：

(1) 课改刚开始时，由于个别班级对学生的动员工作和宣传工作没做到位，有一个家长对课改不理解，跑到学校来追问课改是怎么回事，会不会把他的孩子当了试验品，他很担心。当然，家长的这种担心我们大多数老师也有，也正因为这种担心我们的新教材使用了近八年，但我们的教法一点没有改变，老师继续"穿新鞋走老路"。今天，我们的兄弟学校率先给我们做出了榜样，我们没有理由再退缩、观望。新课改是新教材的要求，是时代的呼唤，新课改势在必行。这就要求我们要做好社会、学校、老师、家长、学生等各个方面的宣传工作。

(2) 预习还不到位。没有课堂预习时间，无法监控预习效果，问题质量不高等。

(3) 互助还浮于表面。预习的结果决定互助的效益，没有有效的预习，互助是表面的，没有价值的。学生叽叽喳喳，热热闹闹，看似积极主动，但在嘈杂浮躁的背后，学习趋于走马观花，缺失了有序交流前提下的思维碰撞，丢失了静思默想氛围中的灵性迸发。

(4) 精讲不够精。点拨、释疑、追问、评价欠艺术。

(5) 学生展示、讲解仅表现为念题目、讲过程。解题思想、解题方法及拓展应用被忽略。

(6) 检测反馈不够及时。

(7) 多媒体资源利用率不高。

（8）学生围桌坐增加了教师的管理难度，也使不自觉的学生产生惰性。

3.努力方向与改进措施

（1）改进学生围桌坐的作法，让学生在保持合作学习小组存在的情况下，独立座位，互不面对。这样既可以独立思考，又可以实现交流合作学习。

（2）根据课程的内容，可以适当选择预习时间、方法。对较简单的内容可以当堂预习，作为复习课应该多采用课前预习。另外，根据北师大教材的特点，很多新知识已问题化，让学生自己阅读课文，生成重点、难点、疑点即可，不必每节课都出预习问题。这样可以促使学生自主学习，自我管理。

（3）取消课堂教学量化评价细则的实施。经过一段时间的实施发现，刚开始学生填写得很认真，两周后学生就有点应付。事实上，课堂量化评价虽然起到了一定的激励作用，但记分的过程分散了学生的注意力，浪费了记分学生的时间和精力。另外，每节课都记分，使记分过于频繁，渐渐地学生对记分无所谓，达不到激励效果。我们应该让学生明白学习是自己的事，是一生的事，加分是一种鼓励，但不为加分而学习。

（4）加强自身的理论修养，提升专业水平。精心设计预习问题，让问题促生预习，让问题激活思维，让问题促成互助展示的精彩，让问题促进学生成长。

（5）提升自身的主导艺术，促成学生高效学习。

（6）教会学生讲解方法，先讲思路（怎么想），再讲解法（怎么做），后讲知识点易错点（怎么练），提高课堂效率。教会学生学习方法，培养学生提出问题的意识。有时提出一个问题比解决一个问题更有价值。

（7）让现代信息技术为教改增光添亮，努力创建"电子白板+传统黑板"的高效课堂教学模式。

（8）加强教学反思，为课改减压增效。

（三）结题（2011.4—2011.8）

1.将实验研究阶段师生互动、交流反馈、教学反思、经验总结、学习体验、学习心得等文字资料整理成册。

2.整理实验研究阶段的精彩课堂照片、课堂实录等影像资料，制作光盘。

3.整理实验研究资料，进行成果总结，撰写论文，做好课题结题工作。

七、研究成果

(一)理论成果

1.课堂教学改革势在必行。

(1) 课程在学校教育中处于核心地位，教育的目标、价值主要通过课程来体现和实施。因此，课程改革是教育改革的核心内容，新的基础教育课程体系是以培养创新精神和实践能力为重点，强调课程要促进每个学生身心健康发展，培养良好品德，基础教育要满足每个学生终身发展的需要，培养学生终身学习的愿望和能力。新课程强调教学过程是师生交往共同发展的互动过程。

(2) 教学改革是在课程改革的背景下进行的，是对课程改革的呼应。教学改革是新一轮课程改革的一个有机组成部分，新课程、新教材既为教学改革提供了一个崭新的平台，一个很好的支撑点，又对教学改革提出了全新的要求。那么，本次教学改革究竟要改什么，其主要任务是什么?

首先，要改革旧的教育观念，真正确立起与新课程相适应的体现素质教育精神的教育观念。观念是行动的灵魂，教学观念对教学起着指导和统帅的作用，一切先进的教学改革都是从新的教育观念中生发出来的，一切教学改革的困难都来自旧的教育观念的束缚，一切教学改革的尝试都是新旧教育观念斗争的结果。

其次，要坚定不移地推进教学方式和学习方式的转变。先进的教育观念要通过先进的教育方式来体现。教学改革既要重视观念改革的先导作用，又要重视方式改革的载体作用。就教与学的关系而言，教师教育观念、教学方式的转变最终都要落实到学生学习方式的转变上。学生学习方式的转变具有极其重要的意义，这是因为学习方式的转变将会牵引出思维方式、生活方式，甚至是生存方式的转变。学生的自主性、独立性、能动性和创造性将因此得到真正的张扬和提升。学生不仅将成为学习和教育的主人，而且将成为生活的主人，成为独立的、积极参与社会的、有责任感的人。学习方式的转变因此被看成是本次课程改革的显著特征和核心任务。

2. "预习、展示、反馈"课堂教学模式是实施新课程的理想载体。

课堂教学当下已进入以培养学生创新精神和实践能力为主的新阶段。学生是学习的主体，课堂是学生展示的舞台，一切教育活动都要服务和服从于主体，都要充分调动主体自觉积极参与教育过程。苏霍姆林斯基说："在人的心灵深处有一种根深蒂固的需要，这就是希望自己是一个发现者、研究者、探索者。而在儿童精神中，这种需要特别强烈。"只有激活主体的内在原动力，最大限度地把他们的潜能发挥出来，才能逐渐形成主体积极认识世界、改造世界的能力和喜欢求异、独立性强、自信心强的创造个性。如今我们教师的教学，不能一味地向学生传授知识，更主要的是让学生在自主、合作、探究的学习过程中，知道怎样去学，为什么要学。课堂教学过程，不只是教师向学生传递知识的过程，更应是教师向学生提供学习环境和经验，组织、参与和指导学生学习的过程，是学生互动学习、自主建构的过程，是学生能力得到充分发展的过程。而"预习、展示、反馈"数学课堂教学模式是在教师指导下让学生课前自主预习、课堂互助展示、当堂检测反馈，充分体现了学生自主探究、合作交流的新课程理念，创造了一种师生、生生互动，教学相长的和谐学习氛围，有利于新课程三维目标的实现。它真正打破了教育的单向传授形式，打破了教师压抑学生学习天性的课堂霸权，真正把课堂还给了学生，使得学生在灵动与鲜活的课堂上自主学习、合作学习、分享成果，最大限度地调动了学生的积极性和主动性，充分发挥了学生的主体作用。

"预习"在教学过程中主要为学生对新知的主动的选择学习、积极的独立学习提供保障，这是学生学习主动性的体现，有助于自学能力的增强和良好学习习惯的形成。"展示"主要是指师生、生生间的合作学习。灵活多样、多边多向的合作探索、协商学习可以让学生在宽松和谐的学习环境中发现问题、解决问题，并达成师生、生生间的情感沟通，有利于学生良好个性的发展。"反馈"是探求学生对知识的掌握情况，让学生能够发现新知识，看到自己的不足，进一步掌握其中蕴含的基本规律，并具备相应的能力或有一定的独立见解。

"预习"是"展示"的基础，"反馈"是对"预习、展示"的深化，三者是相辅相成的。"预习"是对知识目标的明确，"展示"是对学生个性的张扬，"反馈"是检验学生对知识的掌握。这样的课堂有利于学生素质的全面发展，有利于课堂教学真正走向素质化。

3.电子白板在初中数学教学中的应用为新模式增添了亮点，推动了新课改的发展。

新课程标准提出数学课程的设计与实施应重视运用现代信息技术的基本理念，要求充分利用现代信息技术，大力开发并向学生提供丰富的学习资源，把现代信息技术作为学生学习数学和解决问题的强有力工具，致力于改变学生的学习方式，使学生乐意并有更多的精力投入到现实的、探索性的数学活动中去。"预习、展示、反馈"教学模式的确也给人以心灵震撼，但美中不足的是庆阳、杜郎口的常规教学中，教室的三面墙上全是传统的黑板，没有现代化的信息技术手段，这与新课程标准的要求不相符，也使教学的容量、趣味性、生活化、互动性、延展性、探究性等多方面受到影响，从而影响教学效率。于是，我校在借鉴各种模式的经验基础上，提出了具有自己特色的数学教学新模式。这种新模式采取的就是一块电子白板和多块传统黑板相结合，打造"白+黑"高效课堂教学模式。利用电子白板，教师可以用很少的时间展示学习目标、小组合作学习任务、教师精讲内容、当堂达标检测试题、课堂小结等，也可以利用电子白板的快拍和放大功能将任意学生的作业展示在白板上，并进行随意勾画、标注、分析，使学生分享到同学的独特思维，也便于解决教学的重点和难点。利用多块传统黑板，可以让多数学生进行大量应用练习，培养学生自我展示能力和与人合作能力。电子白板为新课程改革提供了一种新型的教学互动平台，它完全颠覆了传统"人灌"或"电灌"的填鸭式教学模式。教师以更感性、更直接的方式授课，学生也可以积极地参与到教学过程中，大大提高了师生交互的机会，培养了学生的自主学习和创造性思维的能力，发挥了教师的教学潜能。著名教育家叶澜说："教学方式要体现生命的层次，要用动态的观念，重新全面地认识课堂教学，才能让课堂焕发出生命的活力。"电子白板教学的教学方式完美体现了教育者与受教育者的个性，体现了教学的生命力，使教师和学生都充满活力。

（二）实践成果

1.初步形成了具有皋兰三中特色的"三四六"数学课堂教学新模式。

"三四六"数学课堂教学模式以学生自主学习和探究学习为主，以学习小组为基本单位讨论研究，以"电子白板+多块黑板"为展示的载体，以"预习、展示、反馈"模式为主线展开教学。它的核心是自主、合作、探究，目的是要让人人参与数学学习过程，人人尝试成功的喜悦。

课堂教学的三种策略："八四二"和"六三二"合作学习小组；知识问题化，学习任务化；"电子白板+传统黑板"的高效教学手段。

课堂教学的四个特点：自主预习，明确目标；互助展示，点拨释疑；师生互动，教学相长；当堂检测，查漏补缺。

课堂教学的六个步骤：预习、精讲、互助、展示、检测、反馈

预习：教师在课前要精心设计学生预习的具体问题，并用多媒体或印发清单或口头形式布置给学生，让学生在课前（或课堂上）独立预习。预习后生成本节课的目标、重点、难点、疑点，为学习本节课做好充分的准备。

精讲：在学生预习的基础上，教师对本节课所学知识进行精讲，精讲采用提问式，和学生一起明确本节课学习目标、重点及注意事项等，时间在10分钟左右。

互助：各小组学生将预习作业在组内交流，有疑难可以互相帮助。然后将本小组分得的学习任务进行讨论，制订学习任务完成的方式和展示的方式。确定板书人选和主讲人，明确分工，合作完成。

展示：选派适当的小组成员将学习任务完成的结果或过程展示在黑板上或口述或实物投影或边讲边写等。教师及时引导、点拨，发现疑点、探点、拓展点，作变式训练，以培养学生的实践能力和创新能力。

检测：教师根据本节课学习内容，根据课前在导学案中分层设计好的检测问题 (或练习册或测试卷)，通过多媒体手段或印发题单或板书等形式展示给各学习小组学生并进行检测。

反馈：由各组学生对检测进行互查互批，查漏补缺，及时适量做一些补充作业。

六个步骤中，预习是关键，是前提，是新课改理念先学后教的体现。预习可以在课前，也可以在当堂。对于新课多采用当堂预习，习题课、复习课多采用课前预习。检测反馈也可以根据展示的进展情况而在课后进行，学生的作业其实也是一种检测形式，老师对作业的批阅就是一种反馈，老师还可以利用评语和学生进行沟通，从而建立良好的师生关系。

2.新课改课例荣获市级三等奖。

自 2009 年 11 月以来，本人（带两个班的数学课）在数学课堂教学中一直积极探索并使用电子白板，力创"白+黑"环境下的"预习、展示、反馈"高效数

学课堂教学新模式，并取得了一定成绩。2010 年 9 月，课例《图形的放大与缩小》在兰州市第九届信息技术与学科教学整合课例比赛中荣获三等奖。这个课例成功应用"六步教学法"并将电子白板与传统黑板相结合，开创了"白+黑"下的高效课堂新模式。

3.荣获皋兰县"十大名师"称号。

2010 年 12 月，参加皋兰县"十大名师"评选活动中，本人应用教学新模式作了一节公开课，得到了评委的一致好评，本人也荣幸被评为皋兰县"十大名师"。

4.荣获皋兰县"课改标兵"称号。

2010 年 1 月 16 日，本人因为积极参与课改，并取得了一定的成效，被县教育局推荐为中小学继续教育理科教师培训的主讲教师。在培训会上做了题为《共享课改成果提高教学质量》的报告，得到了大家的好评。2010 年 12 月被县教育局评为皋兰县"课改标兵"。

八、讨论和建议

1.预习问题。很多老师不主张预习，认为预习让学生探究失去兴趣。数学的兴趣主要在探究正确结论的过程中产生，而由于预习，学生已经知道了结果，再引导学生体验过程，很显然影响学生的学习兴趣。

2.小组合作学习问题。小组合作花费时间长，质量不高。所总结的观点与规律太浅没深度，有时还不准确，以至于跑题了。有的小组讨论快，有的小组讨论慢。学困生的积极性不高，注意力也不集中，小组成员如果照顾他们，就影响了整个进度。如果不管他们，他们就随波逐流，不积极参与合作学习。

3.如何处理好教师的主导与学生的主体问题。

4.继续研究利用电子白板如何促进学生有效的学习，而且重点要放在利用电子白板提供的环境促进学生学习方式的转变。

我们的课改问题还很多，我对课堂教学的探索研究不会停止，将不断学习、实践、总结，在反复的研究与实践中进一步完善新课标下初中数学"预习、展示、反馈"课堂教学模式，做一个学习型、研究型、创新型的教师，使自己真正成为新课改的参与者、实施者、促进者。

"电子白板与推拉黑板"环境下初中数学课堂教学研究

一、概念的界定

电子白板：主要指交互式电子白板，是一种新的高科技电子教学系统。它由硬件电子感应白板和配套的交互白板系统软件共同构成，集成了传统的黑板、计算机、投影仪等多种功能于一身，并通过 USB 连接线与电脑进行信息通讯，由投影机将电脑上的教学内容投影到电子白板屏幕上。在相应的系统程序支持下，用电子感应笔可直接操作电子白板控制计算机。它有效地整合了现代多媒体教学的优势，既保持了传统普通黑板教学的优点，又发挥了课堂教学的潜能，有效解决了教师上课过程中多媒体平台的局限性，为师生信息交流和情感交互搭建了很好的信息化教学环境。

推拉黑板：又称复合式黑板，它和普通黑板用法基本一样，推开挡在前层的滑动板就可使用固定在内层的电子白板了。推拉黑板的最大作用就在于使传统教学与现代相结合。该板与电子白板为一体化设计，在教学时可实现传统书写板与电子白板之间的自由转换，省时省力，是传统教学板与现代科技的完美结合。

电子白板与推拉黑板环境下初中数学课堂教学研究，主要是研究如何将电子白板与推拉黑板和初中数学课堂教学进行有效整合，创造一种师生互动、全员参与、教学相长的和谐教学氛围，充分发挥教师的主导性和学生的主体性作用，从而提高课堂教学效率。

二、研究背景及意义

(一) 课题的提出

1.现实背景：2009 年下半年，新课改在我市、县教育局领导的大力倡导下进行，我校也积极参与。我校先后派 40 多位老师到甘肃庆阳、山东杜郎口、青海、广州等地学习先进的课改经验。特别要求学习推广的是甘肃庆阳的"预习、展示、反馈"教学模式。这种新模式的确给人以心灵的震撼，它真正打破了教育的单向传授形式，打破了教师压抑学生学习天性的课堂霸权，真正把课堂还给了学生，使得学生在灵动与鲜活的课堂上自主学习、合作学习、分享成果。最大限度地调动了学生的积极性和主动性，充分发挥了学生的主体作用。但美中不足的是庆阳、杜郎口的常规教学中，教室的三面墙上全是传统的黑板，没有现代化的信息技术手段，使教学的容量、趣味性、生活化、互动性、延展性、探究性等多方面受到影响，从而影响教学效率。于是，我校在借鉴各种模式的经验基础上，提出了具有自己特色的数学教学新模式。这种新模式采取的一种策略就是一块电子白板和多块传统黑板相结合，打造"白+黑"高效课堂教学模式。利用电子白板，教师可以用很少的时间展示学习目标、小组合作学习任务、教师精讲内容、当堂达标检测试题、课堂小结等，也可以利用电子白板的快拍和放大功能将任意学生的作业展示在白板上，并进行随意勾画、标注、分析，使学生分享到同学的独特思维，也便于解决教学的重点和难点。利用多块传统黑板，可以让多数学生进行大量应用练习，培养学生自我展示能力和与人合作能力。电子白板为新课程改革提供了一种新型的教学互动平台，它完全颠覆了传统"人灌"或"电灌"的填鸭式教学模式，教师以更感性、更直接的方式授课，学生也可以积极地参与到教学过程中，大大提高了师生交互的机会，培养了学生的自主学习和创造性思维的能力，发挥了教师的教学潜能。然而不久，老师们觉得电子白板不能像普通黑板那样长时间展示板书，且电子白板附带的两块手写普通白板是用水彩笔书写，书写出来的字太小，学生看着费劲，效果很差。于是，一部分老师干脆让学生转向后面的墙报黑板，放弃使用讲台上的白板。到 2012 年新的这一学期，综合多种因素，我校借鉴其他学校的经验，重新改装了电子白板附带的两块手写白板，将两块手写白板换成了推拉式黑板，这一下解决了所有问题。那么，如何将电子白板与推拉黑板和初中数学课堂教学进行有效整合，创造一种师生互动、教学相长的课堂教学氛围，充分发挥教师的主导性和学生的主体性作用，从而提高课堂教学效率呢？这就需要我们实践者进行进一步的探索研究。

2.理论依据：数学新课程标准提出数学课程的设计与实施应重视运用现代信息技术的基本理念，要求充分利用现代信息技术，大力开发并向学生提供丰富的学习资源，把现代信息技术作为学生学习数学和解决问题的强有力工具，致力于改变学生的学习方式，使学生乐意并有更多的精力投入到现实的、探索性的数学活动中去。全国中小学信息技术教育工作会议明确指出：教育要跟上科学和社会现代化发展的步伐，就必须加快教育的信息化。教育部基础教育课程改革纲要(试行》指出："大力推进信息技术在教学过程中的普遍应用，促进信息技术与学科课程的整合，逐步实现教学内容的呈现方式、学生的学习方式、教师的教学方式和师生互动方式的变革，充分发挥信息技术的优势，为学生的学习和发展提供丰富多彩的教育环境和有力的学习工具。"它为全面普及信息技术指出了明确的方向，开拓了更加宽广的应用前景。从学校现代教育技术层面上看，数字化、网络化、智能化和多媒化，已在学校普遍得到使用。从学校教育教学层面上看，教材多媒化、教育信息化、管理自动化、系统开放化的信息化教育逐步得到推广和运用，追求信息化教育已成为中小学全面推进素质教育的主旋律之一。混合式学习理论就指出，要把传统学习方式的优势和数字化或网络化学习的优势结合起来，也就是说，既要发挥教师引导、启发、监控教学过程的主导作用，又要充分体现学生作为学习过程主体的主动性、积极性与创造性。它的本质是强调教师的主导作用和学生主体地位的有机统一，即课堂教学中"教"与"学"的有机统一，它主张把传统教学的优势和数字化教学的优势结合起来，二者优势互补，从而获得更佳的教学效果。全面实施素质教育，传统教学陈旧的教学手段和简单的教学技术在当下多层次教学、演示教学、实验教学等现代化课堂教学中显得力不从心。数学是一门研究客观物质世界的数量关系和空间形式的学科，它具有概念的抽象性、逻辑的严密性和应用的广泛性的特点。初中学生的思维正处于由形象具体思维为主要形式逐步向抽象逻辑思维为主要形式的过渡阶段，而数学的高度抽象和学习过程中严密的数学逻辑思维活动对初中学生不免显得单调和枯燥。如何把数学教学过程和高度抽象的学习内容以更为直观的方式呈现给学生，严密的逻辑思维过程以更为形象、生动的形式展示给学生，从而使抽象变得具体、单调变得生动就成了数学课堂教学改革所追求的首要目标。交互式电子白板在教学中的运用，使得这种追求变为可能。交互式电子白板进入数学课堂，为数学学习的良好情绪体验提供了多种技术支撑，为数学学习的有效思维建构提供了丰富的活动平台，有利于主体的情感传递，有利于知识的即时生成，有利于信息的多向交流，有利于思维的碰撞展现，有利于过程的反思再现，有利于资源的高度整合。

（二）选题意义

1.本课题研究有助于提高老师对电子白板与推拉黑板和数学教学有效整合的进一步认识，从而积极探索使用，提高数学课堂教学效率。

2.本课题研究有助于提高教师教研能力，有助于促进教师更新观念，从而真正成为新课改的实施者、推动者和创造者。

3.通过对交互式电子白板在初中数学教学中的使用实验，构造一种适应初中数学教学特点的由常规教学手段和交互式电子白板运用相结合的数学课堂新模式。新模式应体现以生为本、师生互动，有利于激发学生积极思考，有利于培养学生创新精神和实践能力。用形象、生动、直观的交互式电子白板教学，增加课堂容量，提高课堂效率，减轻学生负担，达到大面积提高数学教育教学质量的效果。

三、研究的目标

1.认真学习，深刻认识电子白板的各项功能，熟练掌握各项功能的操作方法，提高自身的信息技术素养。

2.在数学课堂教学中探索有效使用"电子白板+推拉黑板"的策略，以提高课堂效率，培养学生的学习兴趣、创新精神和探究能力。

3.录制"电子白板+推拉黑板"与初中数学教学新课改模式有效整合的教学案例，在教师间进行交流、探索。真正落实新课程标准提出数学课程的设计与实施应重视运用现代、信息技术的基本理念，推进新课改。

4.通过对电子白板与推拉黑板在初中数学教学中有效使用的研究，构造一种适应初中数学教学特点的由常规教学手段黑板和交互式电子白板运用相结合的数学课堂教学新模式，转变教学方式，从而转变学习方式，以点带面，促进学校教育教学质量进一步提高。

四、研究的内容

1.研究电子白板、推拉黑板在数学教学中的作用。

2.探索研究新课标下有效的数学课堂教学的特征。

3.探索研究将"电子白板+推拉黑板"和初中数学课堂教学有机整合的策略。

五、研究的方法

1.理论学习研究法：利用网络检索、收集与本课题相关的理论学习材料，通过学习更新观念。

2.行动研究法：在教学实践中进行研究，通过备课、上课、听课、评课等活动，从案例中总结电子白板与推拉黑板在数学教学中有效使用策略。

3.调查研究法：为了解和掌握利用交互式电子白板教学效果情况，对学生进行交互式电子白板在数学课堂教学中应用效果的问卷调查。

六、研究的过程

1.理论研究阶段（2012.7—2012.10）

收集、查阅相关文献资料、网上信息资料，对混合式学习、交互电子白板、板书等相关概念进行学习，从中获取理论支撑与可借鉴的经验。自主学习电子白板的使用，增强对本课题研究意义的认识，进一步明确研究主题，制定研究计划。

2.行动研究阶段（2012.11—2013.7）

第一阶段：初期（2012.1—2013.1）

在教学中尝试使用"电子白板+推拉黑板"，探索如何将电子白板与推拉黑板和不同的知识类型课进行有效整合的策略。

第二阶段：中期（2013.2—2013.7）

（1）总结第一阶段实验的进展和效果，完善课题研究方案。

（2）对学生进行交互式电子白板在数学课堂教学中应用效果的问卷调查。

（3）全面深入地开展实验，进行备课、上课、议课的公开课活动，完成6—10节研究课，邀请领导、同行听课、评课，从案例中进行分析比较，形成初步的研究结论。对理论资料、教学经验进行分析，形成总结性论文。

（4）录制"电子白板+推拉黑板"与数学课堂教学有效整合的教学案例。教师间进行交流、探索。

第三阶段：结题（2013.8—2013.9）

收集整理研究资料，进行成果总结，撰写结题报告。

七、研究结果

（一）理论成果

通过对本课题的研究，对传统黑板和现代多媒体在数学课堂教学中的作用有了更明确的认识，总结了一些有效的教学经验和方法。对"电子白板+推拉黑板"环境下的初中数学课堂教学新模式有了更进一步的认识，更明确了新课改背景下初中数学课堂教学采用多种教学手段的必要性。参与并组织本校数学教师积极探索完善"电子白板+推拉黑板"环境下的具有本校特色的"三四六"数学课堂教学新模式，效果显著，推动了新课改在我校的顺利实施，促进了学校教育教学质量的提高。

1.作为传统数学课堂教学象征的黑板，有些方面是多媒体无法替代的。

（1）传统板书具有信息传递的持久性。

诚然，运用课件能够实现板书，但由于屏幕的限制，画面所显示的信息随着下一个信息的出现而消失，影响了板书的整体性和持久性，从而影响了学生对学习内容的整体感知。一堂课下来，学生看到了许多却没有什么印象，所形成的记忆零散而不系统。而传统板书，是随着师生的思维从课始到课终逐渐展开的，经过一定的逻辑过程而建构的学习脉络，不但能揭示教学内容的要点，体现知识体系，而且能长时间为学生传递整堂课的信息。例如，在讲整式乘法的平方差公式时，如果将公式板书在黑板上，学生在做练习时就可以很方便查阅、记忆公式，以便用公式解题。

（2）传统板书具有较大的灵活性。

预设的多媒体课件，在课堂教学中常常牵着师生的鼻子走，很难根据学生的课堂反应及时调整，即使教师有能力在课堂上针对突发事件临时修改课件，也很难在短时间内表示间隔较远的联系。而黑板在这时有了用武之地，使教师处理多媒体课堂生成的教学信息得心应手。黑板随写随看随擦，内容增删方便；随圈随点随画，信息提示灵活。这样老师既根据上课的具体情况突出了重点，又顺应了学生思维，提高了课堂教学的有效性。例如一题多解，数学中很多题都有多种解法，其中有些是老师能预设的，但也有很多是老师没有预设到的。老师没有预设到的方法又恰恰是课堂中最精彩的生成内容，是激发学生探索兴趣，提高学生分析问题、解决问题能力的最好机会。利用黑板随写随看随擦、随圈随点随画的特点就很容易分析解决多种解法的情况。

（3）传统板书具有较强示范性。

数学教学中学生的解题书写、作图、制表等方面的能力不是天生具有的，它离不开教师在课堂教学过程中的示范作用，尤其对初中学生，他们还需要一定的模仿。例如，初中数学中很多算式的书写方法、符号的表示方法、几何图形的形成过程都需要老师的示范。数学教师亲手在黑板上书写解题过程或绘制图形的每一个动作都在向学生传递着示范信息。又如，画函数的图象时，必须让学生明白函数图象的产生过程：列表—取值—计算—描点—平滑连接之后，才能使用媒体画图象，否则学生对知识的产生过程就会模糊，在纸上就不能正确地画出函数图象。

然而，无论一个教师是多么善于表达、比划，也难以表现数学教学中一些抽象和具有共性的知识内容，而这些知识内容又往往是一节课的重点和难点。此时，多媒体教学的过程再现等操作，便可以轻松解决问题，达到突出重点、突破难点的目的，起到事半功倍的教学效果。例如，在讲轨迹一节内容时，充分利用几何画板的动态性，学生就很容易理解轨迹的意义。再如，顺次连接四边形（或平行四边形、矩形、菱形、正方形、等腰梯形）各边中点所得到的四边形是什么图形？这是一道常见的题目，以前用传统的方法来讲，要在黑板上画出大量的图形，而且很难画准确、讲清楚。若用几何画板制作的课件，动态地展示当四边形变为平行四边形、矩形、菱形、正方形、等腰梯形时，顺次连接四边形（或平行四边形、矩形、菱形、正方形、等腰梯形）各边中点所得到的图形的变化情况，使学生很容易掌握规律，并由此拓展延伸顺次连接对角线相等的四边形各边中点所得到的四边形是什么图形?顺次连接对角线垂直的四边形各边中点所得到的四边形是什么图形?通过拓展延伸，不但增加了课的容量，激发了学生的探究欲，而且还培养了学生的学习能力，提高了课堂效率。

2.多媒体进入数学课堂，给课堂带来了生命的活力，激发了学生的学习兴趣，解决了很多传统教学不能解决的问题。

（1）运用多媒体进行数学教学，可创设数学学习情景，激发学生兴趣，激活学生思维。在新授课的起始阶段，迅速集中学生的注意力，把他们思绪带进特定的学习情景中，激发起学生强烈的求知欲，对一堂课教学的成败起着至关重要的作用。运用多媒体导入新课，可有效地开启学生思维的闸门，使学生的学习状态由被动变为主动，使学生在轻松愉悦的氛围中学到知识。

案例一：二次函数的教学中，可用电脑播放炮弹轰炸敌方阵地的电影画面，然后用 Flash 动画模拟炮弹从发射到落地的整个过程，让学生观察炮弹的运行轨迹（抛物线）、炮弹飞行的最高点（顶点）、发射点到落地点的距离等。接着告诉学生，这些问题都能用二次函数的知识得以充分解决。电影画面激发了学生浓厚的学习兴趣，模拟演示、有趣的问题激起了学生强烈的求知欲，为二次函数的学习创造了一种有效的学习情景，使学生的学习状态由被动变为主动，为教学创造了有利条件。

案例二：平移的教学中，可利用多媒体展示一些动画图片：坐滑梯的小女孩、天空飞行的飞机、直线公路上行驶的汽车、游乐场上滑行的缆车等。从这些生活实际引入，能立刻吸引学生的注意力，活跃课堂气氛，又能较好地激发学生求知与探索的欲望。通过创设实际问题情境，引导学生从实例中抽象概括出平移的概念，再让学生从活动中自主探索得到平移的性质，并将其应用于实践，解决实际生活中的问题。

案例三：直线与圆的位置关系教学中，首先用多媒体展示日出的动画图片，从而展现直线与圆的三种位置关系；再用多媒体展示锯子切钢管的动画图片，展现直线与圆的三种位置关系。该环节可通过直观画面展示问题情景，让学生大胆猜想，激发学生学习兴趣，营造探索问题的氛围。

（2）运用多媒体进行数学教学，可创设数学模型，有利于揭示规律、拓展内容，培养学生的空间想象能力。

数学是集严密性、逻辑性、精确性、创造性与想象力于一体的科学，数学教学则要求学生在教师设计的教学活动或提供的环境中通过积极的思维不断了解、理解和掌握这门科学，于是揭示思维过程、促进学生思考就成为数学教育的特殊要求。在数学教学中我们经常发现初中生的空间想象能力是很有限的，这对一些立体图形的学习造成了一定的困难。如果在数学课堂中用多媒体手段把静止的图形变成运动的、抽象图形的变为具体的，就可以帮助构建数学模型，培养学生的空间想象能力。

案例四：学习截面时，用多媒体课件来表现一些几何体的截面情况，使学生很直观地学习所学知识。例如，用一个平面去截正方体，截面可以是三角形、四边形（平行四边形、矩形、菱形、正方形）、五边形、六边形。初中学生可以想象出截面是三角形、四边形的情况，但很难想象出截面是五边形、六边形的情况。此时若利用 Flash 动画演示用一个平面去截正方体的各种情景，让学生通过观察、联想和想象，动态地去理解空间的过程，形象地建立起相应的过程模型。这样在此过程中培养了学生的空间思维能力，有利于学生产生灵感，体验解决问题的快乐。

案例五：在教学圆和圆的位置关系时，用课件展示日食。提问这种现象是怎么产生的，当学生说出其现象的成因后，再动画演示日食形成的过程。这样导入新课寓趣味于其中，既体现了与地理学科的整合，又能激发学生的兴趣，唤起他们的好奇心与求知欲。顺势引导学生抽象、归纳、总结出圆和圆的五种位置关系，进而引导学生根据交点个数对圆与圆的五种位置关系进行分类，并利用课件动画展示分类，让学生验证自己的分类是否正确，既渗透了分类思想，又体会到了分类方法，达到了事半功倍的效果。

（3）运用多媒体进行数学教学，可进行变式训练，培养学生逻辑思维能力。

变式教学是我国数学教学的一种传统和典型的方式，在国际上被称为促进有效的数学学习的中国方式。数学是思维的科学，数学变式教学是数学本质的教学。初中数学变式教学对提高学生的思维能力、应变能力是大有益处的。变化中不变以及在变化中求不变的思想是辩证思维在数学中的重要体现，也是数学的灵魂，贯穿于整个数学思维中。应用几何画板或 Flash 动画，可创设动态、变化的图象，培养学生全面、本质地看问题，从而提高学生的辩证思维能力和逻辑思维能力。

案例六：在二次函数教学中，二次函数三要素（开口方向、顶点、交点）若用动画去设计，可以事先提出问题：当二次函数的系数发生变化时，图象的开口方向、开口大小、顶点、交点和最大值等会如何变化呢?学生可以想象，得出自己的结论后，教师开始演示、验证，并进一步提出问题，为什么会出现这种情况？它们之间有什么联系？这种形象的图象能激发学生兴趣，并应用所学过的知识及已有的图景进行类比推理和演绎推理，用数学公式和逻辑语言将其表现出来。

案例七：教学圆和圆的位置关系时，老师用课件展示几何画板作好的动画，引导学生观察。当大圆半径 R、小圆半径 r、圆心距 d 变化时，两圆位置关系如何变化，并与学生一起探索确定两圆位置关系的重要方法（利用 R、r、d 的大小关系判断）。让学生经历"观察—猜测—探索—验证—应用"的过程，渗透从"形"到"数"和从"数"到"形"的转化，培养了学生的转化思维能力。实现了感性到理性的升华，突现了数学学习的本质。

（4）运用多媒体进行数学教学，能突出教学重点，突破教学难点。

数学教学中有很多抽象的知识，有些内容靠静态的实物、图画和详尽的讲解，学生是难以理解的，而它们往往又是教学重点、由于它的抽象性又变成了教学难点。为解决此难点教师往往花费大量的时间和精力，即使如此，学生仍然感悟不深，产生疲劳感甚至厌烦情绪。突出重点、突破难点的有效方法是变革教学手段。由于多媒体具有形象具体，动静结合，声色兼备的优势，如恰当地加以运用，可以变抽象为具体，调动学生各种感官协同作用，解决教师难以讲清，学生难以听懂的内容，得到传统教学方法无法比拟的教学效果。

案例八：如在讲二次函数的平移规律时，要讲清图象的平移其实就是顶点移动这个教学难点，如果光靠教师嘴巴说，学生不好理解。让学生动手画，平滑的曲线又不好画，而且由于画图的不准确，导致得不到想要的规律。有了多媒体技术，利用动画演示两个二次函数图象移动后能够重合，并观察顶点的变化学生就可以直观、清晰地得出二次函数的平移就是顶点的变化，这使学生观察的重点得以突出，难点也能够迎刃而解，思维也由抽象向具体过渡。

案例九：在视图与投影教学时，为了让学生理解物体的三视图与平行投影的关系，可用课件演示一束平行光投射在圆柱体上的情景，抽象变具体，学生一目了然，解决了教学难点。

（5）运用多媒体进行数学教学，可节约时间，增加课堂容量，提高课堂教学效率。

数学教学离不开大量的各种类型的练习，传统数学教学中，教师把大量时间花在语言描述和板书等方面。语言陈述的内容过多，学生抓不住重点，前后内容联系困难。板书内容过多，不仅挤占时间过多，而且不利于老师的课堂组织，难以取得好的效果。而应用多媒体进行课堂教学，能在较短的时间内向学生提供大量的例题、习题，使教与练的容量大大地增加。

案例十：教学圆和圆的位置关系时，利用课件展示如下练习题：

两圆半径分别为 R、r，圆心距 d，在下列情况下，两个圆的位置关系如何？

①$R=6$cm，$r=3$cm，$d=4$cm；　②$R=6$cm，$r=3$cm，$d=0$cm；

③$R=3$cm，$r=7$cm，$d=4$cm；　④$R=1$cm，$r=6$cm，$d=7$cm；

⑤$R=6$cm，$r=3$cm，$d=10$cm；　⑥$R=3$cm，$r=5$cm，$d=1$cm。

这个练习题较简单，是利用 R、r、d 的大小关系，从不同角度判断圆与圆的位置关系。可以让后进学生分别口答，这样既及时迅速巩固了重点知识的理解与应用，又使不同层次的学生都能参与其中，让成绩较差的学生也能获得成功的体验。这符合新课程提出的关注学生个性发展的理念，可有效提升学生的数学思维层次。课堂教学的时间是有限的，学生的注意力也是有限的，借助多媒体技术，节省了老师教学和学生学习的时间。不但增加课堂容量，缩短反馈时间，而且能吸引学生的注意力，激发学生的学习兴趣，从而提高课堂效率。

案例十一：教学统计与概率时，由于内容贴近生活，繁而多，无法用传统板书完成。若用多媒体课件展示生活背景内容，教师引导学生分析生活背景，探究知识的形成过程，使学生对知识有系统的认识并能熟练应用与解决简单的实际问题，逐步形成数学创新意识。

初中数学课堂教学中，正确运用多媒体辅助教学，使课堂内容由静态的灌输变为图文声像并茂的动态传播，增强了感染力，有利于学生拓展知识面，从而可以激发学生积极主动的学习热情，也为进一步培养学生的创新精神与实践能力打下基础。

然而，多媒体技术在给数学课堂教学带来便捷、精彩的同时，也暴露出一些不足之处。例如，教学中教师无法对教学课件内容随时随地的控制和修改，只能按事先制作好的模式讲授和演示，也无法像传统黑板那样边讲解、边板书、边标注。此外，在教学过程中教师要么只在媒体平台前操作，要么忙碌于多媒体平台与屏幕之间，没有充足时间或条件进行师生情感的交流与沟通。因此，认为只用多媒体课件上数学课，还不如原来只用黑板效果好。教师的教学方式没有根本性转变，更谈不上学生学习方式的转变，新课程理念也只能停留在口头。

数学科学的特点是逻辑性强，抽象思维要求高，尤其是涉及三维空间问题、动态过程问题、复杂计算问题等。传统教学手段由于以静态为主，很难在课堂上利用黑板将这种复杂的情景展示出来，更不用说借助情景来分析。正是因为抽象的情景不能得到直观、有效的展示和分析，就进一步增加了学生理解和掌握的难度，因此成为教学中的难点。多媒体教学进入课堂，可使抽象的概念具体化、形象化，尤其是计算机能进行动态的演示，弥补了传统教学方式在直观感、立体感和动态感等方面的不足，利用这个特点可处理其他教学手段难以处理的问题，并能引起学生的兴趣，增强他们的直观印象，帮助教师化解教学难点、突破教学重点、提高课堂效率和教学效果。多媒体课件辅助教学是运用多媒体课件辅助授课教师解决难点教学问题，因而应让多媒体课件成为教师课堂教学的辅助手段，而不能完全代替教师的授课。而且，每一节课不是非用多媒体课件辅助教学不可，有些课使用多媒体课件反而不如传统手段教学的实际效果好。因此多媒体课件在数学课堂教学的运用一定要紧扣教学目标和教学内容，要根据不同的教学目标和教学内容的特点去选择、运用不同的多媒体技术，充分发挥其在教学上的优势，不能把数学课堂搞成多媒体功能的成果展览。我认为高效的数学教学应把现代化教学手段（电子白板）与传统的教学手段（教具、学具、黑板）结合起来，优势互补，方能使教学手段整体优化。

3.“交互电子白板”的应用，实现了数学课堂教学手段的更大优化。

以计算机和投影仪等组成的多媒体课堂教学虽然在一定程度上可以弥补传统课堂教学的不足，但教师不断地操作设备，不能很好地和学生进行交流和沟通。利用交互式电子白板的诸多功能可以很好地解决了一这矛盾，它既承载了传统教学模式，又把多媒体教学融入课堂中去。教师利用这些功能在电子白板进行多媒体教学，加强了师生共同参与学习的热情，促进了师生情感上的交流沟通，融洽了课堂氛围。电子白板进入数学课堂，为实现传统黑板和现代多媒体教学的无缝连接提供了有效的解决方案。

可视化和无键盘操作是现代化教学方式中必须解决的两个问题，而电子白板很好地解决了上述问题。与传统黑板教学相比较，以多媒体教学功能为基础的电子白板是未来的趋势。电子白板既可以像传统黑板一样任老师随意涂写勾画，也可以完成多媒体课件教学的各项要求，它兼具传统的黑板和多媒体教学的双重优势，而且还有图库、快拍、拉幕、图形放大或缩小、保存、联网等多项特殊功能，弥补了两者的不足。与传统黑板一擦即没相比，电子白板能够实时记录、保存教与学的全过程，教师可随时调用电脑中存储的课堂教学资料，不必再担心板书的内容无法重现。与“电脑+投影仪”相比，白板允许教师根据学生的学习情况方便自如地随时调整、修改教学计划，并随时保存更新自己的电子教案。同时，电子白板让教师与学生在课堂教学中实现积极的互动，有助于提高学生的学习兴趣，更适合多样化教学和创造性教学的需要。现阶段电子白板在常规教学中的应用主要有三个方面：

（1）电子白板等同于传统黑板和多媒体辅助课堂教学功能的综合应用。

交互式电子白板能够满足课堂内容的书写，在擦除和修改时更加方便快捷。传统的多媒体课堂使用课件更多的是演示，教师根据预先设计的课件讲课，遇到学生的学习情况与课件演示不同步时，很难进行及时调整，缺少了课堂教学中最为精彩的即兴发挥。在多媒体课件演示过程中，学生只能看，只能听，处于被动学习的状态。而交互式电子白板可以根据课堂需要方便地对教学内容或课件直接书写，或标注，或勾画，或圈点，教师还可直接将学生的问题通过交互式电子白板的书写功能融入教学课件，使课堂与课前设计更好地结合起来。

传统的黑板只有书写，多媒体设备中的幕布只具有投影显示的功能，而交互式电子白板不仅是计算机的显示器和投影仪的幕布，还可以是感应笔书写与操作的界面。在交互式电子白板上书写的内容和电脑上同步显示，就构成一个大屏幕，电子白板笔具有粉笔和鼠标的双重功能，并且把两者很好地结合起来。教师可以摆脱鼠标的束缚，和学生面对面地交流与对话，共同演绎精彩的课堂。

（2）电子白板特殊功能的应用，丰富了教学方式，提高了教学效率，弥补了传统课件中交互性较差的缺陷。

案例十二：圆和圆的位置关系中的练习题：两圆相交，公共弦长为16cm，两圆半径分别为10cm和17cm，求两圆的圆心距。这个练习题在探究过程中，教师可利用电子白板的图库功能，直接调出两圆，利用电子白板拖、放的功能，将两圆调到题目需要的位置与大小。再利用电子白板的标注功能，在图形中用不同符号、不同颜色标注已知条件，提供帮助学生思维的直观图形。进而师生共同分析探究解法，板书示范解题过程。在此问题解决的过程中，电子白板提供了有利于信息多向交流的环境，教师与学生共同经历了数学教学中研究分析问题的一种重要方法——分析综合法。师生通过思考分析过程、叙述分析过程、利用电子白板书写分析过程三种策略，有效地掌握了这种数学问题的研究方法。

案例十三：教学生活中的轴对称时，利用电子白板的联网功能，为学生营造一个网络化的学习环境，实现资源共享，彻底打破了传统教学方式的束缚。如电灯在镜中成像问题，在屏幕上实现了具有三维效果的、近乎逼真的景象，使学生有身临其境的感觉。独特的动画特技展示了知识的产生过程及问题的解决过程，激发了学生学习数学的兴趣，体验到了学习的快乐。

案例十四：利用电子白板的快拍功能，展示学生作业，分享教学成果，体验教育的快乐。如一题多解，可以利用白板的快拍功能将学生作业中不同的解法拍下并在白板上展示，师生共同分享他们的思维亮点，学会从不同角度分析问题和解决问题的方法，体验成功的快乐。

（3）电子白板交互功能的充分应用（互动交流、资源共享、记录过程），让数学课堂真正互动起来了。

交互式电子白板系统中自带了许多教学资源，教师可以根据需要随时随地地调用。如数学课上的公式、图形，用笔轻轻一点，立即呈现在交互式电子白板上，学生一目了然，提高了课堂效率。同时在课堂上我们还可以自己创造教学资源，并把这些资源存储在电脑上，一方面可以供其他年级使用或者是下节课使用，或是与其他教师共享和交流，还可以打印出来分发给学生，成为学生学习的一种资源。

多媒体课件中虽然可以实现师生或生生之间的互动交流，但这种交流大部分是与电脑的对话，而交互式电子白板可以在课件基础上让学生亲手动手操作，建立起以学生学习为中心的课堂教学，克服了多媒体投影只能用于展示教学内容的缺陷。

交互式电子白板相当于多块黑板，能记录在白板上发生的教师教学和学生学习过程的所有细节，而这一功能可以使学生随时复习课堂教学过程中的每个环节。在课堂上，教师可以把教学过程记录下来，当学生对问题质疑时或进行启发式思考时，教师可把教学过程回放，帮助学生理解。这样一个简单的操作，让课堂变得更加生动有趣，更激发学生对问题的深入思考。在课堂总结时，交互式电子白板把教学过程和教学内容再次呈现出来，教师还可以对其进行补充和完善，使我们的课堂更加精彩。

案例十五：数学课以演练为主，尤其在讲习题课时，板面有限，又写又擦，耽误了大量的时间，运用电子白板，省去了抄题、擦黑板的时间。这样，在有限的时间内，增大了课堂容量，提高了课堂效率。电子白板与传统黑板类似，但比传统的黑板功能更为强大。

著名教育家叶澜说，教学方式要体现生命的层次，要用动态的观念，重新全面地认识课堂教学，才能让课堂焕发出生命的活力。有思想火花碰撞的教学就是追求教育卓越的过程，白板教学的教学方式完美体现了教育者与受教育者的个性，体现了教学的生命力，使教师和学生都充满活力。

4.利用交互式白板进行课堂教学也存在一些问题，还要注意处理好以下关系：

（1）师生教与学方式的转变。

交互式电子白板方便灵活的交互功能，使教学过程教不再是线性思维的固定模式，而具有更灵活的生成性。教师要加强使用习惯的转变，充分发挥交互式电子白板的功能，调动学生参与学习的积极性、主动性，促进其学习方式的改变，给学生更多参与机会，充分发挥学生的主体地位和教师的主导作用。

（2）人与白板的关系。

课堂教学是师生情感交流的主要途径，利用交互电子白板上课时要处理好人与白板的关系，注重师生交流的双向互动性，既有知识的传授与反馈，又有情感的交流，合理地使用技术。白板的功能应为人所用，而不是人服务于白板的功能。

（3）真实与虚拟的关系。

利用交互白板上课时，充分利用白板对图片、动画或视频等多媒体素材展示与交互功能，把一些较为抽象的概念、定理形象化或把微观的事物加以放大，有利于学生的感知和理解。但也不能过分依赖白板技术，能到现场参观、实验的内容尽量现场操作。所以只能利用虚拟为真实服务，而不是一味地依赖虚拟情景。

（4）白板与黑板的关系。

白板虽可当多块黑板使用，但白板板面小且只有一只电子笔，不能同时有几个学生一起练习，将一块电子白板与四块推拉黑板有机结合是取得数学教学成功的有效方式。

5.初中数学教学中媒体与板书的有机结合的几点认识

（1）明确板书的特征、优势、不可替代性和局限性。

（2）明确媒体的特征、优势、辅助特性和局限性，媒体用好是精彩，用不好适得其反。

（3）选择媒体与板书的辅助方式时，要考虑学生的理解力和学习力，学习程度好的学生和弱的学生是有区别的。

（4）凡是培养学生技能的知识用板书为好，如讲有理数的运算或者几何证明。

（5）凡是提高学生学习兴趣的内容用媒体为好，如数学对称美的介绍。

（6）凡是培养学生创新能力的内容，以动手体验与学案相结合或网络教学为好，如梯形中添加辅助线解决问题的教学，平行四边形判定定理的发现过程等。

（7）实现启迪思维、解决难点问题时媒体动态演示较好，如讲解同弧所对圆周角相等与角顶点在圆上位置无关问题时，用几何画板动态演示效果较好。

综上所述：在教学中能将电子白板与推拉黑板有机结合就可以增加教学的有效性，更好地培养学生的综合能力。

6.电子白板与推拉黑板和初中数学课堂教学有效整合，为新课改增添了亮点，推动了新课改的发展，是目前最优化、最理想的数学教学方式。

近年来，我校在借鉴各种模式的经验基础上，提出了具有自己特色的数学教学新模式"六步教学法"（即预习、互助、展示、精讲、检测、反馈）。这种新模式采取的一种策略就是一块电子白板和多块传统黑板相结合，打造"白+黑"高效课堂教学。利用电子白板，教师可以用很少的时间展示学习目标、小组合作学习任务、教师精讲内容、当堂达标检测试题、课堂小结等，也可以利用电子白板的快拍和放大功能将任意学生的作业展示在白板上，学生动手操作，培养学生的创新精神和交流合作能力。利用多块传统黑板，可以让多数学生进行大量应用练习，培养学生自我展示能力、口头表达能力和与人合作能力。真正精彩的课堂应该是生成性的课堂，新课程强调的课堂教学应该是预设与生成的统一。在电子白板环境下的课堂教学中，教师、学生、文本通过对话，生成了新的教学内容、教学话题，突破了预定的方案。在交往中互动，在互动中生成，达到真正意义上的学习，真正贯彻课程标准提出的以人为本的核心理念。而这也正是多媒体课件的不足，也是多媒体课件教学在常规数学教学中没有推广下去的主要原因。有了电子白板，大家的这种困惑就没有了，在常规数学教学中推广电子白板就顺理成章。

（二）实践成果

自 2009 年 11 月以来，本人在数学课堂教学中一直积极探索并使用电子白板，创立"白+黑"高效数学课堂教学模式。经过努力，取得了一定成绩。2011年 2 月，本人独立撰写的论文《交互电子白版在初中数学教学中的应用》在《甘肃教育》上发表，论文《例说"电子白版"在初中数学教学中的作用》获全国中小学教师信息技术与教育创新论文大赛甘肃赛区二等奖；2010 年 6 月，在兰州市第九届信息技术与学科教学整合课例比赛中，本人录制的课例《图形的放大与缩小》荣获三等奖；2013 年 8 月，本人录制的课例《认识三角形》荣获"全国大中城市教育技术应用评优活动"交互式电子白板优质课一等奖和现场说课二等奖。课例应用"六步教学法"并将电子白板与传统黑板相结合，开创了"白+黑"

下的高效初中数学课堂教学新模式，在学校课改中起到了带头作用，并被县教育局评为"十大名师"、"课改标兵""市级骨干教师"等。在 2012 年全国中学数学能力竞赛中，本人辅导的学生分别获得了一、二等奖，2013 年 9 月被学校评为优秀教师。本人也因本课题的研究与实践被两次推荐在全县教师培训会上做了经验交流报告，得到了大家的好评。

我们的校训是"进步就是成功，人人都能成才"，本人在教学研究中取得的进步使我对我的研究充满信心。我深知我的职责，热爱我的工作，深爱我的学生，我会将教学实践与教学研究结合起来，不断学习，在实践中不断完善具有我校特色的"电子白板+传统黑板"环境下的高效数学课堂教学新模式，为推进素质教育的发展贡献力量。

八、课题研究中存在的问题及今后的设想

1.限于我个人理论水平有限及实践时间短、经验不足等原因，本人对本课题研究还有很多不足

（1）理论学习不够，没有形成完整的对电子白板的系统认识，对电子白板的很多特殊功能（如对屏幕中对象聚焦、拉屏）还认识不清，应用很陌生。

（2）对电子白板在常规数学教学中的有效使用策略实践研究时间短、经验不足，对研究过程中形成的材料收集不够。

（3）反思不够及时、深刻。

2.今后的设想

（1）本人对课题探究不会停止。

（2）初步成果要在今后的教学中实践、检验、完善。在以后的教学实践中将继续研究利用电子白板如何促进学生有效学习，而且重点要放在利用"电子白板+推拉黑板"提供的环境促进学生学习方式的转变上。

（3）要围绕新课改进一步深入研究，以点带面，促进学校教育教学质量的提高。

第三辑

教学案例

《一元二次方程》单元教学设计

一、单元教学要素

（一）教材呈现

北师大版、人教版、新人教版、华东师大版、苏教版都在九年级上册学习《一元二次方程》。本单元主要依据北师大版（依据 2011 版课标编写）九年级上册第二章设计。

（二）数学分析

方程、不等式和函数是刻画现实世界的重要数学模型（解决实际问题的数学工具），三者之间互相关联。初中阶段尤为重要的是方程思想与函数思想，几乎渗透到中学数学的各个领域，在解题中有着广泛的运用。方程的思想是中学数学的基本思想，也是历年中高考的重点。

函数的思想是用运动和变化的观点、集合与对应的思想，去分析和研究数学问题的数量关系，建立函数关系或构造函数，再利用函数的图象和性质去分析问题、转化问题，从而使问题获得解决。函数思想的精髓就是构造函数。

方程的思想是分析数学问题中变量间的等量关系，从而建立方程或方程组，通过解方程或方程组，或者运用方程的性质去分析、转化问题，使问题获得解决。

对于函数 $y=f(x)$，当 $y=0$ 时，就转化为方程 $f(x)=0$，也可以把函数式 $y=f(x)$ 看作二元方程 $y-f(x)=0$。解题时，不能局限于函数思想或方程思想，而应该根据两者之间的相互关系，使其能相互转化，以达到快速解题之目的。函数与方程这种相互转化的关系十分重要。

函数与表达式也可以相互转化，对于函数 $y=f(x)$，当 $y>0$ 时，就转化为不等式 $f(x)>0$，借助函数的图象与性质可以解决不等式的有关问题，而研究函数的性质，也离不开解不等式。

解析几何中的许多问题，例如直线与二次曲线的位置关系问题，需要通过解二元方程组才能解决，这都涉及二次方程与二次函数的有关理论。

几何中有关线段、角、面积、体积的计算，经常需要运用列方程或建立函数表达式的方法加以解决。

中高考中的方程和不等式问题包括方程、不等式的求解及方程、不等式观点的应用，可以分成逐渐提高的四个层次。第一层次：解方程或不等式，主要是指解代数（一次、二次等）方程或不等式，指数、对数方程或不等式，三角方程或不等式，复数方程等；第二层次：对带参数的方程或不等式的讨论，常涉及二次方程的判别式、韦达定理、区间上恒成立的不等式等问题；第三层次：转化为方程的讨论，如曲线的位置关系（包括点与曲线及直线与曲线的位置关系）、函数的性质、集合的关系等；第四层次：构造方程或不等式求解问题。其中第三、四层次（特别是第四层次）已经进入到运用方程、不等式观点应用的阶段，即把方程、不等式作为基本数学工具去解决各个学科中的问题。

纵观中学数学，可谓是以函数为中心。即使对函数极限、导数的研究，也完全是以函数为对象、为中心的。熟练掌握基本初等函数的图象和性质，是应用函数与方程思想解题的基础，善于根据题意构造、抽象出函数关系式是用函数思想与方程思想解题的关键

（三）课程标准分析

1.能根据具体问题中的数量关系列出方程，体会方程是刻画现实世界数量关系的有效模型。

2.经历心算、画图或利用计算器等估计方程解的过程。

3.掌握等式的基本性质。

4.理解配方法，能用配方法、公式法、因式分解法解数字系数的一元二次方程。

5.能用一元二次方程根的判别式判别方程是否有实根和两个实根是否相等。

6.了解一元二次方程的根与系数的关系（不要求应用这个关系解决其他问题）。

7.能根据具体问题的实际意义，检验方程的解是否合理。

（四）教材分析

1.教材对比分析

人教版（九年级上册）	新人教版（九年级上册）
第 21 章　一元二次方程	第二十一章　　一元二次方程
21.1　一元二次方程	21.1　一元二次方程
21.2　降次——一元二次方程的解法	21.2　解一元二次方程
21.2.1 配方法 21.2.2　公式法 21.2.3 因式分解法 21.2.4 一元二次方程的根与系数的关系	21.3　实际问题与一元二次方程
21.3　实际问题与一元二次方程	数学活动　小结　复习题 21
新北师大版（2011 版课标编写）（九年级上册）	旧北师大版（实验版课标编写九年级上册）
第二章　一元二次方程	第二章　一元二次方程
1.认识一元二次方程	1.花边有多宽
2.用配方法求解一元二次方程	2.配方法
3.用公式法求解一元二次方程	3.公式法
4.用分解因式法求解一元二次方程	4.分解因式法
*5.一元二次方程的根与系数的关系	5.为什么是 0.618
6.应用一元二次方程　回顾与思考	回顾与思考
华东师大版（九年级上册）	苏教版（九年级上册）
第 23 章　一元二次方程	第 1 章　一元二次方程
23.1 一元二次方程	1.1 一元二次方程
23.2 一元二次方程的解法	1.2 一元二次方程的解法
阅读材料　　一元二次方程根的判别式	1.3 一元二次方程的根与系数的关系
	1.4 应用一元二次方程
	数学活动　矩形绿地中的花圃设计
	小结与思考

从以上表格中可以看出，不同版本的教材对一元二次方程的概念、解法及应用的学习要求基本相同，不同的是对判别式和韦达定理的处理。了解根与系数关系，能用判别式判别一元二次方程根的情况。人教版九年级上册第 22 章公式法之后，讲了判别式，并进行了归纳，在观察与猜想栏目介绍了韦达定理。北师大

版（根据 2011 版课标编写）在推导求根公式时，用根的判别式讨论了根的三种情况。韦达定理作为选学内容单独设计了一节课。北师大版（根据新课标实验版编写）的教材对判别式仅作为利用公式法求解的一个条件提了一下，对韦达定理没有提到。华东师大版在阅读材料介绍了判别式，在第 22 章第 3 节实践与探索中介绍了韦达定理，重在经历发现的过程体验和自主学习能力的培养，并非从知识性角度来介绍。但一元二次方程根的判别式、韦达定理也是本单元最基础的知识，是以后学习的必备技能。教学中，要安排适量的有针对性的训练，但不能停留在简单的模仿与机械记忆的层次上，而要有意识地揭示得出结论的过程，加深学生对相关结论的理解，使他们在主动学习的过程中获取知识的同时，体会数学思想方法。

　　2.教材的地位和作用

　　作为数学的一个重要分支，方程是刻画现实世界的一个有效的数学模型。随着数学应用的日趋广泛，方程的工具作用显得愈发重要。在七年级上册已经学习了一元一次方程、八年级上册学习了二元一次方程组、八年级下册学习了可化为一元一次方程的分式方程等，初步感受了方程的模型作用，并积累了一些利用方程解决实际问题的经验，解决了一些实际问题，知道了基本步骤（审、设、列、解、验、答）。

　　生活中关于方程的模型并不全是线性的，另一种方程——一元二次方程在现实生活中具有同样广泛的应用。本章将学习一元二次方程有关概念、解法和应用等。

　　本单元的主要内容包括：一元二次方程及其有关概念，一元二次方程的解法（配方法、公式法、因式分解法），运用一元二次方程分析和解决实际问题。

　　在总体设计思路上，本单元与已学过的有关方程类似，遵循了"问题情境——建立模型——拓展、应用"的模式，首先通过具体问题情境列方程、归纳出一元二次方程的有关概念，然后探索其各种解法，并在现实情境中加以应用。

　　第 1 节通过丰富的实例，如"地毯四周有多宽""梯子的底端滑动多少米"等问题，列出方程，观察、归纳出一元二次方程的有关概念，体会方程的模型思想；第 2—4 节，通过具体方程逐步探索一元二次方程的解法（直接开平方法、配方法、公式法、因式分解法）；第 5 节在求根公式的基础上，探索一元二次方程的根与系数的关系；第 6 节再次通过几个问题情境加强一元二次方程的应用。

回顾与思考以问题串的形式，形成单元知识结构体系，帮助学生整体理解所学内容。

课程标准明确要求加强学生估算意识和能力的培养，为此教科书设计了探究一元二次方程的近似解的内容，按照先近似估算后精确求解的顺序呈现教学内容。具体的，在建立了一元二次方程的模型之后，基于学生的学习心理规律，自然会产生探求其解的欲望，因此教科书很自然地引入问题"花边有多宽"，要求学生在这具体情境中估计它的解。一方面可以促进学生对方程解的理解，发展学生估算意识和能力。另一方面，又为方程精确解的研究做了铺垫。估计方程的解，不仅仅在于求解，也有利于学生直观地探究方程的性质，初步感悟通过代入数值计算也是求方程解的有效途径。

直接开平方法、配方法、公式法、因式分解法等，根据难度递增，方法选择依次递进。鉴于中考试题的考查和修改后的课程标准（2011 版），形成关于一元二次方程的完整结构体系，将韦达定理的内容作为选学。

此外，注意方程模型、转化、类比、归纳等数学思想方法的渗透。解方程的过程就是一个沟通"未知"与"已知"的过程，其本质思想是化归，因而在方程解的探索中力图通过"未知"与"已知"、复杂问题与简单问题的转化、特殊与一般的转化等渗透转化、归纳等数学思想。如在配方法一节中，首先回忆现在所能解决的方程的类型，然后将一般的一元二次方程逐步转化为熟悉的 $(mx+n)^2=a$（$a \geq 0$）的形式，直接开平方，从而得到配方法。

3.教材习题的编排与呈现方式分析

北师大版教材中的习题分为随堂练习、习题、章复习题、总复习题四种类型，各种类型的习题是按照不同教学要求编排的。

各个课节的随堂练习，主要是围绕新课内容，突出新概念的实质和直接应用新知识进行解答的基础题，可随堂让学生练习，以巩固基础知识和基本技能。课节（单元）后的习题，是为巩固该课节（单元）的知识学习、技能训练、方法应用而编排的，比随堂练习要求略高，使学生在解题过程中，加深对知识、技能、方法的理解和掌握，可以供学生课外练习或教师布置作业时选用。复习题和总复习题安排在一章或一本书教完之后，知识技能、数学理解、问题解决等栏目，是一些较深的、涉及知识面较广、富于变化的综合题。复习题一般在章节教完以后，供教师挑选作为复习课（回顾与思考）例题讲解，或给学生课外练习。此类题目，可使学生巩固和深化知识，提高分析问题、解决问题的能力。

4.中考分析

一元二次方程在每年的中考中都占很大的比例，如兰州市 2016 年中考试题中第 5 题：一元二次方程 $x^2+2x+1=0$ 的根的情况（　　）

A.有一个实数根　　　　　　B.有两个相等的实数根

C.有两个不相等的实数根　　D.没有实数根

第 9 题：公园有一块正方形的空地，后来从这块空地上划出部分区域栽种鲜花（如图），原空地一边减少了 1m，另一边减少了 2m，剩余空地的面积为 18m²，求原正方形空地的边长。设原正方形的空地的边长为 xm,则可列方程为（　　）

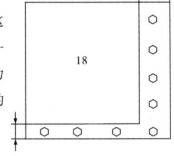

A.$(x+1)(x+2)=18$　　　B.$x^2-3x+16=0$

C.$(x-1)(x-2)=18$　　　D.$x^2+3x+16=0$

第 21 题第(2)题解方程（2）$2y^2+4y=y+2$。

共计 15 分，另外在二次函数的题目里也常常用解一元二次方程的方法求图象与坐标轴的交点。

（五）学情分析

九年级学生在前面已经学习了一元一次方程（七年级上册）、二元一次方程组（八年级上册）、可化为一元一次方程的分式方程（八年级下册）等，初步感受了方程的模型作用，并积累了一些利用方程解决实际问题的经验，知道了基本步骤（审、设、列、解、验、答）。在七年级和八年级还学习了整式、分式、二次根式、因式分解等。从知识结构上看他们已经具备了继续探究一元二次方程的基础，这个阶段的学生自主探究和合作交流的能力很强，并且他们比较、分析、抽象和概括的能力也有很大提高。在此基础上本节课将从实际问题入手，抽象出一元二次方程的概念及一元二次方程的一般形式。由于学生有强烈的求知欲，当遇到新的问题时自然产生进一步探究的欲望。

另外，九年级学生处于毕业阶段，面临很多选择，又处于青春期，在情感态度、学习策略方面存在诸多需要进一步解决的问题。例如：个别学生缺乏小组合作意识；一些学生没有养成良好的学习习惯，不能做好课前预习课后复习，学习没有计划性和策略性，不善于总结和发现规律，不注意知识的巩固和积累；一些基础不好的学生不自信，对数学学习产生放弃心理。

（六）重难点分析

重点：一元二次方程的解法及其应用。

难点：一是如何理顺配方法、公式法、分解因式法之间的关系进而选择最合适的解法；二是从对实际问题的数量关系的分析中寻求数量关系，从而抽象出方程模型。

本单元所涉及的数学思想方法主要包括两个：一是解方程过程中的化归思想；二是由实际问题抽象为方程模型这一建模思想。

（七）教学方式分析

1.设置丰富的问题环境，让学生真正经历模型的过程，从而更好地理解方程的意义和作用，激发学生的学习兴趣。

方程是刻画现实世界中数量关系的有效数学模型，因而方程教学首先应关注方程的建模过程，教材第1节第1课时的目的就是想通过对多个实际问题的分析，让学生感受方程是刻画现实世界数量关系的有效模型。教学中应让学生从具体实例出发，经历模型化的过程，并在此基础上抽象出数学概念。当然，教师应根据学生的生活实际和认知实际，创设更为丰富、贴近学生生活的情境，并引导学生分析其中的数量关系，建立方程模型。此外，在方程应用中也应该关注学生建立方程的过程，提高学生的应用能力。

2、重视学生的活动，鼓励学生探索和交流，提倡解决问题策略的多样化。

本单元为学生提供了许多活动，教学中应当让学生进行充分的探索和交流。如对于一元二次方程的概念。教师应引导学生观察实例中得到的几个方程，分析它们与一元一次方程的差异，从而概括它们的共同特点，归纳出一元二次方程的概念。再如配方法的引入，教材用层层递进的问题串，一步一步让学生找到解决问题的方法，在教学中还应鼓励与提倡解决问题策略的多样化，如在公式法一节的第 2 课时中，不同的学生有不同的设计方案，应该让学生充分发挥他们的创造力，自行设计，只要合理就应予以肯定与鼓励。

3.有意识地体现转化的思想。

转化是一种重要的数学思想。在本单元中，反映转化思想的内容十分广泛。如配方法把方程化为 $(x+m)^2=n$ 的形式，体现了数学形式的转化；公式法直接利用公式把方程中的"未知"转化为"已知"；分解因式法通过降次，把一元二次方程转化为两个一元一次方程等。在教学过程中，教师要有意识地突出体现转化的思想。

4.注意引导学生寻求实际问题中所蕴含的等量关系，使学生进一步体会寻找等量关系是用方程解决问题的关键。

由于实际问题涉及的内容广泛，有的背景学生不太熟悉，有的问题数量关系繁多、复杂，因此教学中应引导学生整体地、系统地审清问题，分析问题中各个数量间的关系，并用代数式表示这些关系，从而找出解决问题的方法。

二、单元教学目标

1.经历由具体问题抽象出一元二次方程的过程，进一步体会方程是刻画现实世界中数量关系的一个有效的数学模型。建立符号意识。感受数学学习的意义，从而产生较好的数学学习态度。

2.理解一元二次方程及其相关概念，理解配方法，能用配方法、公式法、分解因式法解数字系数的一元二次方程，并在解一元二次方程的过程中体会转化等数学思想。

3.经历在具体情境中估计一元二次方程解的过程，进一步培养估算意识和能力，发展数感。

4.会用一元二次方程根的判别式判别方程是否有实数根和两个实数根是否相等。

5.了解一元二次方程的根与系数的关系。

6.能够利用一元二次方程解决有关实际问题，体会数学与现实生活的紧密联系；能根据具体问题的实际意义，检验方程的解是否合理，进一步培养学生分析问题、解决问题的意识和能力。

7.经历一定的合作交流活动，进一步发展学生合作交流的意识和能力。

三、单元教学流程设计

（一）本章知识结构图

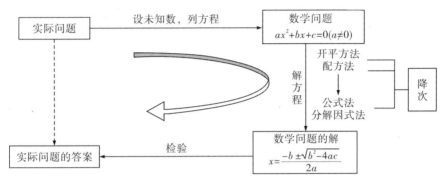

（二）课时划分

教学内容	课时划分
1.认识一元二次方程	2 课时
2.用配方法求解一元二次方程	2 课时
3.用公式法求解一元二次方程	2 课时
4.用因式分解法求解一元二次方程	1 课时
*5.一元二次方程根与系数的关系	1 课时
6.应用一元二次方程	2 课时
回顾与思考	1 课时

四、课时设计案例

2.1　认识一元二次方程（第 1 课时）教学设计

（一）教学目标、重难点

教学目标	1.理解一元二次方程的概念 2.掌握一元二次方程的一般形式，正确认识二次项系数、一次项系数及常数项 3.经历由具体问题抽象出一元二次方程的概念的过程，进一步体会方程是刻画现实世界中数量关系的一个有效数学模型。培养学生建模思想，分析问题及解决问题的能力 4.通过一元二次方程概念的学习，培养学生对概念理解的完整性和深刻性 5.由知识来源于实际，树立转化的思想，由设未知数、列方程向学生渗透方程的思想，从而进一步提高学生分析问题、解决问题的能力 6.培养学生主动探究知识、自主学习和合作交流的意识 7.激发学生学习兴趣，体会学数学的快乐，培养用数学的意识
重点	一元二次方程的概念及一般形式
难点	1.由实际问题向数学问题的转化过程 2.正确识别一般式中的"项"及"系数"

（二）教学流程安排

活动流程	活动内容和目的
活动 1　创设情境　引入新课	复习一元一次方程有关概念，通过实际问题引入新知
活动 2　启发探究　获得新知	通过类比一元一次方程的概念和一般形式，让学生获得一元二次方程的有关概念
活动 3　运用新知　体验成功	巩固训练，加深对一元二次方程有关概念的理解
活动 4　归纳小结　拓展提高	回顾梳理本节内容，提高学生对知识的理解
活动 5　布置作业　分层落实	分层次布置作业，提高学生学习数学的兴趣

（三）教学过程设计

问题与情景	师生活动	设计意图
问题：什么叫一元一次方程？它的特征是什么？ **活动 1** 学生自主学习课本第 31 页 问题 1：幼儿园某教室矩形地面的长为 8cm，宽为 5cm，先准备在正中间铺设一块面积为 18cm 的地毯，四周未铺设的条形区域的宽度都相同，你能求出这个宽度吗？设宽度为 xm，那么你能列出方程吗？ 问题 2：观察等式： $10^2+11^2+12^2=13^2+14^2$ 你还能找到五个连续整数，使前三个数的平方和等于后两个数的平方和吗？如果将这五个连续整数中间的一个数设为 x，那么怎样用含 x 的代数式表示其余四个数？根据题意，你怎样列出方程？ 问题 3：一个长为 10m 的梯子斜靠在墙上，梯子的顶端距地面的垂直距离为 8m，如果梯子的顶端下滑 1m，那么梯子的底端滑动多少米？	学生回忆、教师引导 学生先自主阅读、探究，试着回答问题，再合作交流，通过教师引导，学生列出方程，解决问题。 问题 2 中教师应重点关注：学生对题目的理解，可举例，由特殊到一般，帮助学生理解题意，从而引导学会列出满足条件的方程。 此题是与实际问题结合的题目，通过演示高度关系，帮助学生理解题意，从而列出符合题意的方程。	一次方程的概念和一般形式，为后面学习一元二次方程的有关内容做好铺垫。 通过解决实际问题引入一元二次方程的概念，同时可提高学生利用方程思想解决实际问题的能力。 通过解决实际问题引入一元二次方程的概念。 让学生通过数形结合的方法转化实际问题，从而得到方程，为引入一元二次方程的概念做好准备。

问题与情景	师生活动	设计意图
活动2 1.一元二次方程的概念: 等号两边都是整式,只含有一个未知数,并且未知数的最高次数是2的方程,叫做一元二次方程。 眼急口快:抢答下列各式是否为一元二次方程: (1) $4x^2=81$ (2) $2(x^2-1)=3y$ (3) $5x^2-1=4x$ (4) $\frac{1}{x^3+1}-\frac{2}{x}=0$ (5) $2x^2+3x-1$ (6) $3x(x-1)=5(x+2)$ (7) 关于 x 的方程 　　$mx^2-3x+2=0$ (8) 关于 y 的方程 　　$(a^2+1)y^2+(2a-1)y+5-a=0$ 2.一元二次方程的一般式 　　$ax^2+bx+c=0$ $(a\neq0)$	由以上问题得到3个方程,由学生观察归纳这3个方程的特征,给出名称并类比一元一次方程的定义,得出一元二次方程的定义。 活动中教师应重点强调定义中体现的3个特征:①整式;②一元;③二次。 由学生以抢答的形式来完成此题,并让学生找出错误理由。其中(1)—(6)题较为简单,学生可非常容易给出答案;而(7)(8)两题有一定难度,(7)需要进行分类讨论。 引导学生类比一元一次方程的一般形式,总结归纳一元二次方程的一般形式及项、系数的概念。	让学生充分感受所列方程的特点,再通过类比的方法得到定义,从而达到真正理解定义的目的。 这组练习目的在于巩固学生对一元二次方程定义中3个特征的理解。 (7)(8)两个题目的设置目的在于进一步加深学生对定义的掌握,尤其结合字母系数,加大题目难度,提高学生对变式的理解能力。 此环节采取抢答的形式,提高学生学习数学的兴趣和积极性。 此环节让学生通过自主探究,类比一元一次方程的一般形式,得出一元二次方程一般形式和项、系数的概念,从而达到真正理解并掌握的目的。
活动3 小试牛刀: 例1:将下列方程化成一般形式,并说出各项的系数 (1)$3x(x-1)=5(x+2)$ (2)$2x(x+1)^2=(x-1)^2+1$ 例2:当 m 取何值时,方程 $(m-1)x^{3m+1}+2mx+3=0$ 是关于 x 的一元二次方程?	学生自主探究 以此题为例,教师板书整理一元二次方程的过程,让学生学会如何整理任意一元二次方程的一般形式,并能准确找到各项系数。	这个练习的目的在于巩固学生对一元二次方程定义中3个特征的理解。 整理一元二次方程的一般形式为本节课的重点,所以在此设置此题,加强巩固练习。

问题与情景	师生活动	设计意图
考考你: 判断下列关于 x 的方程是否是一元二次方程: (1) $ax^2-x-\sqrt{2}\,x+\sqrt{3}\,x^2+b=c$ (2) $(2m^2+m-3)x^{m+1}+5x=13$ **活动4** 1. 问题:本节课你又学会了哪些新知识?	此题是字母系数问题,由学生思考解题过程,让学生讲解此题,教师进行总结点评并板书解题过程。 此活动过程中,教师应重点关注:此题目在上一题的基础上继续加大难度,第(1)题须强调先进行整理,再考虑二次项系数是否为零;第(2)题须先求出 m 值,再代入二次项系数中,验证是否为0,得到结果。	此题为一元二次方程概念中常见题型,通过此题让学生加深对定义和一般形式的理解,为其他字母系数问题做好准备。 此题仍涉及字母系数问题,难度加大,以达到让学生掌握本节课重难点的目的。 通过此题让学生掌握解此类字母系数题目的方法,以及整理一般形式对于解一元二次方程题目的重要性。
2. 思维拓展: 若方程 $x^{2m+n}+x^{m-n}+3=0$ 是关于 x 的一元二次方程,求 m、n 的值。	学生反思本节课中学到的知识,总结活动中的经验。 小结时,教师应重点关注: (1)学生是否能抓住本节课的重点;(2)学生是否掌握一些基本方法。 此题让学生进行思考、讨论,让学生讲解,教师做适当归纳,可留疑,让学生课下思考。	小结反思中尊重学生的个体差异,激发学生主动参与意识,为每个学生创造数学活动中获得活动经验的机会。 此题需进行分类讨论,开拓学生思维,体现数学的严谨性。
活动5 课后作业: (A)课本第32页习题2.1第1、2、3题。 (B)请根据所给方程: $(16-2x)(10-2x)=112$, 联系实际,编写一道应用题(要求题目完整,题意清楚,不要求解方程)	(A)组题目为巩固型作业,即必做题。 (B)组题目为思维拓展型作业,即为学有余力的学生设置。	分层次布置作业,尊重学生的个体差异,激发学生学习的积极性。

（四）板书设计

2.1 认识一元二次方程	
定义：	例 1
一般式：	例 2

（五）教学反思

本节课主要是让学生经历将实际问题转化为方程，然后认识一元二次方程的特征及一般式。体会转化、类比、方程的数学思想，培养学生分析问题、解决问题的能力。教师主要以引导学生自主探究、合作交流、归纳提升为主线展开教学，培养学生独立思考、自主发展的能力。

五、单元教学设计评价、反思

学生的学习内容与学习活动应该是一个整体，教材的人为分割使得学生学到的知识碎片化，难以建构完整的思维体系，也不利于发展学生的能力和培养合作精神。学习的内容应该是完整的，不应该将教材割裂成一课一课的形式，而应把学习内容分割成较大的主题/单元，这样才比较符合学生心理，容易被学生掌握，有利于发展学生能力。

单元教学设计是介于学期教学和课时教学之间相对独立的完整的教学单位。教学设计的成功与否直接关系到教学效果的好坏，直接影响到学生对知识的掌握与否，也对后续教学有很大的帮助。以教学单元为单位组织教学有利于弄清单元目标与课时目标之间的层次关系，有利于系统地有计划地反馈调节教学过程，使单元整体上较好地落实因材施教，防止缺陷积累。

教学单元具有相对完整的知识体系，因而可以从单元整体考虑对学生进行"双基"和能力的综合训练。实行单元教学设计体现了整体系统的思想，对课时教学设计具有指导作用，同时还有利于从单元整体上积累教学中的经验与教训。

做好单元教学设计，教师能准确掌握教学进度，学生在学习的过程中能够循序渐进，学生对一个单元的知识有一个系统的理解，能够知道本单元在初中数学中的地位以及与前后章节的联系，形成较好的认知结构。单元教学设计可以使教师从一个整体的角度去把握教学，结合自己的经验，根据整个单元的内容及学生的学习情况，对整个教学的内容、过程进行科学合理的安排。

自准备参加甘肃省初中数学单元教学设计文本与课堂展示大赛以来，通过专家讲座、组建团队、组内研讨、研制单元教学文本、参加课堂展示大赛以及单元教学设计培训等一系列活动，历时近半年，收获了很多。在以往的教学中很少有过像单元教学设计这样的备课活动，通过这次活动，我觉得作为一线老师特别需要加强单元教学设计的能力。单元教学设计有助于提升教师整体把握课程与教学的能力，有助于教师准确理解数学知识体系，有助于培养教师的反思意识和团队协作能力。在以后的教学中，我们要在单元教学设计专家的指导和引领下，认真研读课标和教材，深入了解学情，加强合作，长期开展单元教学设计教研活动，从整体把握教什么、怎么教、教到什么程度的问题，提高课堂教学效率，促进教育教学质量的提升，促进师生共同发展。

《因式分解》单元作业设计

一、课程要求

能用提公因式法、公式法（直接利用公式不超过二次）进行因式分解（指数是正整数）。

二、单元教材分析

本单元主题内容是北师大版数学八年级下册第四章《因式分解》，根据数学课程标准的要求，本单元介绍了最基本的常用分解因式的方法：提公因式法和应用公式法（平方差公式、完全平方公式）。每一节课的引入，立足渗透类比的思想方法。通过类比因数分解的方法导入因式分解的方法等。让学生经历观察、发现类比、归纳、总结、反思的过程，感受整式乘法与因式分解之间的互逆变形关系，发展学生有条理地思考及语言表达能力，从而得出因式分解的真正意义，从而达到会用两种方法分解因式，即提公因式法、平方差公式和完全平方公式。

本单元教材安排对"4.2 提公因式法"两课时，"4.3 公式法"两课时。在实际教学中将"4.2 提公因式法"两课时内容整合为一课时，第一课时公因式是单项式，第二课时公因式是多项式，尝试让学生从公因式是单项式自然过渡到公因式是多项式，一课时完成，更容易对比接受新知识点。"4.3 公式法"（两课时）第一课时平方差公式法分解，第二课时完全平方公式法分解，两课时的教学方法都是构造平方差（a^2-b^2）和完全平方式（$a^2 \pm 2ab+b^2$）的结构，因为只要一个结构清楚，第二个公式学生类比可以完成，所以公式法用一课时完成，第二课时直接选用适当方法进行因式分解的应用。

三、单元教学目标

1.认识整式乘法与因式分解的关系，体会数学知识之间的相互联系。

2.经历将一个多项式表示成几个整式乘积的形式的过程，体会因式分解的意义，发展运算能力。

3.能用提公因式法、平方差公式和完全平方公式（直接用公式不通过两次）进行因式分解（指数是正整数）。

4.进一步发展观察、归纳、类比、概括等能力，发展有条理的思考及语言表达能力。

5.养成认真勤奋、严谨求实的科学态度。

四、单元学情分析

本单元内容是在学生学习了整式运算的基础上提出来的，事实上，因式分解是整式乘法的逆向运用，与整式乘法运算有密切的联系。因式分解的方法看起来比较容易，但考查的是学生的逆向思维能力，所以学生学起来有些困难。学好本单元知识点内容可为以后学习一元二次方程和二次函数打下坚实基础。

五、单元教学重难点

重点：会用提公因式法因式分解；会用公式法因式分解。

难点：灵活选择因式分解的方法进行因式分解。

六、单元课时安排（共6课时）

课　题	课　时
4.1　因式分解	1课时
4.2　提公因式法	1课时
4.3　公式法	2课时
回顾与思考	1课时
检测与反馈	1课时

七、单元作业目标

（一）基础知识目标

1.复习七年级下册第一章《整式的乘除》与本单元相关的整式乘法的内容，理解因式分解的意义。

3.会用提公因式法因式分解。

4.会用公式法因式分解。

（二）拓展应用目标

灵活选择因式分解的方法进行因式分解。

（三）综合能力目标

1.通过教师提前布置的前置作业预习新课内容和整理课堂笔记，培养学生的自学能力。

2.自主梳理单元学习内容，形成分解因式单元思维导图，提升概括总结能力。

3.在教师指导下完成本单元的检测反馈活动，查漏补缺，提升对所学知识的综合应用能力。

4.反思自己的学习过程，并做出准确的自我评价，提升自我反思能力。

八、单元作业设计内容

作业类型	作业内容	布置方式	完成方式	难度要求	完成时间	评价方式	对应目标
预习作业	复习七年级下册第一章与本单元相关的整式乘法内容	教师编制预习提纲	课外自主阅读，课堂教师提问	A	5—10分钟	课堂提问	（一）1.（三）1.
基础作业	理解分解因式的意义；利用提公因式法、公式法进行因式分解	教师布置书面作业，每课时布置习题2—4道	书面完成，全员达标	A、B	每课时约20—30分钟	全批全改，集中纠错，对错误进行针对练习	（一）1. 2. 3.

作业类型	作业内容	布置方式	完成方式	难度要求	完成时间	评价方式	对应目标
拓展作业	根据题目特点，灵活选用适当方法进行因式分解或综合应用多种方法进行因式分解	教师布置书面作业，每课时1—2道	书面完成,70%至80%的学生独立解决	B、C	5—10分钟	全批全改，存在个别问题单独辅导	(二)
复习作业	整理笔记	每课时后及时整理笔记	书面完成	A	每课5—10分钟	每单元学完每组抽查一份	(三) 1.
检测反馈作业	检测试题通过集体备课确定，难易度比值1∶2∶7,分值为100分	检测考试	学生考试，独立完成	A、B、C	90分钟(周末)	全批全改并评讲，个别未达标学生单独辅导	(三) 3.
自我评价作业	简单记录学习心得	本单元学完布置	书面完成	A	周末	每组抽查1人进行督导	(三) 4.

说明：对应目标为单元目标中的目标序号；难度等级 A 为较易，B 为中等，C 为较难

九、课时作业设计（本单元共6课时）

第一课时

4.1 因式分解

[教学目标]

1.经历从因数分解到因式分解的过程；了解因式分解的意义，理解因式分解与整式的乘法是整式的两种相反方向的变形；

2.体会因式分解在解决相关问题中的作用。

[作业目标]

1.理解因式分解与整式的乘法是整式的两种相反方向的变形；

2.体会因式分解或因数分解解决相关问题的简便性；

3.培养分析问题、解决问题的能力。

[作业内容]

(一) 预习作业

自主查阅七年级下册"第一章　整式的乘除"中与本单元相关的内容"1.4整式乘法"。

[设计意图] 温故而知新，复习单项式乘以单项式及多项式乘以多项式整式的法则，复习整式的乘法公式（平方差公式与完全平方公式），为引出因式分解做好准备。另外，预习能够培养学生的自学能力，提高课堂效率。

[题目来源] 原创。

(二) 基础性作业

1.连一连

x^2-y^2　　　　　　　　　　　　$(x+3)^2$

$9-25x^2$　　　　　　　　　　　　$y(x-y)$

x^2+6x+9　　　　　　　　　　　$(3-5x)(3+5x)$

$xy-y^2$　　　　　　　　　　　　$(x+y)(x-y)$

[设计意图] 这种形式非常新颖、直观，通过连一连让学生体会从左到右是因式分解，从右到左是整式乘法，两种变形互为逆过程。这种互逆关系，一方面说明二者的密切联系，另一方面又说明二者的本质区别，有利于学生理解因式分解的意义。

2.下列哪些变形是因式分解，为什么？

(1) $(a+3)(a-3)=a^2-9$　　　　(2) $m^2-4=(m+2)(m-2)$

(3) $a^2-b^2+1=(a+b)(a-b)+1$　(4) $2\pi R+2\pi r=2\pi(R+r)$

[设计意图] 抓住因式分解的本质即左边是一个多项式，右边是整式的积的形式，通过辨析，进一步理解因式分解的意义，提升分析问题、解决问题的能力。

[题目来源] 选编。

3.求代数式 $IR_1+IR_2+IR_3$ 的值，其中 $R_1=19.2,R_2=32.4,R_3=35.4,I=2.5$。

(三) 拓展性作业

4.1999^2+1999 能被 1999 整除吗？能被 2000 整除吗？

[设计意图] 第 3 题和第 4 题的设计意图都是让学生体会因式分解在解决相

关问题中的作用，提高学生分析问题、解决问题的能力。

5.将下列四个图形拼成一个大长方形，再据此写出一个多项式的因式分解。

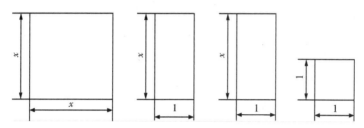

[设计意图] 让学生经历从分解因数到分解因式的类比过程，探究概念本质属性，进一步理解因式分解的几何意义，体会数形结合的数学思想方法，感悟多角度分析问题、解决问题的思路，培养数学发散思维和创新思维能力。

第二课时
4.2 提公因式法

[教学目标]

1.经历探索多项式各项公因式的过程，并在具体问题中，能确定多项式各项的公因式；

2.会用提公因式法进行因式分解；

3.通过与质因数分解的类比，让学生感悟数学中数与式的共同点，体验数学的类比思想；通过对公因式是多项式时的因式分解的教学，培养"换元"的意识。

[作业目标]

1.会用提公因式法分解因式；

2.体会类比、转化及整体代换思想；

3.培养分析问题、解决问题的能力。

[作业内容]

（一）基础性作业

1.将以下多项式写成几个因式的乘积的形式

（1）$ab+ac$；　（2）x^2+4x；　（3）mb^2+nb-b；　（4）$6x-9x^2y$

[设计意图] 让学生尝试使用提公因式法的定义进行几个简单的多项式的分解，为过渡到较为复杂的多项式的分解打好基础。

2.将下列多项式进行分解因式并思考下面的问题

（1）$2x^2-4x$；　　　　　　　　（2）$6x^3y-24x^2$；

（3）$5a^3b^2-10ab^3c+ab$；　　　（4）$-2x^3+4x^2-6x$

[设计意图]　根据用提公因式法进行因式分解时出现的问题，让学生在老师的启发与指导下，自己归纳总结，并且知道怎样预防提取公因式时出现类似问题，为提取公因式积累经验。

3.将下列多项式进行分解因式

（1）$x(a+b)+y(a+b)$；　（2）$3a(x-y)-(x-y)$；　（3）$6(p+q)^2-12(q+p)$

[设计意图]　（全班学生都要求做）引导学生通过类比将提取单项式公因式的方法与步骤推广应用于提取多项式公因式。

（二）拓展性作业

4.将下列多项式进行分解因式

（1）$7(a-1)+x(a-1)$；　　　（2）$3(a-b)^3-6(b-a)^2$

[设计意图]　（对学困生不做要求）有了前面所得规律，中上等学生易观察到多项式中括号内不同符号的多项式部分，并把它们转换成符号相同的多项式，再把相同的多项式作为公因式提取出来。进一步引导学生采用类比的方法由提取的公因式是单项式类比出提取的公因式是多项式的方法与步骤。

第三课时

4.3 公式法（1）

[教学目标]

1.经历通过整式乘法的平方差公式、完全平方公式逆向得出用公式法因式分解的方法，发展学生的逆向思维和推理能力；

2.运用公式法（直接用公式不超过两次）因式分解。

[作业目标]

会用公式法分解因式。

[作业内容]　基础性作业

1.判断下列多项式能否化成（　　　　　）$^2-$（　　　　　）^{2}形式,能化成的请化成（　　　　　）$^2-$（　　　　　）^{2}形式。

(1)$4n^2-81$；(2)$1-16b^2$；(3)$25m^2+9$；(4)$-x^2-y^2$

答案：(1)能$(2n)^2-(9)^2$；(2)能；$(1)^2-(4b)^2$；(3)不能；(4)不能

[设计意图] (全班学生都要求做)让学生通过自己的归纳找到因式分解中平方差公式的特征，这是平方差公式分解的关键点所在。

2.将下列多项式进行分解因式

(1)$1-16x^2$；(2)$4a^2-\dfrac{1}{4}b^2$

答案：(1)$(1+4x)(1-4x)$；(2)$(2a+b)\left(2a-\dfrac{1}{2}b\right)$

[设计意图] (全班学生都要求做)让学生通过自己的归纳找到因式分解中平方差公式的特征，通过实例练习，加强理解。

[题目来源] 原创。

3.请补上一项,使下列多项式成为完全平方式.

(1)$x^2+($ $)+y^2$；(2)$4a^2+($ $)+9b^2$；

(3)$x^2-($ $)+4y^2$；(4)$a^2+($ $)+\dfrac{1}{4}b^2$；(5)$x^4+2x^2y+($ $)$

答案：(1)$2xy$；(2)$12ab$；(3)$4xy$；(4)ab；(5)y^2

[设计意图] 加深学生对完全平方式特征的理解，为后面的分解因式做能力铺垫。

4.把下列各式因式分解：

(1)$x^2+14x+49$；(2)$4a^2-12ab+9b^2$；(3)$(m+n)^2-6(m+n)+9$

答案：(1)$(x+7)^2$；(2)$(2a-3b)^2$；(3)$(m+n-3)^2$

[设计意图] 培养学生对完全平方公式法的应用能力，让学生初步理解在完全平方公式中的 a 与 b 不仅可以表示单项式，也可以表示多项式。

第四课时
4.3 公式法 (2)

[教学目标]

熟练运用公式法分解因式；会灵活选取适当方法因式分解。

[作业目标]

会灵活选取适当方法因式分解，提高运算能力。

[作业内容]

（一）基础性作业

1.将下列各式因式分解：

（1）$-9+4x^2$；　（2）$x^2y^2-\dfrac{1}{4}z^2$；　（3）$0.25q^2-121p^2$；　（4）p^4-1；　（5）$m^2-12mn+36n^2$；

（6）$-16a^4-24a^2b^2-9b^4$

[设计意图]（全班学生都要求做）通过学生的反馈练习，使教师能全面了解学生对平方差公式法、完全平方公式法的特征是否清楚，分解因式的运用是否得当，因式分解的步骤是否真正了解，以便教师能及时地进行查缺补漏。

（二）拓展性作业

2.把下列各式因式分解：

（1）$9(m+n)^2-(m-n)^2$；　（2）$4x^3-9xy^2$；　（3）$3ax^2+6axy+3ay^2$

[设计意图]进一步让学生理解公式中的 a、b 不仅可以表示具体的数，而且也可以表示其他代数式（注意使用整体方法进行做题）。只要被分解的多项式能转化成公式的形式，就能用公式法因式分解。同时让学生明白分解因式的结果必须彻底。体会分解因式的一般步骤：一提二套三化。多项式的因式分解要分解到不能再分解为止。

3.两个连续奇数的平方差能被 8 整除吗？为什么？

[设计意图]本题旨在引导学生用方程式思想，将问题转化为因式分解的问题，从而解决问题.培养学生综合应用数学知识，利用数学的思维、数学的方法解决问题的核心素养。

第五课时

因式分解回顾与反思

[教学目标]

1.通过思维导图使学生对因式分解有整体认识；

2.能熟练地综合运用几种因式分解方法，提高学生因式分解的基本能力；

3.发展学生对因式分解的应用能力，培养寻求解决问题的策略意识，提高学生分析问题、解决问题的能力和推理能力。

[作业目标]

1.培养学生归纳总结的能力，促进学生从整体理解知识的本质及应用价值；

2.熟练进行因式分解，提升运算能力；

3.利用因式分解的知识解决问题，培养应用能力。

[作业内容]

（一）思维导图作业

请你根据自己的理解，查阅教材或网络资料，绘制本单元思维导图。

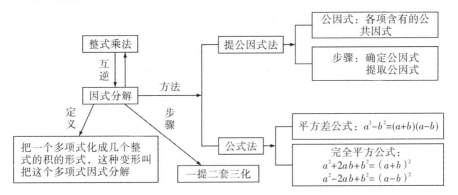

[设计意图] 学生通过思维导图，将本章的主要知识点串联起来，有了整体、系统的认识，培养学生归纳总结再认识的能力。课前完成有利于培养学生的自学能力与自主建构能力。

（二）基础性作业

1.把下列各式分解因式

（1）$-27m^2n+9mn^2-18mn$；　　（2）$4b(1-b)3+2(b-1)^2$；

（3）$(m+n)^2-(m-n)^2$；　　（4）$(x+y)^2-10(x+y)+25$

[设计意图] 分类讲解分解因式的两种基本方法，加强学生对因式分解的基本技能训练；增强学生在分解因式过程中运用整体思想进行运算。

2.把下列各式分解因式：

（1）$(a^2+4)^2-16a^2$；　（2）$x^2y-2xy^2+y^3$；　（3）$2x^2y^2-x^4-y^4$

[设计意图] 通过辨析、总结，熟练运用两种方法进行因式分解。两次使用

公式法分解因式，当多项式形式上是二项式时，应考虑用平方差公式，当多项式形式上是三项式时，应考虑用完全平方公式。当有公因式时先提公因式，再运用公式。不管用什么方法分解，最后必须分解到不能再分解为止，即分解彻底。培养学生综合应用所学知识解决问题的能力。

（二）拓展性作业

3.将多项式 $x^2-9y^2+4z^2+4xz$ 分解因式。

[设计意图] 这道题应用分组分解法进行因式分解，教材没有介绍这种方法。但分组分解法不是一种独立的方法，只是通过适当的分组，如题目中的第二项放到最后作为一项，其余三项组成完全平方式，从而将题目转化为平方差公式的形式，利用平方差公式进行分解，充分体现的是化归思想。要求学生自主探究，认真观察、分析，才能找到解决问题的方法。体会化归的美妙，激发学生的创新思维能力和发散思维能力。

4.已知 $x^2+3x-2=0$，求 $2x^3+6x^2-4x$ 的值。

[设计意图] 这道题主要考查因式分解后的整体代入求值。让学生体会转化思想，体验从条件或从结论入手，将条件与结论有机结合，互相转化，整体代入，巧妙解决问题的过程。

5.正方形 Ⅰ 的周长比正方形 Ⅱ 的周长长 96cm，它们的面积相差 960cm².求这两个正方形的边长。

[设计意图] 数学学习要给学生提供真实的情境，激发学生的求知欲，为学生搭建自主学习的桥梁。此题主要考查学生对因式分解的实际应用能力，需要将实际问题转化为数学算式，再利用因式分解的特性求解；注重学生将实际问题转化为数学问题的能力，同时需正确理解完全平方式的意义，将数学中的方程思想、化归思想与整体代换思想综合应用，打开思路，拓展应用，培养综合应用数学知识与方法解决实际问题的素养。

第六课时
因式分解单元检测

[教学目标]

1.通过单元检测，了解学生对本单元学习的目标达成情况；

2.及时反馈，查漏补缺，改进教学。

[作业目标]

1.让学生及时了解自己对因式分解单元知识的掌握情况；

2.帮助学生查漏补缺，及时改进学习方法，培养良好的学习态度。

[作业内容]

(一) 检测反馈作业 (利用周末自主限时完成或教师利用自习时间完成)

因式分解　单元检测卷

(满分：100 分；时间：90 分钟)

选择题 (每小题 3 分，共 24 分)

1.下列各多项式中，不能用平方差公式分解的是 (　　　　)

　　A.a^2b^2-1　　　　B.$4-0.25a^2$　　　　C.$-s^2-t^2$　　　　D.$-x^2+1$

2.如果多项式 $x^2-px+49$ 是一个完全平方式，那么 p 的值为 (　　　)

　　A.-14　　　　B.-7　　　　C.±14　　　　D.±7

3.下列变形是分解因式的是 (　　　)

　　A.$6x^2y^2=3xy\cdot2xy$　　　　　　B.$a^2-4ab+4b^2=(a-2b)^2$

　　C.$(x+2)(x+1)=x^2+3x+2$　　　　D.$x^2-9-6x=(x+3)(x-3)-6x$

4.下列多项式的分解因式，正确的是 (　　　)

　　A.$12xyz-9x^2y^2=3xyz(4-3xyz)$　　　　B.$3a^2y-3ay+6y=3y(a^2-a+2)$

　　C.$-x^2+xy-xz=-x(x^2+y-z)$　　　　D.$a^2b+5ab-b=b(a^2+5a)$

5.满足 $m^2+n^2+2m-6n+10=0$ 的是 (　　　)

　　A.$m=1$，$n=3$　　B.$m=1$，$n=-3$　　C.$m=-1$，$n=3$　　　　D.$m=-1$，$n=-3$

6.把多项式 $m^2(a-2)+m(2-a)$ 分解因式等于 (　　　　)

A.$(a-2)(m^2+m)$　　　　　　B.$(a-2)(m^2-m)$

C.$m(a-2)(m-1)$　　　　　　D.$m(a-2)(m+1)$

7.已知多项式 $2x^2+bx+c$ 分解因式为 $2(x-3)(x+1)$，则 b，c 的值为 (　　　　)

A.$b=3,c=-1$　　　B.$b=-6,c=2$　　　C.$b=-6,c=-4$　　　D.$b=-4,c=-6$

8.若 n 为任意整数，$(n+11)^2-n^2$ 的值总可以被 k 整除，则 k 等于 (　　　　)

A.11　　　　　　　B.22　　　　　　　C.11 或 22　　　　　　D.11 的倍数

填空题 （每小题 3 分，共 24 分）

9.多项式 $-3a^2-18ab^2+12ab^3$ 的公因式是＿＿＿＿＿＿＿＿

10.分解因式：$2x^3-18x=$＿＿＿＿＿＿＿＿

11.完全平方式 $4x^2-$＿＿＿＿＿＿＿＿$+9y^2=($＿＿＿＿＿＿＿＿$)^2$

12.利用分解因式计算:$3^{2003}+6\times3^{2002}-3^{2004}=$＿＿＿＿＿＿＿

13.若 $A=3x+5y$，$B=y-3x$,则 $A^2-2A\cdot B+B^2=$＿＿＿＿＿＿＿

14.若 $x^2+px+q=(x+2)(x-4)$，则 $p=$＿＿＿＿＿＿＿，$q=$＿＿＿＿＿

15.已知 $a+\dfrac{1}{a}=3$，则 $a^2+\dfrac{1}{a^2}$ 的值是＿＿＿＿＿＿＿

16.已知正方形的面积是 $9x^2+6xy+y^2(x>0,y>0)$,利用分解因式，写出表示该正方形的边长的代数式＿＿＿＿＿＿＿＿＿＿＿

解答题 （共 52 分）

17.分解因式 （16 分）

$(1)(x^2+2x)^2+2(x^2+2x)+1$;　　　　　　$(2)m^2(m-n)^2-4(n-m)^2$;

$(3)-x^3+x^2-\dfrac{1}{4}x$;　　　　　　$(4)(a-b)(3a+b)^2+(a+3b)^2(b-a)$

18.计算 （每小题 4 分，共 8 分）

(1) 202^2+198^2;

(2) $\dfrac{2004^3-2\times2004^2-2002}{2004^3+2004^2-2005}$

19.已知 $x^2-2(m-3)x+25$ 是完全平方式,你能确定 m 的值吗?不妨试一试。（6 分）

20.先分解因式，再求值 （6分）

已知 $a+b=2$，$ab=2$，求 $\frac{1}{2}a^2b+a^2b^2+\frac{1}{2}ab^3$ 的值。

21.不解方程组 $\begin{cases}2x+y=6,\\x-3y=1,\end{cases}$ 求 $7y(x-3y)^2-2(3y-x)^3$ 的值。（8分）

22.读下列因式分解的过程，再回答所提出的问题： （8分）

$1+x+x(x+1)+x(x+1)^2=(1+x)\left[1+x+x(x+1)\right]$

$$=(1+x)^2(1+x)$$

$$=(1+x)^3$$

（1）上述分解因式的方法是_____，共应用了_____次.

（2）若分解 $1+x+x(x+1)+x(x+1)^2+\cdots+x(x+1)^{2004}$,则需应用上述方法_____次，结果是_____。

（3）分解因式：$1+x+x(x+1)+x(x+1)^2+\cdots+x(x+1)^n$（$n$ 为正整数）。

[设计意图] 检测试题共 22 道小题，难易比值为 1:2:7，选择题为 8 道，填空题 8 道，解答题 6 道，分值为 100 分，完成时间 90 分钟。覆盖因式分解单元的四部分内容：因式分解的概念、提公因式法、公式法、综合应用。备课组教师通过集体备课，分析教材、分析学情，设计符合实际的检测内容。考后及时阅卷、统计，对学生学习给出等级评价，用一课时讲评试卷。主要讲评错误率较高的试题，并针对此类试题进行专门训练。对个别未达标的学生进行指导。通过检测，了解学情，总结经验与不足，改进教学，提高教学质量。

（二）自我评价作业

写一篇试卷分析报告。

[设计意图] 根据检测试卷答题情况，对学习因式分解的实际情况自己进行合理的评价，写出试卷分析，总结成功的经验，查找失败的不足，制定改进计划，争取后面学习取得进步。教师通过学生的试卷分析报告，了解学情，调整策略，改进教法，帮助学生树立学习信心，端正学习态度。

《平行四边形的性质》 单元教学设计

[教学内容] 北师大版八年级下册数学第六章《平行四边形》第一课时。

[教材分析] 平行四边形是继三角形后又一个基本图形，也是"空间与图形"领域中研究的主要对象之一。本节课在学生已掌握了平行线、三角形及图形旋转等知识的基础上学习的，是本章的重点内容之一，它既是已学知识的综合运用，又是各种特殊平行四边形的基础，有承上启下的作用。探索并掌握平行四边形边、角和对角线的基本性质，体会转化的数学思想，进一步学习说理和简单的推理，培养学生的探索意识是本节课的主要任务。

[学情分析] 学生在小学已经学习过平行四边形，对平行四边形有了直观的感知和初步的认识。八年级学生已具有通过观察、操作等活动探索图形性质的经验，已形成了良好的自主探索、合作学习的习惯，这为顺利完成本节课奠定了基础。但学生正处在实验几何向论证几何的过渡阶段，在数学说理和一些思想方法上还不够成熟，对于平行四边形性质的逻辑推理论证可能存在一定的困难。

[教学目标] 了解平行四边形有关概念，探索平行四边形性质定理的推理论证；应用平行四边形的性质解决数学问题；在活动中发展探究意识和合作交流的习惯。

[教学重点] 理解与掌握平行四边形的概念及性质。

[教学难点] 平行四边形的性质推理论证。

[教学方法] 自主探究、合作交流、引导点拨。

[教学过程]

第一环节　情景导入

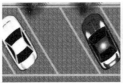

同学们一起来观察屏幕上的图片，想一想它们中有哪些熟悉的几何图形？

[设计意图] 让学生观察图片，体会到平行四边形在生活中的广泛应用，激发学生的学习兴趣。

第二环节　探究新知

探究一　平行四边形的相关概念

[自学指导]

认真阅读课本第 135 页的内容，完成下面的填空。

1.＿＿＿＿＿＿＿＿＿＿＿的四边形叫做平行四边形。

2.平行四边形＿＿＿＿＿＿＿＿＿＿＿叫做它的对角线。

3.平行四边形用"＿＿＿"表示,如图,平行四边形记作：＿＿＿＿ 读作：＿＿＿。

4.根据平行四边形的定义得到它的哪些结论？

（1）判定：＿＿＿＿＿＿＿＿＿＿＿四边形是平行四边形。

（2）性质：平行四边形的两组对边＿＿＿＿＿＿＿＿＿＿。

[设计意图] 引导学生掌握学习方法，提高自学能力，养成良好自主学习习惯的；引导学生理解定义的双重用法，规范几何语言，为定理的推导做好准备.

[练一练]

1.如图, $AD /\!/ EF /\!/ BC$, $AB /\!/ GH /\!/ DC$, EF 与 GH 相交于点 O, 则图中共有＿＿个平行四边形。

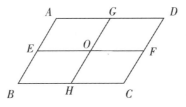

2.操作：将两张长方形纸条交叉叠放在一起，转动其中一张纸条。

思考：重合部分构成了一个怎样的图形？你是怎样判定的？

[设计意图] 加深对定义的理解，培养学生应用新知解决数学问题的能力。

探究二　　平行四边形的性质

[探索发现]

1.平行四边形是＿＿＿＿＿＿＿＿图形，对称中心是＿＿＿＿＿＿＿＿。

2.平行四边形的对边＿＿＿＿＿＿＿，平行四边形的对角＿＿＿＿＿＿＿，平行四边形的对角线＿＿＿＿＿＿＿。

[推理证明]

1.已知：四边形 $ABCD$ 是平行四边形，

　　求证：$AB=CD$，$AD=BC$。

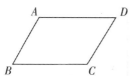

2.已知：四边形 $ABCD$ 是平行四边形，

　　求证：$\angle A=\angle C$，$\angle B=\angle D$。

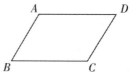

3.已知：四边形 $ABCD$ 是平行四边形，

　　求证：$OA=OC$，$OB=OD$。

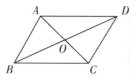

[设计意图] 在这个过程中学生很容易发现平行四边形边、角的性质及对角线的性质，动态演示，使学生能直观体验，知识整合，使教学事半功倍。

第三环节　归纳小结

平行四边形的性质

1.对称性：平行四边形是＿＿＿＿＿＿＿＿图形。

2.边：平行四边形的对边＿＿＿＿＿＿＿。

3.角：平行四边形的对角＿＿＿＿＿＿＿邻角＿＿＿＿＿＿＿。

4.对角线：平行四边形的对角线＿＿＿＿＿＿＿。

[设计意图] 引导学生梳理知识，形成完整的知识结构，进而培养学生的归纳概括能力。

第四环节 巩固提高

1.已知：如图，在□$ABCD$中，∠B=60°，则∠A=_____，

∠C=_____，∠D=_____。

2.在□$ABCD$中，AB=3，BC=5，则AD=_____，CD=_____。

3.在□$ABCD$中对角线AC、BD相交于点O，AC=6，BD=4，则OC=_____，OD=_____。

4.在□$ABCD$中，若∠A+∠C=200°，则∠A=_____，∠B=_____。

5.□$ABCD$周长为30 cm，△ABC周长为25 cm，则对角线AC=_____。

[设计意图] 使学生进一步理解平行四边形的性质，并进行简单合情推理，掌握性质的简单应用。

第五环节 布置作业

必做题：习题6.1 第1、2题，习题6.2 第2题；

选做题：习题6.1 第4题。

设计意图：作业分为两个层次，必做题面向全体学生，巩固基础知识，选做题使学有余力的学生有所提高。

板书设计：

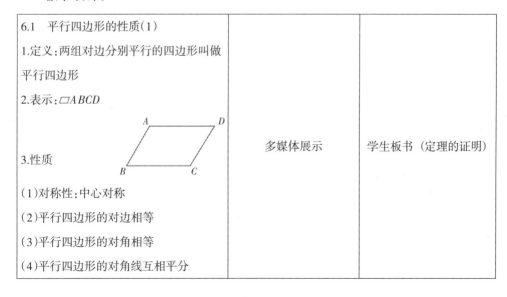

6.1 平行四边形的性质(1)		
1.定义:两组对边分别平行的四边形叫做平行四边形		
2.表示:□$ABCD$		
3.性质	多媒体展示	学生板书（定理的证明）
(1)对称性:中心对称		
(2)平行四边形的对边相等		
(3)平行四边形的对角相等		
(4)平行四边形的对角线互相平分		

提升课堂教学效果　减轻学生课业负担

——以北师大版《平行四边形的性质》教学为例

近年来，按照党中央、国务院决策部署，各地深入开展减轻义务教育阶段学生作业负担和校外培训负担（以下简称"双减"）工作。"双减"政策是适应新时代教育高质量发展的必然要求，如何有效落实"双减"，这就要求我们一线教师进行课堂教学改革，逐步完善教学内容、改进教学方式、巧用教学手段等，培养学生良好的思维品质与学习习惯，努力打造高效课堂，使学生在愉快的学习过程中高效地完成学习目标，从而减轻学生课业负担，促进学生全面健康自主发展。下面以北师大版八年级下册数学《平行四边形的性质》教学为例，谈谈我的做法。

一、采用单元教学，建构知识体系

单元整体教学将整个单元内容融为一个整体，以更加系统的方式让学生去发现、掌握每一个知识点，逐渐建构知识框架，使学生更好地把握知识点间的联系，在关联中进一步理解知识、学会学习，进而发展学生的学习能力和思维能力。

在《平行四边形的性质》一课教学中，教材原来安排平行四边形的三条性质定理两课时完成，第一课时学习性质定理1"平行四边形的对边相等"，定理2"平行四边形的对角相等"；第二课时学习性质定理3"平行四边形的对角线互相平分"。根据学习内容及学情，我对教材进行了整合，课时数仍是两课时，但对学习内容重新调整，第一课时将平行四边形的三条性质定理的探索与证明全部完成，第二课时进行定理的应用练习。这样的设计使学生对性质定理有一个整体认识，有利于学生理解与应用定理。

二、自主探究、合作交流，促进学生全面发展

自主探究是学生根据自己的体验、自己的思维方式去探究、去发现。教师无法取代任何一个学生的思考和学习过程，教师应转变观念，转换角色，组织引导学生投入到自主探索的学习活动中，这样学生才能增强学好数学的信心，提升勇于探索、勇于创新的能力。合作交流是让学生在自主探究的基础上，在小组或班集体中，充分展示自己的探究过程和探究结果。在这个过程中，学生的思维更加主动、开放、活跃，能更好地发挥集体的作用。

本节课在学习平行四边形的概念教学环节中，我在导学案上设计了自学指导：

认真阅读课本第 135 页的内容，完成下面的填空。

1. 两组对边分别平行 的四边形叫做平行四边形。

2. 平行四边形 不相邻的两个顶点所连线段 叫做它的对角线。

3. 平行四边形用 " ▱ " 表示，如图，平行四边形记作： ▱ABCD 读作： 平行四边形 ABCD 。

4. 根据平行四边形的定义得到它的哪些结论？

(1)判定： 两组对边分别平行的 四边形是平行四边形。

(2)性质：平行四边形的两组对边 分别平行 。

通过自主阅读课本内容，引导学生掌握学习方法，提高自学能力，养成良好的自主阅读习惯。

在平行四边形性质的推理论证过程中，先让学生自主探究，独立思考问题的解决方法，并尝试在导学案上完成，然后小组合作交流。同学们踊跃发表自己的见解，最后将学生在自主探究、小组合作交流中的学习成果分享给全班同学。从一题多解体会证明的思路、分析问题及解决问题的方法，体会将四边形问题转化为三角形问题的基本思想，完成定理的逻辑推理论证，由七年级的直观感受上升到八年级的逻辑推理，培养理性思维能力。

三、巧用信息技术，提高教学效果

信息技术辅助教学指利用各种媒体，依据教学内容、教材特点、实际学情，

把文字、声音、图像、动画、视频集成一体，为教师教学的顺利进行提供更丰富、形象、直观的信息展示。利用信息技术可以激发学生的学习兴趣，增加课堂的容量，也使我们能更自然地使用信息，创造和谐的学习情境，提升教学效果。

本节课我使用希沃白板制作成课件，在教学过程中设计了以下环节：

在情境导入环节，利用课件展示生活中的实际情景图片，通过让学生观察图片，体会平行四边形在生活中的广泛应用，激发学生的学习兴趣。

在平行四边形性质的探索过程中，利用平行四边形是中心对称图形的特征，通过多媒体动态演示平行四边形绕对角线交点旋转 180 度后与原来图形重合的过程，引导学生发现平行四边形边、角及对角线的性质。

在性质定理的推理论证环节中，利用希沃白板的书写、拍照、投屏等功能，简单、便捷、及时地将学生的探究过程展示给全班同学，让同学们能更好地交流，实现信息技术与课堂教学过程有效融合。

在练一练环节，设计了以下活动。

操作：如图，将两张长方形纸条交叉叠放在一起，转动其中一张纸条。

思考：重合部分构成了一个怎样的图形？你是怎样判定的？

利用信息技术，动态演示纸条的转动过程，形象地展示纸条的重叠部分，有利于学生直观地发现重叠部分为平行四边形，加深对定义的理解及应用，培养学生应用新知解决实际问题的能力。

四、分层作业，适应学生个性发展

分层作业是优化的弹性作业结构，针对学生的学习水平层次将练习题目进行分类，使不同学习层次的学生学习得到不同程度的提高。

布置作业前应全面了解学情，只有这样，才能根据学生的实际情况精心设计合理的作业。作业布置时要做到少而精，指向性明确，针对性强。

在本节课的作业设计中，根据学生的情况将课后作业分为两个层次，必做题与选做题，必做题面向全体学生，巩固基础知识，选做题使学有余力的学生有所提高。

五、利用导学案，引导学生学会学习

导学案是教师为指导学生进行主动学习而编制的有学习目标、学习内容、学习流程及学习内容的活动方案，是指引学生自主、高效学习的路线图，有利于引导学生自主学习、主动参与、合作探究、优化发展，具有"导读、导思、导做"的功能。

导学案以学生为本，以学习目标的达成为出发点和落脚点，配合教师科学的评价，帮助学生学会学习、学会创新、学会合作，自主发展。导学案实施的高级目标是培养学生的学习能力，为学生的终身学习奠定基础。

本节课是小单元整合，教学内容涉及平行四边形性质两课时内容，与原来课本教学安排相比，内容没变，只是对教学顺序有所调整，所以必须设计与内容配套的导学案，将每课时的学习目标、学习重难点、学习内容以及教学中涉及的各个环节重新整合，以达到教与学的统一。

在"双减"背景下，我们要想更多的办法努力提升教育教学质量。在课堂上，应遵循以学生为主体、教师为主导的教学原则，在学习知识的同时培养学生自主探究能力、合作交流能力、创新应用能力等综合素质，使不同层次的学生都能叩开自主学习之门，减轻学习负担，提高学业水平。

在数学活动中引导学生自主探究案例分析

——以《探索三角形全等的条件》为例

《义务教育数学课程标准》（2011 年版）指出："学生是数学学习的主人，教师是数学学习的组织者、引导者与合作者。"根据这一理念，我们尝试把数学课堂教学改革的重点放在培养学生的自主探究能力上。要发挥学生的主体性，只有尊重学生在学习过程中的积极性、自主性、独立性，引导学生积极参与到教学过程当中来，学生才能在这个过程中自主获取知识，提高能力和发展思维。怎样才能有效地引导学生进行自主学习呢？《探索三角形全等的条件》一课，以问题为导向，在数学活动中引导学生自主探究，取得了良好的效果。

一、案例呈现

课题名称：《探索三角形全等的条件》

（一）教学目标：学生在教师引导下，积极主动地经历探索三角形全等的条件的过程，体会利用操作、归纳获得数学结论的过程；掌握三角形全等的"边边边""边角边""角边角""角角边"的判定方法并能初步运用其解决实际问题；培养学生的空间观念，推理能力，表达能力，积累数学活动经验。

（二）教学重点与难点：重点是掌握三角形全等的四种判定方法；难点是三角形全等条件的探索过程。

（三）教学方式：为了使学生更好地掌握这一部分内容，遵循启发式、探究式教学原则，用设问形式创设问题情景，设计一系列实践活动，引导学生积极参与操作、观察、探索、交流、发现、归纳的过程，真正把学生放到主体位置。

（四）教学过程：共五个环节

第一环节：创设情景，引入新课。

问题1：如图，小明不慎将一块三角形模具打碎为两块，他是否只带其中的一块碎片到商店就能配一块与原来一样的三角形模具？如果可以，带哪块去合适？你能说明其中理由吗？

师：能配一块与原来一样的三角形意味着什么？

生：意味着两三角形全等。

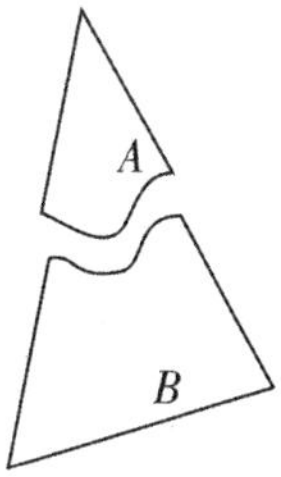

师：什么是全等三角形？用定义判定两个三角形全等，怎么做？重合意味着什么？

生：这就是说判定两个三角形全等时，需要六个条件（即三边、三角分别对应相等）

师：可操作性的价值不大，有没有简单一些的判定方法呢？

问题2：聪明的他说我只要带 B 块去就能达到目的，你们想弄清其中的道理吗？

师：从 B 图中看到只有三个条件（即两角一边），暗示学生这个其他途径可以从降低条件入手。

第二环节：建立模型，探索发现。（猜想—实践验证—结论）

1.猜想

问题3：我们已体会到利用定义判定两个三角形全等比较麻烦，于是我们就想减少条件也能达到判定全等的目的，那么减少条件有几种情况呢？

生：满足的条件可以是一个、两个、三个、四个或五个。

2.实践验证

问题4：只满足一个条件，有哪些情况呢？

活动一：请同学们按下列条件画三角形，然后小组内成员互相比一比、看看是否全等。

（1）三角形的一个内角为 60°；（2）三角形的一边长为 5cm。

教师展示课件并问这一实践活动说明什么？（只满足一个条件不能判定两个三角形全等）

问题5：大家考虑满足两个条件画三角形时，有哪几种可能的情况？

活动二：按照下面的条件做一做，然后按刚才方法，观察实验结果。

（1）三角形的两个内角分别为 45°和 60°；

（2）三角形的两条边分别为 4cm，6cm；

（3）三角形的一个内角为 30°，一条边为 5cm.

待学生动手操作后，请学生报告本小组实践结果。（满足两个条件也不一定能判定这两个三角形全等）

问题 6：如果给出三个条件画三角形，你能说出哪几种可能的情况？

活动三：请同学按下列所给条件画一画，比一比。

（1）三角形的三个内角分别为 30°，60°和 90°；

（2）三角形的两个内角分别是 60°和 45°，它们所夹的边为 5cm；

（3）三角形的两个内角分别是 60°和 30°，且 30°角所对的边为 4cm；

师：引导学生将问题（3）转化为问题（2）的情况。

（4）三角形的两边长为 3cm、5cm，且夹角为 30°；

（5）三角形的两边长为 5cm、3cm，且 3cm 的边所对的角为 30°；

师：帮助学生完成作图。

（6）三角形的三边长为 4cm、5cm、7cm。

请同学们发表自己小组的成果。

（2）（3）（4）（6）全等；（1）（5）不一定全等。

展示学生的研究成果，并辅以多媒体教学。

3.得出结论：

问题 7：上述事实告诉了我们什么？（满足适当的三个条件就可以判定两个三角形全等）请同学们归纳总结，得出结论，板书四个判定方法。

两角和它们的夹边对应相等的两个三角形全等，简写"角边角"或"ASA"；两角和其中一角所对的边对应相等的两个三角形全等，简写"角角边"或"AAS"；两边和它们的夹角对应相等的两个三角形全等，简写"边角边"或"SAS"；三边对应相等的两个三角形全等，简写"边边边"或"SSS"。

师：今后我们可以用今天所学的方法，去判定两个三角形全等，而不再用定义去操作了。

第三环节：学以致用，解决问题。

问题8：请同学们考虑引例中的问题如何解决？

生：根据"角边角"公理，小明选择了 B 块。

实际效果：巩固定理。让学生真切地感受到数学来源于生活，同样服务于生活。

第四环节：课堂小结，整体掌握。

问题9：本节课你有什么收获？

生：学会了在老师指导下探索三角形全等的条件，积累了数学活动的经验。今后可以用今天的四个方法判定两个三角形全等，即"ASA""AAS""SAS""SSS"。真切地感受到了数学来源于生活，服务于生活。

第五环节：布置作业。

活动四：从知识的获得、能力的提升及思想方法、活动经验等不同的角度，选择一个或多个方面，撰写300字左右的学习心得。

二、案例分析及反思

本节课在一种轻松、愉快的环境中完成，而且取得了很好的教学效果。首先从三角形模具的复原开始，充分调动了学生学习的积极性，很自然地引入了新课，又开始引导学生对新知识进行猜想、分类讨论、画图验证、归纳总结等自主探究活动。三角形全等的判定方法是在学生的动脑、动手、动口的实践活动中产生的，有一种水到渠成的效果。在这里学生成了学习的主体，教师是引导者，充分体现了以问题为导向，以活动为载体，引导学生自主探究的教学策略。

（一）选择合适的教学资源，为学生自主探究提供有效素材。

《探索三角形全等的条件》是北师大版初中数学七年级下册的内容，也是初中数学的一项重要内容，是以后学习等腰三角形、相似三角形等内容的基础。在现行教材中，把三角形全等的三个判定公理采用一节课学习一个公理的形式，不利于学生对三角形全等判定方法的整体把握，且耗时多，效率低。本节课，教师采用单元教学设计，先学习三个公理，以后再学习公理的应用。这样的整合给学生提供了丰富的数学活动内容，使学生对三角形全等的探究过程有了一个系统、完整的认识，学会了一种探究数学问题的思想方法。

（二）了解学情，为学生的自主探究提供有效的帮助。

有效的教学设计必须以为学情为依据，根据学情适当调整教学内容与重难点。本节课难点是三角形全等的探究过程，这主要考虑到七年级学生年龄、生理及心理特征，还不具备独立系统地推理论证几何问题的能力，思维受到一定的局限，考虑问题不够全面，因此要充分发挥教师的主导作用，适时点拨、引导，尽可能调动所有学生的积极性、主动性，使学生积累实践经验，体会数学思想方法。其中，活动三中的(3)(5)两个画图题，学生感觉比较困难，教师的及时引导与帮助，使学生顺利完成了探究过程。

（三）把问题抛给学生，培养学生自主探究的兴趣。

本节课共设计了9个问题。问题1从实际背景入手，激发了学习兴趣，同时让学生体会判定全等时，需要6个条件（即三边、三角分别对应相等）。可操作的价值不大，从而激起学生寻求其他途径的愿望。问题2暗示学生这个其他途径可以从降低条件入手，并且可以猜测判定全等只需要3个条件，增加了探究的信心。问题3培养了学生猜想及分类的能力，提供了下一步的研究对象。

（四）以数学活动为载体，培养学生自主探究的能力。

问题4、5、6，从一个条件到三个条件，分类引出了一系列活动。把学生引到了有趣的动手操作、实验验证的教学活动当中。其中，活动一包含2种情况，活动二包含3种情况，活动三包含6种情况，共11种情况，也就是学生要进行11次画图操作，这极大地培养了学生的动手操作能力，增强感性认识，从而学会解决数学问题的技能与方法。活动四让学生撰写数学学习心得，培养自我反思的能力，促进学生自我成长。问题7、9培养了学生归纳总结的能力，让学生体验到了成功的快乐，为今后的研究学习树立自信。

（五）处理好学生主体地位和教师主导作用的关系，提高学生自主探究的效益。

好的教学活动，应是学生主体地位和教师主导作用的和谐统一。一方面，学生主体地位的真正落实，依赖于教师主导作用的有效发挥；另一方面，有效发挥教师主导作用的标志，是学生能够真正成为学习的主体，得到全面的发展。本节课教师设计了9个问题，引出了11个学生活动，教师富有启发性的情境创设、问题设计，引导学生自主探索、合作交流。此外，教师组织学生操作实验、观察现象、提出猜想、推理论证等，能有效地启发学生，使学生成为学习的主体，逐步学会学习。

　　学生自主探究能力的形成不是一蹴而就的事情，教师对教学资源的整合、对学情的及时了解、教学方式的选取等方面必须有精心的准备。

第四辑

学习心得

教 育 为 人 生

——苏州高端研修心得

2016 年 11 月中旬，带着冬天的寒意，结伴金城名师，参加由兰州市教育局和人民教育出版社联合举办的第二届全国名师发展学校（第一期）——兰州市金城名师名班主任苏州高研班的研修，主题是核心素养与基础教育课程改革。

走进文化古城，领略大家风范，沐浴教育阳光，内心久久不能平静。还是我们的南战军局长的诗作《不用怀疑》来得及时，如春风化雨，打开了我的思绪，消除了我的顾虑。我想说，不用怀疑，苏州之行，我的行囊里已装满了中国教育的最新气息，装满了对中国教育的最深理解，也装满了对中国教育的最多思考和对自己教学的深刻反思。我感动、我庆幸，感恩我们兰州教育的顶层设计者，给我们创造了这样高端的学习机会与提升平台，让我们触摸到了真正的教育、最好的教育，让我们感觉到了教育的无限魅力与幸福。

教育是什么？教育为什么？如何做教育？带着神圣的使命与期待，走进文化底蕴深厚的苏州一中，犹如走进了梦里，因为在这个典雅、古朴，又不失现代教育气息的园子里矗立着一个人——现代作家、教育家、社会活动家叶圣陶。在叶圣陶讲堂举行的第六届基础教育改革与发展论坛的开幕式上，苏州市教育局局长顾月华动情地说："今天我们的相聚，源于'一个人'，那就是叶圣陶，如果说鲁迅是民族魂，叶圣陶就是教育魂，我们都是叶圣陶的孩子；我们今天相聚，源于'一座城'——苏州，这座城历史悠久，文化积淀深厚，'精致典雅，追求公平'是苏州教育的真实写照；第三个关键词是'一场梦'，像叶圣陶那样做老师，为人生而教，是每一个苏州老师的教育梦。"是啊，"一个人、一座城、一种思想、万种可能"，教育是什么？教育为什么？如何做教育？答案全在这个园子里。

走进叶圣陶先生的母校苏州一中，走在叶老行走过的园子里，对叶老的教育思想有了更深刻的理解与感悟，顿时被现代教育家叶圣陶的教育思想所震撼。叶老教育思想的精髓是：第一，旨在"做人"——这是教育的宗旨、目标。他说："受教育的意义和目的是做人，做社会的够格的成员，做国家的够格的公民。"第二，重在"习惯"——这是实现教育宗旨的关键。叶老教育理论的闪光点，不仅是在强调教育的根本目标在养成够格的社会成员和国家公民，而且是在强调"养成"的关键就是要努力培养各种各样良好的习惯。他说："养成习惯，换个说法，就是教育。"第三，贵在"自得"——这是实施教育的原则。叶老认为习惯的养成必须靠受教育

作者刘玲芳走进苏州一中叶圣陶教育思想研究院紫藤苑

者自己尝试着按照规定的要求去做。习惯的养成靠自励，一切知识和能力的获取靠自得。对于教育，他提出过一条著名的原则，即：教，是为了达到不需要教。所谓"不需要教"，是怎样的一种境界呢？就是自能读书，不待老师讲；自能作文，不待老师改。换句话说，就是具备了自我教育的本领。在他看来，一个受过教育的人必须是一个具备足够的自学能力的人，能够随时随地进行自我教育的人；否则，算不得是个受过教育的人。因此，受教育者对于现成的知识，决不可"光知守而不知变"。一定要在接受前人经验的基础上，通过自己的独立思考，有所发现，有所改革，有所创新才是。这种发现、改革、创新，是别人不能代庖的，必须在自学过程中逐步达到这样的境地。要培养自学能力，教者就必须在"导"字上下功夫。也就是说，善教者必须首先是个善导者。叶老说："教师当然须教，而尤宜致力于'导'。导者，多方设法，使学生能逐渐自求得之，卒底于不待教师教授之谓也。"所以叶老竭力主张，教育工作"如扶孩子走路，虽小心

扶持，而时时不忘放手也"。叶老说："善于启发的老师都把学生看成有机的种子，本身具有萌发生长的机能，只要给以适宜的培育和护理，就能自然而然地长成佳谷、美蔬、好树、好花。"而拙于教者，总是过低地估计学生的学习潜力，在学生完全可以凭借自己的努力去理解、去掌握的地方，还喋喋不休，以致学生听而生厌、昏昏欲睡。第四，效在"直观"——这是实施教育的一种有效方法。"纸上得来总觉浅，绝知此事要躬行。"叶老认为，学校生活也是社会生活的一个组成部分，甚至可以说是社会生活的一个缩影，学生在学校里接受教育，实际上就是学习怎样生活，怎样做人，因此，学校应该为学生设置种种环境，让他们能在这种种环境里直接去学习生活、学习做人。早在任教于吴县甪直高小的时候，叶老就同好友在学校里开辟"生生农场"、开办"利群书店"，还设置"百览室""音乐室""篆刻室"，组织戏剧队、演讲队等等，开展丰富多彩的课外实践活动，让学生早早地去接触生活，锻炼生活能力。叶老的"直观"论，是教育面向生活、面向实际、面向社会的简要而朴素的表述。

走进论坛讲堂，感悟中国教育最新气息，顿觉眼前一亮。北京师范大学黄四林教授的《中国学生发展核心素养研究》指出，学生发展核心素养，主要指学生应具备的，能够适应终身发展和社会发展需要的必备品格和关键能力。研究学生发展核心素养是落实"立德树人"根本任务的一项重要举措，也是适应世界教育改革发展趋势、提升我国教育国际竞争力的迫切需要。总体框架是以培养"全面发展的人"为核心，分为文化基础、自主发展、社会参与三个方面。综合表现为人文底蕴、科学精神、学会学习、健康生活、责任担当、实践创新六个指标。中国教育学会副会长，新教育发起人朱永新教授的《习惯养成是核心素养形成的行动路径——新教育实验"推进每月一事"的理论与实践》强调：习惯养成是核心素养形成的基础，核心素养形成的关键在于能否有效地形成内化了的行为习惯。每月一事，以节俭、守规、环保、公益、勤劳、审美、健身、友善、好学、感恩、自信、自省的 12 大习惯纲目彼此关联，形成一个相对完整的行动体系，成为符合儿童生命律动的一个教育生态系统。每月一事，通过一个个可操作的课程，养成人的第二天性，形成稳定的价值观，塑造良好的品格，创造幸福完满的人生。苏州一中校长项春雷的《深耕圣陶教育思想，发展学生核心素养——在核心素养理念指导下的校本课程开发》报告，更是从理论和实践层面将叶老教育思想与学生核心素养培养有机融合。以教育是农业信念奠基学生文化基础，以教为不教促进学生自主发展，围绕叶老教育为人生的理念，从德育、教学、教师发展诸方面推进素质教育，努力培养学生良好的习惯，积极探索课堂改革，不断创新校本课程建设。在不断深入的校本课程研发中，学校针对学生核心素养发展进行了教育为人生课程开发工作，以"正道、谊理、明性"设置 26 门集趣味、参与体验、传统文化于一体的选课类别。深圳明德实验学校校长程红兵的《把课程打开，把课堂打开》更让人震撼，把基础教育学校用高等教育理念来办本身就是高瞻远瞩。他说开放的学校将培养开放的学生，封闭的学校将造就封闭的个性。学校教育的主要载体就是课程，教师教学的主要形式就是课堂。只有把课程打开，重塑课程，才能造就学生开阔的视域；只有把课堂打开，才能成就智慧的课堂，培养学生开放的大脑。教育部教育信息化专家组秘书长任友群的《数字化胜任力：信息技术教育的中国思考》报告，将信息技术素养更加明确化。他说近十年来，移动通信、大数据、云计算等信息技术的快速发展，创生了一个全新的数字化环境，它在改变人们的生存空间的同时也对人们的社会生存力提出了新的挑战。社会公民的"数字化竞争力"成为影响国家和社会发展的一项重要因素。分析我国数字时代学生发展需要，借鉴国际先进经验，明确信息技术学科的核心素养，梳理信息技术教育的大概念，界定教育目标，建立于实施促进数字化公民成长的信息技术课程是我国信息技术教育的当务之急。

比较当今中国教育核心理念与叶圣陶先生的教育思想精髓，我们发现，叶圣陶先生的教育思想，对于观察、研究、推进我们当前的教育工作仍然具有指导和借鉴的意义。不管是过去、现在还是将来，教育为人生，立德树人，培养全面发展的人，过幸福而完整的生活是我们亘古不变的教育追求，是我们最高的教育梦。

走进工作室建设大讲堂，零距离倾听李庾南、杨瑞清、王开东、黄厚江、祁建新、张金、柳袁照等全国教育名家的教育故事，我们的思想一次次被冲击。我们惊叹全国著名特级教师李庾南老师的"自学·议论·引导"教学法的有效性，更被李老师年近 80 还站在讲台上所感动，这是何等的力量支撑。我想，这就是把爱融进了教育，把教育融进了生命。杨瑞清校长怀揣梦想，坚守乡村教育 35 年，实践陶行知教育思想——生活即教育，教学做合一，用花苞心态做教育。把昔日落后的村办小学，建设成国际化行知教育集团。他创造了传奇，创造了奇迹，艰辛而幸福地走在行知路上，正创造更精彩的人生。他让我们相信，只要有梦想、坚持，哪里都可以起飞。中国深度语文开创者王开东老师的《最好的老师不教书》《教育为人生》启发我们思考教育是什么，如何做教育。一个农民的儿子，一位普通的老师，一份平凡的职业，一份热烈的坚守，一个庄重的承诺：用心寻找春天和快乐，用爱编织秋天和自由。王开东老师强调，教育是师生生命河流里的互相灌溉。每个人的生命都是一条完整的河流，每个人都是自己生命河流的开拓者。教师的生命河流和学生的生命河流相互交叉、补充、交错，成就彼此的波澜和壮阔。最好的教育乃是知识、生活和师生的生命河流碰撞所产生的深刻共鸣。苏州中学生物奥林匹克高级教练张金老师更是独树一帜。他在《且行且悟教学相长》中指出，教育似栽培，树式生长、和谐共生是教学的最高境界。这样的思想也和叶圣陶的教育是农业，学生是种子的思想是一致的，我们的确应该如务农一样做教育，给种子以适当的发芽条件，相信会靠自身的力量破土而出，并靠这种力量不断生长。

走进最诗意的校园，苏州十中校长、诗人、作家柳袁照更把我们带进了梦里，他说：教育是一场诗意的旅行，行囊里装着情怀、担当与原创性。他带领大家和王安石一起《游褒禅山》，一起品范仲淹的《岳阳楼记》，让我们体会"不以物喜，不以己悲""先天下之忧而忧，后天下之乐而乐"千古名句的意境。他说：世界万物，都可以作为王安石、范仲淹等表达思想、情感的载体。我们如何也能从一草一木、一人一事中，获得对人生的，特别是对教育的感悟，从而渐渐地提升我们教育的品质与境界。他曾两次去西藏高原寻找他的仓央嘉措。其实，在那方净土，他寻找的不仅仅是诗人仓央

作者刘玲芳（左一）与同行的兰州名师在园林式校园
苏州十中吟诗留影

嘉措，而是寻找美好、寻找理想、寻找诗意的生活、寻找诗意的教育。教育是什么？教育就是老师寻找通往学生心灵最柔软的地方，在那里种上善良的、诚实的、希望的、理想的种子。

反思自己的教育梦，我庆幸，我的理想教育就是生态教育，我的教育理想就是让孩子们过一种幸福而完整的生活。教育为人生，教育是农业，学生是种子，教师是标杆，教是为了不教，生活即教育。我被大教育家的思想感动着，我更被自己感动了，因为我的教育梦就是像叶圣陶那样做老

作者刘玲芳与柳袁照校长（右一）合影

师，我只是在做"梦"时，不知道自己的梦竟然与教育大家的梦一样，这让我更加坚定了我的教育梦，更加坚定了我追求理想教育的信念。

反思自己的教育教学，没有坚定的目标，没有良好的习惯，没有坚强的毅力，更没有大胆创新的勇气，所以虽然怀揣梦想，却离梦想越来越远。今天有这样的机会，让我们重整旗鼓，以教育名家为标杆，养成阅读、写作、反思、总结、改进等良好的习惯，不断学习先进的教育教学理念与方法，大胆创新与实践，做一个有情怀、有担当的教师。

"高山仰止，景行行止，虽不能至，然心向往之。"人说行者无疆，也许我永远也成不了他们那样的教育家，但我愿意做一个永不止步的行者，行走在教育的路上。

"请你不要告诉我，让我先试一试"

——绍兴高端研修心得

2017年10月22日至11月2日，秋高气爽，暖阳高照。我很荣幸参加了由兰州市教育局与人民教育出版社联袂主办的第二届全国名师发展学校（第三期）兰州市金城名师绍兴高研班的学习，研修的主题是"找准核心素养落地的着力点"。为期7天的学习，每天都能聆听到专家精彩的讲座和学员们异彩纷呈的感悟分享，让我忘却了时间，忘却了自己。在这里，我的梦想一次次被激活，我的激情一次次被点燃，我困惑难当的心也一天比一天敞亮，我感觉到自己在发生"第二次成长"。

作者刘玲芳（后排左三）与同小组的名师合影

我是一个来自县域学校的初中数学老师，学生大部分来自农村，数学基础比较薄弱，为快速提高学生的数学基础我常常陷入深深的困惑与迷茫之中。所以，我想说，我可能是这次外出学习携带行李最重的那个人。但我也想说，我可能是这次培训中收获最大的那一个。

一、以校本研修、课题研究为抓手，促进自我"二次成长"

发展学生核心素养的关键是提升教师的素养。浙江省教育厅教研室副主任张丰教授《校本研修的实践嬗变》的报告让我们懂得了如何通过校本研修做一个"脑中有智慧，手上有技术，心中有规则"的好老师。"开展旨在改进作业过程的教师研修"这句话启发我，面对数学基础差的孩子，我的教学改进可以从设计有效的作业开始，在"备学生"上下功夫，做好导学案，做到教学符合学生认知水平和认知规律，切实站在学生的角度去理解和体会学生在学习的过程中到底需要做出什么样的预习、听到什么样的课程、去做什么样的作业、需要什么样的评价、最终达成什么样的教学效果。我想，只要坚定学生意识，契合学生实际的方法会在不断尝试中浮出水面。

浙江省特级教师、绍兴市教育教学研究院吕华荣院长的《以小课题研究促进教师专业发展》的讲座告诉我们，中小学教师的研究应该是微型研究的积累，倡导教师返璞归真，立足课堂，从教学中遇到的困惑且亟待解决的问题入手。他告诉我们要做有底气的真研究，寻找身边的问题，抓住一个主题，紧紧围绕主题开展系列研究，解决自己教育教学的真问题。如何做课堂研究要把握五个关键问题：基于问题、严于逻辑、重在设计、贵在行动、赢在成果。开展小而有型的校本教研，非常有助于教师专业化发展，从中也可以体验到研究的乐趣。他说名师要让自己"第二次成长"，关键是读书、教学反思、课例研究、参加研讨会以及论著写作。读书是教师发展的必经之路，古今中外所有专业人士最经济、最直接、最快速的成长方法就是读书。教师应该更多的是解决问题式读书，即在身边找问题，带着问题来读书，在读书中获取某种观点、立场与方法。用这种观点、立场和方法来反思，在反思中改善行动。教学反思是"二次成长"的关键。两位专家的讲座给我们指明了提升自己的方向，让我们在专家的引领下继续开展研究性学习，在研究中找到解决问题的有效方法。

二、更新观念、改进教法、优化教学方式

21世纪是信息化时代，是"互联网+"的时代，名师如何成为信息时代的教育家，南京大学网络化学习与管理研究所原所长桑新民教授以问题"什么是好课？"为导向，用现场实验的方法让大家领略到了"太极学堂"的无限魅力。从125人—25个小组—5个小组—5个代表，在短时间内完成了问题的1次全员参

与的小组讨论和 1 次小组代表再参与的进一步讨论，最后产生了 5 个代表在全班分享讨论的结果。因为 5 个代表分享的是集体参与的结晶，是"抱团成长"的结果，所以他们的分享异彩纷呈，多次碰撞出了智慧的火花，再加上桑新民教授精妙的点评，让"什么是好课？"在轻松、民主、讨论中形成了最佳答案，对"什么是好课？"有了一个全新完整的认识。他说：儿童有惊人的学习能力，孩子有一百种语言，一百双手，一百个想法，一百种思考、游戏、说话的方式，一百种世界等着孩子们去创造，但是家庭、学校偷走了九十九种，只允许他们用一种由成人固定了的语言说话、思考……这让我开始重新认识我所教的孩子们，了解每个孩子的特点，做适合孩子们的教育，让不同的孩子在数学上有不同的发展。正如桑教授倡导的教育理念："最好的学习是个性化学习，最好的教学是对话式教学，最好的教育是自我教育，使学生获得自我意识与自我超越"。桑教授的讲座让我认识到，信息技术与教育的结合使学习方式发生了的转变，"翻转课堂""微课""MOOCs"是信息化时代的产物，势在必行。知识不同于信息，无法传递，也不可能单纯依靠教师从外部输入。真正意义上的学习必须以个人的兴趣和意愿为前提，必须以问题来引导，必须有内在动机和自我驱动，必须有对话和交流，必须充分利用教育技术创设高效的学习环境与学习资源，并取得真正的学习成效和美好的情感体验。由此，我可以利用"微课"激发学生的学习兴趣。其实，在开学第一周的学习中，因为内容是"生活中的立体图形"，所以，我上课利用了从有"中国微课第一人"之称的重庆聚奎中学的张瑜江老师那里得到的"微课"，效果很好，学生兴趣很高。我认为恰当地利用信息技术，可以提高学生学习数学的兴趣，尤其对我任教的数学基础薄弱的班级运用更有效。当然，数学是一门比较严谨、抽象的学科。符号意识、运算能力、推理论证、应用意识、创新能力等数学核心素养的培养，更离不开学生动手、动脑的自主学习。

三、"问渠那得清如许，为有源头活水来。"让学生学会学习是中国学生发展核心素养的核心

现年 83 岁的小学数学教学专家邱学华老师用他 60 年的实践研究告诉我们：

"请您不要告诉我，让我先试一试。"这是多么神奇而有效的让核心素养落地的途径、方法和理念。到绍兴报到的第一天，我惊奇地发现文件袋里有一本杂志《邱学华教育报告集》，我很兴奋，因为邱学华老师是我心中仰慕已久的数学专家。那是 2012 年的深秋，我参加了由皋兰县教育局组织的赴江苏课改名校考察学习的活动，当时参观考察了东庐中学、

作者刘玲芳与邱学华老师（右一）合影

后六中学、宜兴实验中学、洋思中学共四所学校。让我记忆最深的是宜兴实验中学王俊校长讲到的"'两类结构'尝试教学模式"。王校长在讲述"'两类结构'尝试教学模式"的建构过程时，讲到了邱学华老师。他说，他们开始先学洋思中学，从分析"先学后教，当堂训练"的洋思模式中，发现其根本是渗透尝试教学思想。于是，他千方百计地找到了尝试教学理论的创立者邱学华教授，并邀请他为教师作讲座，在全校推广尝试教学法。那时，我就记住了邱学华这个名字，当时觉得他离我们太遥远。没想到，在绍兴，一句"请您不要告诉我，让我先试一试"唤醒了我沉睡的记忆。报到的第一个晚上，我急切地捧起心爱的《邱学华教育报告集》，如饥似渴地读起来。"学生能尝试，尝试能成功，成功能创新""学生不是听会的，而是练会的""做到做不到，试一试就知道"……一句句简单朴素、通俗易懂的观点撞击着我的心，让我一步步探寻更多、发现更多。"遇到差生怎么办？千方百计表扬他！""差生问题，最好的办法是解决在课内""从尝试着手，从练习开始""一法为主，多法融合"……这些话好像专门为我准备的，每一句都能触动我的内心。《邱学华教育报告集》有 18 篇文章，共 48 页，我咀嚼了整整 10 天，越嚼越有味道。零距离和博学慈祥的邱学华老师谈"'两类结构'尝试教学模式"、近距离聆听邱学华老师激情演讲《尝试教学法的产生及发展与名师专业化成长》，顿觉自己好幸福。对比反思自己学习过的各种高效课堂教学模式，最典型的是杜郎口中学的"预习、展示、反馈"、洋思中学的"目标引路，先学后教，当堂达标，自主探究"模式和"四清"理念、"翻转课堂"等，细细想

想，所有的模式都能在邱学华老师的尝试教学理论里找到源头。尝试教学法不只是一种教学方法，也是一种教育理念，它的教育学原理是承认学生在教学中的主体地位，充分发挥学生的主动性、积极性和创造性，使学生在尝试中获得成功，在尝试中享受学习的喜悦。尝试教学法具有时代性、先进性，2014年尝试教学法获得首届全国基础教育成果评选一等奖。中国教育学会副会长朱永新称赞邱学华老师为"教育的光明使者"。更可贵的是邱学华老师从16岁当农村小学数学老师开始，到后

作者刘玲芳在绍兴高研班学习

来不论上大学，还是当校长、大学教师、教研员等，他始终在一心一意边实践边研究尝试教学法，并取得了显著的成效，成为当代著名的小学数学教育专家和教育改革家。尝试教学法着力于大面积（适用于不同的地区，尤其是农村）、大幅度（适用于不同学生，尤其是中差生）提高教学质量，据统计应用尝试教学法的学校绝大多数在农村。之所以如此，是因为邱学华老师考虑到农村学校师资水平较低、教学设备相对较弱、教学经费相对较少、学生水平参差不齐等特点，使尝试教学法易学易用，照顾了教师目前的需求，几乎每个教师都能掌握，每个学生都能适应。

"我们学习别人的，从来不是为了成为别人，而是以他山之石，攻我之玉""相信学生比你重要，相信学生比你聪明，相信学生比你能干，相信只有学生成功，你才能成功""不要以为对牛弹琴是牛的错""出发是为了更好的回归"，核心素养的着力点是学会学习，研究和使用尝试教学法是我今后的目标。我相信，只要我和我的孩子们不断努力，不断尝试，一定会取得可喜的成果。

博学而笃志　切问而近思

——南京高端研修心得

　　2018 年 12 月 4—10 日，我很荣幸参加了由兰州市教育局和人民教育出版社联合举办的第二届全国名师发展学校（第四期）——兰州市金城名师名班主任南京高研班的研修，此次研修的主题是"融合创新　匠心育人——名师教学风格的锤炼与发展"。由来自兰州市各市属学校的骨干教师和所有金城名师名班主任 160 多人参加了这次活动。因为之前已参加过这样的研修活动，每一次研修对我的心灵震撼都很大，对我的教育理念与教学实践都产生

作者刘玲芳在南京高研班学习

了极其深刻的影响，所以我对这次在文教昌盛、历史悠久、经济繁荣的六朝古都南京举办的高端研修充满期待。纵观 7 天的培训，11 场讲座、2 次参观校园、1 次学员分享，研修组织周密温情，课程形式丰富多样，课程内容精彩纷呈。每场讲座都有不同组别安排不同组员主持、总结与反馈（简报）。更有趣的是每场讲座结束后由讲课专家随机抽取学员分享，大大促进了每个学员学习的效果。来自不同学校、不同学科、不同学段的一群人，带着同样的梦想，倾听不同专家对各种教育教学及相关问题的解读与阐释，分享他们的教育故事与智慧，内心不时产生共鸣与反思。今天，我们到底该如何做老师、如何做一名好老师、如何做一名幸福的好老师，"博学而笃志，切问而近思""博观而约取，厚积而薄发"，南

京高端研修让我对自己的教育教学工作有了更深刻的认识。

一、站在高地攀高峰——做好合唱中的领唱者

开班仪式上，兰州市教育局南战军局长的谆谆教诲与殷切期盼，温暖了寒冬游学的心；人教社郭戈书记，现身说法，谈读书、写作、科研以及他对统编教材的情怀与担当，让我们深切感悟到如何让激情燃烧成文章，让研究发展成思想；国家督学成尚荣老先生的开场讲座，用近两小时阐释了《名师发展的价值坐标与路径超越》。他以身作则，用一种大视野、大格局与高格调的讲座告诉大家，一个人的视野与格局决定了他的高度，名师应该从内打破，主动成长；找准自己人生价值坐标，像于漪、洪宗礼、李吉林老师那样，做"中国好老师"，要站在高地攀高峰，做好合唱中的领唱者。

二、提升专业素养——使自己生机勃勃地活着

南京市中语会理事长曹勇军老师用《今天，如何提升我们的专业能力和素养——教学现场的观察、探索、阅读和写作》报告中一个个鲜活的例子告诉我们，最好的课题研究在课堂，教师要有发现问题、解决问题的能力。新课标要求发展学生的"四能"（发现问题、提出问题、分析问题和解决问题的能力），而我们老师更应该有这种能力。曹老师为提升教师的专业能力和素养提供了有效的经验与方法：要从课堂疑难中寻找问题解决问题；从矛盾冲突中发现问题解决问题；在教研中教学，在教学中教研，教学相长；在教学探索中读书，在教学探索中写文章；用刮骨疗毒的决心重造专业信仰和精神。中国教育学会理事董洪亮博士说："我们不需要革命，但是必须要知道方向。"方向对了，我们的努力才有意义。年近九旬的于漪老师"我一辈子做教师，我一辈子学做教师"的信仰使她成为共和国"百名改革先锋"。洪宗礼先生"我从来都把工作当作学问来做""我站在讲台前，我还要站在书架上去"，成就了"洪式语文"的美誉。李吉林老师终其一生纵深研究"情境教育"。李庾南老师六十年如一日深耕"自学·议论·引导"教学法。他们的专业能力令人敬仰，让我相信生命的真正价值是把自己的专业融进生命里。

三、以爱培育爱——做点亮孩子心灯的贵人

南京市芳草园小学郭文红老师用她的亲身经历告诉我们：童年的遭遇影响孩子的一生。成人的幸福与他在儿童时期的生活是紧密相连的，对儿童的任何影响都会影响到人类。她引用美国教育心理学家古诺特博士的话："身为老师，我们具有极大的力量，能够让孩子们活得愉快或悲惨，我们可以是制造痛苦的工具，也可以是启发灵感的媒介，我们能让人丢脸也能让人开心，能伤人也能救人。"是啊，在儿童面前，老师是至高无上的，能量无穷的。郭老师举了很多因为童年的遭遇而毁掉孩子一生的鲜活案例，令人心颤，让人不禁反思教师职业的特殊性与重要性。我们常常抱怨学生"你怎么是这样的人啊？""我怎么对牛弹琴？"殊不知，对牛弹琴不一定是牛的错，作为一名初中数学老师，初中学生刚刚进入青春期，身心急剧变化，我们了解他们的心理需求吗？我们很多人眼里只有"分数"，我们用"分数"制造了很多问题学生，我们却说："现在的学生问题怎么这么多。"

郭老师遇到了很多难以想象的问题学生，但她选择了不抛弃、不放弃，选择了智慧地面对。面对问题儿童，她通过诊断、观察、家访……深入了解，了解他们的长处和弱点，理解他们的思想和内心感受，小心翼翼地去接触他们的心灵。她说，当你的孩子跟你说悄悄话时，教育就成功了。为了让儿童得到更好的发展，必须要开展丰富多彩的活动，在做中学、学中做，让孩子们在活动中不知不觉地得到发展，真正的教育是不留痕迹，春风化雨，润物无声的。她用责任、情感、专业、智慧融化了一个个冰冷的心，点亮了问题孩子们的心灯，同时也照亮了自己前行的路。"浪子回头金不换""力的作用是相互的""没有爱就没有教育"，郭老师以陶行知先生"捧着一颗心来，不带半根草去"的教育情怀，用她的真心、童心、爱心、耐心和慧心赢得了孩子们的爱戴，她被她帮助的问题孩子的每一个小小的改变感动着，也被孩子们长大后感恩的心幸福着，更为自己能成就孩子们幸福的人生而自豪着。

郭老师说："教师要善于向一切人学习，尤其是向学生学习。"我也有同感，想到了我与我的学生的故事。一名学习成绩比较好的问题学生，她觉得每天学校

学习的内容太简单，同学们都太单纯，没有人理解她远大的理想，她很痛苦。这个问题学生让我看在眼里，急在心里，成了我最大的心病。陶行知先生说："真的教育是心心相印的活动，唯独从心里发出的，才能打到心的深处。"后来，我们把数学作业本变成了谈心本，每天都有说不完的"痛苦"。有一天，孩子看到了教学楼道里的墙上挂着我写的教师寄语："一声呼唤，万般真情，请你常唤你的学生的名字，因为她天天叫你老师。"正是这句话感动了这个孩子。她说她看到我写的这句话时哭了，她第一次在痛苦中感受到了老师的爱，从此慢慢有了感恩的心。也正因为这句话，我们的心更近了，经过半学期的交流，我们成了好朋友，常常在一起探讨教育真谛和生活中的一些事情。所以，我也要说，老师更应该向学生学习，相信学生、依靠学生、发展学生，成就学生的同时，成就自己。

四、读书与写作——以最美的姿态向上生长

"一个人的阅读史就是他的精神成长史。"南京市琅琊路小学语文教师周益民出版了"儿童悦读"系列《童年爱上一本书》《故事、儿童和作家的秘密》《闪闪发光的故事》等。周老师讲了儿童阅读的三个层面：作为儿童的阅读、回归童心的阅读、为了儿童的阅读，由浅入深地揭示了阅读对儿童心性塑造、人格完善的重要意义。他充满诗意、如童话般的讲座，让我们领略到了什么是"腹有诗书气自华"。

作为教师，不仅要多读专业书籍，还要博览群书，多读国学经典。南京师范大学教育社会研究中心主任程天君教授在《人的问题与发展素质教育》讲座中，列举了很多社会中人的不良问题，这些人的问题，可以概括为"不是人的人"或"缺德的人"。反思他们为什么干一些缺德事，我想可能是在当代社会，丰富的物质生活与飞速发展的网络技术让人们进入了快节奏的生活圈，很难静下心来读书。不读书、不学习，就不知道"道"，只有知道了"道"，才能按照"道"行事，按"道"行事就会拥有"德"。那么，做人做事的"道德"在哪里呢？全国人大代表夏林博士讲《文化中国与文化自信》，从中国五千年的文化流变谈起，讲了中华文化三大主干——儒、道、释，并将其总结概括为四个模式：思维模式上注重阴阳五行，自然模式上注重天人合一，社会模式上注重中和中庸，人格模

式上注重修身克己。这是中华文化的精髓，每一个中国人要有文化自信和自觉。南京市北京路小学校长孙双金校长用 6 岁的小才女李尚荣学习国学经典的视频案例，跟大家分享了他的讲座《读〈论语〉心得》及南京市北京东路小学创建并践行"十二岁以前的语文"的举措。通过孙校长的解读，让我们再次领略了孔子教育思想的博大精深。我虽然是数学老师，但常常给孩子们分享《弟子规》《道德经》《论语》《大学》等国学经典的学习心得。倾听了夏老师和孙双金校长两位专家的讲座，让我对学习应用国学经典，成就孩子幸福人生有了更加坚定的信心。

曹勇军老师在《今天，如何提升我们的专业能力和素养——教学现场的观察、探索、阅读和写作》的讲座告诉我们：教师读书有三法——跟着课本去读书，读入选课本的作品；跳出课本去读书，读课外名著；让教育充满智慧，读教育论著。教师读写三句话——核心技术是读书笔记，最有效的方法是运用，目的首先是服务于课堂。"读书是最美的姿势"，为了让自己以最美的姿态向上生长，让我们多读书、读好书、好读书，让激情燃烧成文章，让研究发展成思想，让思想指引我们继续前行。

五、生活即教育——嚼得菜根，做得大事

走进百年名校南京三中文昌初中，曾在这里任教并担任六年校长的陶行知先生的思想回荡在脑海。陶先生的"生活即教育、社会即学习、教学做合一"的教育思想与当今"立德树人"的教育理念相吻合。陶行知先生说：先生不应该专教书，他的责任是教人做人；学生不应该专读书，他的责任是学习人生之道。在教师手里操着幼年人的命运，便操着民族和人类的命运。因为道德是做人的根本，根本一坏，纵然你有一些学问和本领，也无甚用处。教师的职务是千教万教，教人求真；学生的职务是千学万学，学做真人。培养教育人和种花木一样，首先要认识花木的特点，区别不同情况以施肥、浇水和培养教育。人像树木一样，要使他们尽量长上去，不能勉强都长得一样高，应当是立脚点上求平等，于出头处谋自由。今天，在这个校园里，踏着陶先生的足迹，重温他的这些先进教育思想，敬仰之情油然而生。文昌初中秉承老校长陶行知先生的"实"字校训，以"学会做人，学会学习、学会创新"为办学理念。感谢南京三中文昌初中，让我在这里

找到了教育的真谛与为之奋斗的精神力量。

　　走进南师大树人中学，"嚼得菜根　做得大事"的校训深深印刻在了我的脑海。每个学校都有自己的特色，树人中学以"立德树人"为根本，以坚持促进每一位学生充分发展为办学理念，努力构造适应学生个性发展需要的课程体系，为全校学生开设了丰富多彩的选修课、活动课，健全了学生的心智，培养了学生的兴趣，发挥了学生的特长，让我深深感受到这里是孩子们生命成长的乐园。

　　每个生命的诞生，都是这个世界上一个独一无二的存在。当孩子们来到我们身边，其未来就和我们紧紧地联系在一起，我们给他们的是"百花园"，还是"加工厂"，取决于我们是否"遇见"一个更好的自己。走进名城、走进大师、走进同伴、走进儿童，忽然发现，在这里我们"遇见"了一个更好的自己，我们的生命也在拔节。

作者在南师大树人中学参观学习

让"立德树人"落地课堂

——金城名师 2020 年高端研修心得

2020 年 12 月 13—20 日，很荣幸我参加了由兰州市教育局和人民教育出版社联合举办的"第二届全国名师发展学校（第二期）金城名师 2020 年高级研修班"项目研修。此次研修的主题是"指向立德树人的深度教学设计的实践与思考"。来自兰州市各学校的骨干教师和新聘任的金城名师共 149 人参加了本次培训。纵观满满当当、扎扎实实的一周培训，领导的期望、专家的讲座、学员的分享，让我们的心灵再次震撼，思想再次冲击。使我们对党的"立德树人"教育根本任务认识更加清晰，对教育教学的理解更加深刻而全面。落实"立德树人"根本任务的载体是课程，落实课程目标的阵地在课堂，让"立德树人"落地课堂，"指向立德树人的深度教学设计"是关键。为此，我们需要重新认识课程、教学的意义与价值。

一、对课程育人价值的再认识

（一）"立德树人"是课程育人的根本任务。

各位专家高屋建瓴解读"立德树人"提出的意义，让我们再次领悟其精神，一种责任感油然而生。党的十八大提出了立德树人是教育的根本任务，之后出台了一系列文件，充分体现了党和国家切实将教育作为中华民族伟大复兴的基础工程。国家教材委员会委员韦志榕老师给我们列举了国家出台的 9 份文件和教育部出台的相应的 12 份文件，用数据让我们深切感受到"全面贯彻党的教育方针，落实立德树人根本任务，发展素质教育，推进教育公平，培养德智体美全面发展的社会主义建设者和接班人"不仅是党的方针政策，更是新时代每个教师的光荣使命。"为党育人，为国育才"是我们教师义不容辞的责任。课程就是落实立德树人根本任务重要载体。

（二）"核心素养"是课程育人的基本遵循

专家们的讲座，让我们更加清晰地认识到"核心素养"提出的意义。为落实"立德树人"根本任务，教育部组织专家研究发布了《中国学生发展核心素养》的文件。明确指出：中国学生发展核心素养是指学生应具备的、能够适应终身发展和社会发展需要的必备品格和关键能力。是以"全面发展的人"为核心，具体包括三个方面、六大素养、十八个基本要点。这是对党的教育方针的具体化，党的教育方针通过核心素养这一桥梁，可以转化为教育教学实践可用的、教育工作者易于理解的具体要求，明确了学生应具备的必备品格和关键能力，从中观层面深入回答"立什么德、树什么人"的根本问题，引领课程改革和育人模式的变革。为建立核心素养与课程教材的内在联系，充分挖掘各学科课程教学对全面贯彻党的教育方针、落实立德树人根本任务、发展素质教育的独特育人价值，各学科基于学科本质凝练了本学科的核心素养，明确了学生学习该学科课程后应该达成的正确价值观念、必备品格和关键能力。让我们更加明确了"核心素养"不是空中楼阁，更不是口号，它是关于学生知识与技能、过程与方法、情感态度与价值观等多方面要求的综合表现；是每一名学生获得成功生活、适应个人终身发展和社会发展都需要的、不可或缺的共同素养；其发展是一个持续终身的过程，可教可学，最初在家庭和学校中培养，随后在一生中不断完善。

二、对课程目标的再认识

（一）从"双基"到核心素养，课程目标向综合育人方向转变。

专家的研究给我们理清了课程目标转变的思路：20 世纪 80 年代，提出把双基（基础知识、基本技能）作为课程目标；2001 年第八次基础教育课程改革将三维目标（知识与技能、过程与方法、情感态度与价值观）作为课程目标；2018 年新修订的高中课程方案和课程标准将学科核心素养（价值观念，必备品格，关键能力）作为课程目标。核心素养时代，课程目标从学科本质出发，突出学科的独特育人价值，强调育人目标在学生身上的整体表现。这样的梳理，使一线教师更加明确了课程目标与课堂教学目标的关系。为核心素养落地课堂提供了理论指导。理念是行动的指南，有了先进理念的引领，相信我们的课堂会进一步走向育人。

（二）核心素养时代课程目标的确定要紧紧围绕学科核心素养。

"教育的根本任务在于立德树人"是整个教育改革的核心任务。

课程目标的确定要紧紧围绕学科核心素养，数学教育的核心任务是"数学育人"。如何把这个要求在数学教育中落实下来，在课程教材中体现出来，在课堂教学中实施下去？如何把"立德树人"的要求具体化，体现在教学内容和教学过程中转化为一种可操作的行动，转化为数学育人的具体措施？作为一名初中数学老师，人民教育出版社编审、课程教材专家委员会委员章建跃的《课程改革与教师专业发展》《数学学科核心素养指向的高中数学教学改革》的专题讲座是我培训期间的最美大餐。章教授说：数学学科的"立德树人"目标，首先体现在数学学科的核心素养上，他从本次课程改革关注的主要问题、数学学科核心素养导向的教学改革需要关注的主要问题两个大的方面进行阐述。从国家立德树人根本任务的落实到学科核心素养的提出，再到课程改革、课堂教学改革，我们需要构建学科知识整体框架，了解当前的教学不能适应的方面。我们更需要在数学学科教学改革中，关注几个主要问题：明确基本套路，增强教学的整体性；加强一般观念的指导，发展理性思维；加强获得数学对象的过程，发展数学抽象、直观想象素养；在探究数学对象性质的过程中发展逻辑推理、数学运算素养。章教授的讲座，给我们一线数学教师指明了改进的方向，提供了改进的方法。核心素养时代，我们追求数学教学三境界：知其然，知其所以然，何由以知其所以然。追求"四个理解"：理解数学、理解教学、理解学生、理解技术。同时要更加关注数学文化，挖掘数学的育人价值。

三、对课堂教学的再认识

专家们的讲座丰富了我们对课堂教学的认识。浙江省教育厅教研室主任任学宝老师的《课堂转型，促进学生深度学习》，华中师大郭元祥老师的《深度教学，促进学生素养的教学变革》，全国新学校研究会副会长嵇成中老师的《教育的颠覆式创新》《素养时代的教育新视角》，谭永平老师的《批判性思维与中小学教材教学》等专题讲座，从各面阐释了实现育人方式的转变，关键要做好课堂转型。课堂教学要走向深度教学，为何做？培养核心素养的需求；做什么？为思维而教；怎么做？促进学生深度学习。深度学习是批判性思维与自主性探究式学习，是沉浸式学习，需要倾情投入。深度学习的目标是掌握核心课业内容，培养学生批判性思维和解决问题的能力。深度学习的方式是自主探究、合作交流、有效沟通。深度学习

作者刘玲芳与郭元祥老师合影

的策略是赋权——激励学生成为学习的主宰者；情境化——将学习经验与科目联系起来；力求真实——为学生的学习经验提供意义；延伸——将学习扩展到学校以外；激励——每个学生的定制化学习；联网——技术是仆人，而不是主人。要以学科大概念为核心，使课程内容结构化，以主题为引领，使课程内容情境化，促进学科核心素养的落实。

反思我们的教学实践，我认为我们的观念需要转变，课堂要走向深度，促成学生的深度学习。深度学习关注学生深层次的理解，强调将掌握知识与沟通、合作、自主学习等关键能力与必备品质联系起来，关注高阶思维与能力培养，是支持学生形成核心素养的重要途径。数学课堂教学中要促成学生的深度学习，按照深度学习的发展性与生成性教学观，教师要对教材进行深度理解，整体把握，把教材资源用足、用活，对教材进行二次开发，设计出高质量的单元教学设计方案。在具体课堂教学中重点关注几个方面：1.创设有效的问题情景。可以通过数学知识的发展史及数学本身的逻辑美、对称美等特点，创设有画面感，激发学生探究新知的欲望，聚合学习注意力，为意义而教。2.以问题为导向进行教学。巧设问题，引发学生的深度思考。可以通过追问、反问、设置开放性问题等将思考引向高阶思维，特别是批判性思维、创新性思维。

这次有高度、有深度、有温度的研修，开阔了我们的教育视野，坚定了我们的教育信念，启发了我们的教育智慧，幸福了我们的教育人生。做新时代有理想的教育工作者，为党育人，为国育才，立德树人落地课堂任重而道远，需要我们加倍努力！

走进课改名校　感悟教育魅力　促进自我发展

——赴江苏课改名校考察学习心得

为了深入推进课程改革，打造高效优质课堂，探索有效课堂教学模式，走好教学改革发展之路，2012年10月14日至24日，我有幸参加了由皋兰县教育局组织的赴江苏省课改名校考察学习活动。我们初中组一行24人在教研室赵主任的带领下，参观考察了东庐中学、后六中学、宜兴市实验中学、洋思中学。通过参观、听课、听报告等形式，对四所学校先进办学经验和优秀教改成果有了深刻的认识与了解。洋思中学坚信"没有教不好的学生"教育理念，推行"先学后教、当堂训练"的课堂教学模式，实行"堂堂清、日日清、周周清"的管理办法，是全国基础教育改革的一面旗帜；东庐中学以"讲学稿"为载体，倡导教学合一的"合融教育"，是学习借鉴洋思模式的典型代表；后六中学靠"抓好常规、抓严细节、抓实过程"而成为全国初中名校，创造了中国乡村教育的奇迹；宜兴市实验中学秉承文化根脉，不断开拓进取，走出了一条课堂教学改革的创新之路，构建了"'两类结构'尝试教学模式"，在基础教育课程改革中作出了有益的探索，具有积极的借鉴意义。四所名校，各有千秋，都散发着理想教育的气息，沁人心脾、让人感动——教育的力量是无穷的、教育的魅力是无限的。

一、洋思中学——全国基础教育改革一面不倒的旗帜

江苏省泰兴市洋思中学曾是一所濒临倒闭或撤并的农村中学。近年来，校长秦培元与前任校长蔡林森大胆改革课堂教学，创立了"先学后教，当堂训练"的课堂教学模式。坚持"没有教不好的学生，让每一位家长满意"的教育观念，要求学生的学习要达到"三清"——"堂堂清、日日清、周周清"而享誉全国。现

有 65 个初中班，在校学生 3200 多人。1999 年，江苏省教委、泰州市委先后发文号召学习洋思。2002 年被评为"中国名校"。《中国教育报》《人民教育》多次刊登洋思经验，全国各地掀起了学洋思热潮。

作者刘玲芳走进洋思中学

（一）教学理念：没有教不好的学生。

常听老师说"好学生不用教""教好后进生才是真本事"。那洋思中学的老师的确有真本事。他们坚持"优生是宝，学困生也是宝"，洋思中学不择生而教，在转化学困生方面成绩显著。他们注重抓好起始年级，从新生进校的第一天抓起，从最后一名学生抓起，洋思课堂教学的起点是学困生，重点是学困生；课堂上提问最多的是学困生；当堂训练时老师巡视的重点是学困生，释疑点拨最多的是学困生；课后辅导、交流、谈心最多的也是学困生。

（二）课堂教学模式："先学后教，当堂训练"。

所谓"先学"，就是在课堂上，学生按照教师揭示的教学目标及学前指导，看书、练习。所谓"后教"，就是针对学生自学中暴露出来的问题及练习中的错误，教师引导学生讨论，会的学生教不会的学生，即"兵"教"兵"，教师只作评定、补充、更正。所谓"当堂训练"，就是让学生当堂独立完成作业（时间不少于 15 分钟），进行严格训练，形成能力。这样，使课堂教学的过程变成学生自学、探索、实践的过程。

（三）坚持"三清"。

为保证"先学后教，当堂训练"的效果，坚持"三清"。最重要的是"堂堂清"，每堂课所学的新知识掌握或基本掌握了，"日日清、周周清"才有可靠的保障。洋思的每个班都按学科建立了学习小组，小组间开展学习竞赛，为了小组的荣誉，小组内成员互帮互助，互督互查，分工负责，一次清不了，两次、三次……一般经过"二清""三清"，绝大多数同学都能做到"日日清"，极个别仍不能"清"的，由任课老师利用双休日帮助其"清"。

（四） "上课要像考试一样紧张"。

"上课像考试一样紧张"，就是要提高课堂教学效率和节奏。考试的特点是在规定时间内完成规定的任务，学生注意力高度集中，思维、写字速度比平时快，人的潜能得到最大限度地发挥。课堂效率高，课后就轻松，就减轻了学生的负担。

有人说，洋思是一部书，从中我们可以读到教育的真谛；洋思是一个榜样，从中我们可以学到以人育人的精神；洋思是一面镜子，从中可以看见我们自己的优势与不足；洋思是一位兄长，从这里我们可以得到真诚热心的帮助。我要说，洋思是路标，指引我们走向理想的教育，去实现教育的理想。洋思让我深切感受到了教育的力量，教育的魅力。

二、东庐中学——学习借鉴洋思模式的典型代表

东庐中学曾是南京市溧水区永阳镇的一所乡村薄弱初中，学校从 1999 年在学习了洋思中学"先学后教，当堂训练"课堂教学模式的基础上，大胆尝试以"讲学稿"为载体、"以人为本、教学合一"的教育教学改革，努力寻求农村初中实施素质教育的最佳切入点和结合点，积极打造"合群、合作、合享"的师生团队，崇尚"至博至淳"，着力培养学识广博、气质淳厚、可持续发展的师生。这解决了规范办学行为与提高课堂实效性的矛盾，实现了减负与增效；构建了教学、科研、培训三位一体体系。短短几年，东庐中学先后获得"全国读书育人特色学校""全国优质品牌学校""国家级教育改革特色学校"等极高的荣誉，并被授予"南京市基础教育课程改革实验基地"和"南京市合融教育项目研究中心"。

"讲学稿"来自新的备课模式，这一模式可以概括为"提前备课，轮流主备，集体研讨，优化学案，师生共用"。主备教师提前一周将"讲学稿"草稿拿出——组长初审后提前两天发给全体组员，提出修改意见——充实后交主管领导审定，制成正式文本——上课前一天将"讲学稿"发至学生，第二天师生共用这一文稿实施课堂教学。我们听了两节公开课，一节是《中心对称与中心对称图形》，一节是《二次根式的加减》，都使用了"讲学稿"。我看到"讲学稿"的主

要环节有：学习内容、目标、重点、难点、过程。学习过程主要有：学前准备、探究活动、学习体会、自我测试、应用与拓展。"讲学稿"的环节类似于我们的教案，但它的作用和要求远远超过了我们的教案。"讲学稿"集教案、学案、笔记、作业、测试、复习资料于一体，是师生共用的

东庐中学教师用讲学稿上课

教学文本，其本质是贯彻课改思想，将国家课程、地方课程充分整合后的校本课程。

三、后六中学——中国乡村教育的"奇迹"

溧阳市后六初级中学坚持"以人为本"的素质教育方向，追求"为了每一个学生的发展"的价值观，确立"办好一方教育，服务一方百姓，成就一代孩子"的办学理念，以创农村一流初级中学为目标，学校重视校风、教风、学风建设，注重精神引领，竭力倡导教育是良心工作，构建团结、和谐、奋进的工作氛围。学校管理做到精细化，以常规、细节、过程为抓手，丰富办学内涵，提升办学品位。课堂教学追求实效，改善教学方式和学习方式，促进学生全面、生动和自主发展。学校走上了持续、快速、科学健康的发展轨道，独自走出了一条低耗高效的"常规+细节+过程=奇迹"的管理模式，成为农村初中教育的一面旗帜。2010年全国初中名校常规管理特色经验交流现场会在后六中学成功举办，获得好评。

（一）清新自然的常规新课堂。

我们进入学校的多媒体教室听了一节物理公开课，内容是八年级物理《光的反射》。蔡民，一位年轻的男老师，课上得轻松自如，通过实验竞赛激趣引入，后引导学生实验、观察，启发学生自主探索发现规律，组织学生交流合作、归纳总结规律。整个过

后六中学校园

程注重知识的构建，体现了教师的主导性和学生的主体性。让人觉得轻松自然，生动有趣，身心愉悦。

（二）"没有特色"的办学特色。

听后六中学胡建军校长的报告，感觉很实在，很有特色，很震撼心灵。

1.办学特色：没有特色。

2.办学经验：坚守。常规+细节+过程=奇迹。

3.改革创新：一种坚守，坚守着教育的规律、坚守着教育的本真、坚守着教育的常规、坚守着教育的平淡。（改革创新不是搞花样）

4.上好副科。胡校长说：副科不认真上，课堂教学松懈，课堂纪律松垮，作业马虎，甚至没有作业任务要求，学生就养不成好习惯。不认真上副科，其实就是搞破坏。

"没有特色"的办学特色是很多学校的普遍性，很多人甚至把学校的不景气认为是办学没有特色，而这种观点在后六中学被彻底否定。后六中学成功的经验是坚守、上好副科。而这些理念哪个学校没有，哪个老师不知，这个不是经验的经验让人感动，因为这些我们都可以做到，但我们没有做好。

四、宜兴市实验中学——走出了课堂教学改革的创新之路

宜兴市实验中学秉承文化根脉，不断开拓进取，走出了一条课堂教学改革的创新之路，构建了"'两类结构'尝试教学模式"，在基础教育课程改革中作出了有益的探索，具有积极的借鉴意义。宜兴市实验中学也因此成为基础教育课程改革的一颗新星。

"两类结构"尝试教学法：所谓两类结构是学科"知识内容结构"和"方法程序结构"的简称。学科知识概念及其内在的逻辑联系即为学科的知识内容结构。

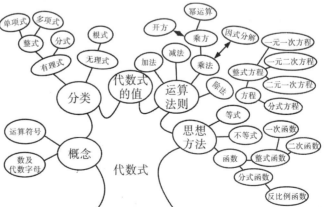

学生掌握了学科的知识内容结构，才能更有效地掌握学科知识，解决学科问题。因此，在学科知识概念的学习中，不仅要把握学科基本概念的本质属性或关键特征，即对学科基本概念的学习上升到"概括化"水平，而且要努力揭示各基本概念的内在逻辑联系，使学生对基本概念的学习在"概括化"水平基础上，上升到"结构化"的水平。如上页图是关于代数式的知识内容结构示意图，该图揭示了关于代数式的基本概念的内在逻辑联系。

五、路在脚下——学习先进、反思自我、促进教改、提升质量

（一）学习先进——借鉴乃学习之本。

1.学习他们通俗而又超凡的教育理念。洋思中学的"没有教不好的学生"托起了老师、学生、家长的全部希望。后六中学的"没有特色"让很多普通学校增添了信心。

2.学习他们确保课堂教学有效性的先进教学方法。四所学校的课堂教学具体做法各有所长，都有值得我们学习与借鉴的地方。洋思中学"先学后教、当堂训练"是对传统教学的一场革命。"没有教不好的学生"，大面积转化"学困生"，与之配套的是一系列转化"学困生"的措施——"四清"。"上课要像考试一样紧张"，就是要提高课堂教学的效率和节奏。东庐中学的改革从根本上改变了传统的教学模式，由过去的教师带着书本走向学生变为现在的教师带着学生走向书本，备研合一，发挥优秀教师集体备课的做法，使校本教研活动落到了实处。"两案合一"，教与学不再两张皮，师生共用"讲学稿"，老师的"教案"同时也是学生的"学案"，"两案合一"减轻了学生的负担。后六中学的"抓好常规、抓严细节、抓实过程"就是奇迹。宜兴市实验中学的"两类结构"尝试教学法关注学生学科素养的生成，注重基础知识和基本能力的达标和提升，使学生在自主尝试学习的基础上，再插上一对翅膀（两类结构），让学生在思维的王国里自由翱翔。这是四所学校给予我们最宝贵的经验。

3.学习他们把教师的集体备课、观摩评课作为提高教学质量的有效途径。四所学校的集体备课雷打不动，时间、地点、内容、核心发言人、集体讨论制度落实得好。"讲学稿"是集体智慧的结晶，以考代练，考"讲学稿"上的内容，提

高了学生成绩。

4.学习他们把合作学习，"兵"教"兵"、"优"带"差"作为全面提高教学质量的有效措施。四所学校都成立了学习小组，好中差搭配，在合作学习中全体学生受益，共同进步。他们妥善处理了合作学习和独立思考的关系，找到了优生培养和后进生提高的有效方法，有利于全面提高教学质量。

5.学习他们的创新精神。东庐中学的老师们不但创造了"讲学稿"，而且创造性地使用实物投影仪。我们听了两节数学课，老师把实物投影仪当黑板使用，运用自如，令人叹服。

6.学习他们成功背后的方法——刻苦钻研、不断探索、持之以恒的精神。宜兴市实验中学的王俊校长是这样建构"两类结构"尝试教学模式的。

融汇百家：首先，放下架子，虚心学习。开始先学洋思，虚心到洋思中学求教，探求洋思经验的奥秘。从分析"先学后教，当堂训练"的洋思模式中，发现其根本是体现尝试教学思想。他千方百计地找到了尝试教学理论的创立者邱学华教授，并邀请他到校为教师作讲座，在全校推广尝试教学法。后来，又学东庐中学的"讲学稿"，经过消化改造，简化成一种备课形式"学案"，在全校推广。近几年又学杜郎口经验，并在课堂教学中试用，使课堂教学焕然一新。

自成一家：在兼容并蓄、广泛学习的过程中，他始终坚持科学理性的课改立场，整合吸收，融会贯通，努力打磨自己的课堂，形成了今天的"两类结构"尝试教学模式。经过广泛地学习借鉴和深入的实践探索，他们的课堂教学特色日益鲜明，但他们并没有就此止步。他认为前面一阶段的努力，主要在改进教学方法层面上，重点解决"怎样教"的问题，由"先讲后练，先教后学"转变为"先练后讲，先学后教"，由以前教师注入式的教学转变为促进学生自己学习，让学生尝试探究，注重当堂练习和即时反馈，提高了教学的灵活性。在此基础上，他认为应该继续研究"练什么、讲什么"的问题，要在整合教学内容上下功夫。如何整合教学内容，他在二十年余年的初高中地理教学中一直研究苏联沙塔洛夫的"纲要信号教学法"并把它运用到地理教学中，获得了成功。从这段经历他得到启示，"纲要信号教学法"主要是通过各种图表或"知识树"，把学习的知识上升到"概括化、结构化"的水平，有利于学生将学到的知识在新的问题情景中迁移运用。在国内研究"纲要信号教学法"的专家，首推天津市教科院基教研究所所长的王敏勤教授。通过邱学华先生的介绍，他找到王敏勤教授，邀请他到学校做学术报告，并带领教师三次到王教授所在的浙江瑞安实验学校考察学习，结合现代认知心理学关于知识分类的基本理论，创造性地提出了"两类结构教学法"的教学思想。由此，摆正了教与学的关系，进入了"两类结构教学法"的教学实验，把课改推向更高层次的发展。深厚的理论素养，大胆创新的魄力和勇气，持之以恒的毅力，不断学习的意识，追求卓越的理想，成就了王俊校长教育的理想和理想的教育。

（二）反思自我、促进教改、提升质量。

比较分析四所名校的教学模式，不难发现他们有一个共性：所有的理念与方法都与新课程改革的理念、目标要求、实施策略相符合。"以生为本"是核心，把先进的理念与自己的实际相结合，走出自己的路，这才是我们要学习的本质东西。

1.我们的教育理念："人人都能成才，进步就是成功"是皋兰三中的办学理念，它和洋思中学的"没有教不好的学生"本质是一样的。

2.我们的课堂教学模式："三四六"数学课堂教学模式（"三"是指课堂教学的三种策略："842"和"632"学习小组；知识问题化，学习任务化；"电子白板+传统黑板"的高效教学手段。"四"是指课堂教学的四个特点：自主预习，明确目标；互助展示，点拨释疑；师生互动，教学相长；当堂检测，查漏补缺。"六"是指课堂教学的六个步骤：预习、互助、展示、精讲、检测、反馈），以"以人为本，关注生命"为理念，遵循"精讲多练、讲练结合、小组合作、学生展示"的原则，既符合新课标的要求，也符合"先学后教，当堂训练"和"四清"的教学理念。

3.我们的课堂教学实际：教师的教学方式有所改变，基本做到了精讲多练，注重调动学生的积极心。课外辅导、培优补差做了一些工作，但不彻底，坚持不够，教学方式和学习方式没有根本性的改变。

4.我们的优势：先进的教学媒体电子白板与推拉黑板，四所名校都没有电子白板。我们的班额小，便于进行课改模式的操作与探索。

5.我们的不足：

（1）我们最缺乏的是像宜兴市实验中学的王俊校长那种刻苦钻研、不断探索、不断创新、持之以恒的精神，后六中学胡建军校长说得那种坚守。

（2）我们的"三四六"数学课堂教学模式施行两年，理念是好的，但"六步教学法"的每一步做得都不够好，特别是课外辅导和后进生的转化落实不够，也就是洋思中学的"三清"没做到。

（3）理论水平不高，实践经验不足，创新能力缺乏。

6.努力的方向与措施：

（1）坚持"人人都能成才，进步就是成功"，即"没有教不好的孩子"的教育理念，坚持"目标引路、先学后教、当堂训练""精讲多练、讲练结合、小组合作、学生展示"的原则。

（2）借鉴"讲学稿"，改进教与学形式上分离的状态，特别是在上复习课时可以编制"讲学稿"，提高教学效果，倡导"和融教育"。

（3）借鉴"两类结构教学法"，帮助学生掌握主动学习的工具。特别是在每章、每单元开始或复习时，尽量编制两类结构图，使知识概括化、系统化，让学生对所学知识做到心中有数，从而提高学习效果。

（4）抓"常规、细节、过程"，抓"备、讲、批、辅、考"，力争做到"四清"。

（5）解放思想、转变观念、发挥优势、不断探索，努力改进"电子白板+推拉黑板"环境下的"三四六"数学课堂教学模式，力争建构一种更符合实际且行之有效的高效课堂教学模式。

总之，学习四所名校的经验，一要坚持全面的观点，东庐经验不仅仅是"讲学稿"，它涉及教学常规、评价制度等一系列的变革；二要采取渐近的策略，任何改革都不可能一蹴而就、立竿见影。四所学校的课堂教学模式从摸索到逐步完善，都花费了几年的时间。他们采取了缓步前进、边改革边完善的策略，保证了课堂教学的顺利转型。如果在没做多少准备的情况下就仓促进行大刀阔斧的改革，而且希望能够立竿见影，难免会遭遇挫折。三要与学校的具体实际相结合，绝不能照搬照抄，也不能完全排斥，要在借鉴中创新，适合自己的就是最好的。

借他山之石，筑我发展之路

——庆阳新课改教研活动心得

　　偶然的机会，我有幸参加了赴庆阳学习新课改教研活动。通过参观、听课、交流、学习，我感触很多，心灵震撼很大，学习到的模式与自己长期思考的课改有颇多相似之处。初到庆阳，听说让我们去站着听课，我很纳闷，自己天天站着讲课没问题，可要让我站着听一节课，肯定不行，这到底是怎么回事？带着疑惑走进校园，走近教学楼，各个教室门都敞开着，走进教室，哇，这是上课吗？整个是自由市场嘛，教室三面墙上都是黑板，课桌拼成了好几块，学生随意来回走动。走近再看，原来学生分成了若干组，教师把题分给每个小组，各组同学在各自的黑板上板演呢！等同学们在黑板上写完了题目与解题过程，教师讲话了："现在，同学们开始讲解。"原来是这样——学生自己做、自己讲、自己评……学生一个接一个讲，个个积极、主动、精彩，而且听讲的学生很随意，或站、或坐、或蹲、或走，大家都动起来了……我被眼前的场景震惊了，他们怎么胆子这么大？敢把课桌拼成这样、敢把课堂交给学生。一节课下来教师只是几句点评……这样能行吗？带着很多的困惑与惊奇，我一上午进了四五个教室，听、看到了很多新的东西，他们是真动起来了，真把课堂还给了学生，我长这么大还没有见过这种情况。接下来的时间，我兴奋地通过听、看、拍、写，与教师交流、与学生交流、听校方介绍、与同行探讨等方式极力了解庆阳的课堂教学模式。我很激动，回去要好好总结，向他们学习，一定动起来。因为新课程理念早已在我心中扎了根，素质教育已实施了好几年，我们使用新教材也已经六年了，我校先从洋思中学学来了"目标引路，先学后教，当堂达标，自主探究"的模式，"四清"（即堂堂清、日日清、周周清、月月清）理念。后来为适应新课程，又提出了"10+30"模式，要求精讲多练。但新的教学理念并没有带来教学方式与学习方式的太大改变，总是老师讲得多，学生练得少，一直没有找到与新课程相适应的新的有效的教学方式，穿新鞋走老路，新教材中很多好的理念无法落实，找不到载体。我自己也一样，没有找到落实新课程理念的教法，让人感觉素质教育、课程改革只是理论上的观念更新。可这次庆阳学习让我豁然开朗，我们没想到的他们想到了，我们想到的他们做到了，他们做到的我们没想到。他们的小组合作学习模式不正是我们要找的与新课程相适应的课堂教学模式吗？不正是我们将先进的理念变成现实的载体吗？

在与庆阳的学生交流时我才知道，这种模式是山东杜郎口中学的经验，这更让我吃惊。回来后我迫不及待地从网上了解到，杜郎口中学已实行这种模式达八年之久了。再往深探究，杜郎口也是借鉴了洋思的经验并结合自己的特点创出了自己的模式，那我们也学了洋思经验，怎么就没创出适合于自己的模式呢？拥有正确的理念永远比跑得快重要，反思我们的课改，既有先进的新课程理念，又有庆阳、杜郎口先进的教学经验，还有自己的教学实践，此时不改，何时改？课改势在必行！改不改是方向问题，改得好与坏是方法的问题，方向的问题不用讨论，现在的问题是如何改。

"他山之石，可以攻玉。"庆阳的"五四四"有效合作学习课堂框架的成功推出，打破了教育的单向传授形式，真正把课堂还给了学生，使得学生在灵动与鲜活的课堂上自主学习、协作学习、分享成果，切实提高了学生学习的积极性，实现了课堂教学效率的最大化。杜郎口中学的"三三六"自主学习课堂教学模式的优势，最大限度地调动了学生的积极性和主动性，充分发挥了学生的主体作用，真正实现了知识与技能、过程与方法、情感态度与价值观三维目标的培养。这种模式的实质是：以人为本，关注生命；开放课堂，群体参与；师生互动，教学相长；气氛和谐，环境宽松；自主参与，个性发展。比较分析两种模式，他们的共性是理念都与新课程改革的理念、目标要求、实施策略相符合。"以生为本"是核心，把先进的理念与自己的实际相结合，走出自己的路是关键。这是我们要学习的本质东西。

课改最根本的是要把课堂还给学生，教育的本质是解放人，使人更自由，让人发挥出最大的潜能，但最需要的也是一种勇气。作为新课改的实践者、传播者和学生成长的设计者、引领者，我们每个教育工作者都肩负着神圣的使命，庆阳或杜郎口中学独特的教学方式诠释了新课改的精神和理念，更给我们树立了一座新课改的丰碑。我们现在缺少的不是理念和经验，需要的也不是理论和口号，而是扎扎实实的行动。

在新课程实施过程中，我多次外出学习和教研培训，并把先进的教学理念与自己的教学实践相结合，逐步形成了自己的教学风格。于 2009 年 12 月推出了"电子白板+传统黑板"环境下的初中数学课堂教学新模式——"六步教学法"，并在全县理科教师培训会上做了题为《共享课改成果，提升教学质量》的交流发言，倡导"生本教育"，得到了广大教师的好评。2010 年 12 月，在参加皋兰县"十大名师"评选活动中，本人应用"电子白板+传统黑板"环境下的"预习、互助、展示、精讲、检测、反馈"新模式，做了一节很精彩的县级公开课，得到了评委的一致好评，本人也荣幸地被评为皋兰县"十大名师"。2010 年 12 月，自选课题《交互电子白版在初中数学教学中的应用研究》通过了市级课题鉴定。2011 年 12 月，个人课题《新课改下初中数学预习、展示、反馈教学模式的研究》通过了市级课题鉴定，并获得兰州市教育科研个人课题优秀成果二等奖。2012 年 11 月，个人课题《"电子白板与推拉黑板"环境下的初中数学课堂教学研究》通过了市级课题鉴定，并获得兰州市教育科研 2013 年度个人课题优秀成果二等奖。2012 年 5 月 15 日，在皋兰县教研室组织的教学开放周，成功应用电子白板做了题为《三角形的内角和》的公开课，得到了各个学校老师的好评。为了深入推进课程改革，打造高效优质课堂，探索有效课堂教学模式，走好教学改革发展之路，2012 年 10 月 14 日至 24 日，我被学校选派参加了由县教育局组织的赴江苏省课改名校考察学习活动。学习期间，我认真细致地收集各种教育教学改革信息、资料等。回来后经过反思、整理，形成了近 8000 字的题为《走进课改名校　感悟教育魅力　促进自我发展》的考察学习心得。心得图文并茂、真实感人、结合实际，受到了县教研室领导的赞扬。在县教研室组织的赴江苏课改名校考察学习交流会上作为第一发言人交流了心得。先进的教育教学理念、生动形象的课件、充满激情的演讲震撼了全场的听众，受到了局长的当场好评。会后又被石洞学区的王校长聘请，于 11 月 30 日给石洞学区的老师们也做了同样的报告，反响不错。12 月 3 日，学校专门召开了赴江苏课改名校考察学习交流报告会，我的报告让大家耳目一新，得到了启发，为新课改提供了新思路。

目前，我们借鉴名校经验，结合我校实际，初步形成了"三四六"数学课堂教学新模式。"三四六"数学课堂教学模式是以学生自主学习和探究学习为主，以学习小组为基本单位讨论研究，以"电子白板+多块黑板"为展示的载体，以"预习、展示、反馈"模式为主线展开教学。它的核心是"自主，合作，探究"，目的是要让人人参与数学学习过程，人人尝试成功的喜悦。"三四六"数学课堂教学模式具体有，课堂教学的三种策略：成立合作学习小组；知识问题化，学习任务化；"电子白板+传统黑板"、导学案高效教学手段。课堂教学的四个特点：自主预习，明确目标；互助展示，点拨释疑；师生互动，教学相长；当堂检测，查漏补缺。课堂教学的六个步骤：预习、精讲、互助、展示、检测、反馈。六个步骤中，预习是关键，是前提，是新课改理念"先学后教"的体现。预习可以在课前，也可以在当堂。对于新课多采用当堂预习，习题课、复习课多采用课前预习。检测反馈也可以根据展示的进展情况而在课后进行，学生的作业其实也是一种检测形式，老师对作业的批阅就是一种反馈，老师还可以利用评语与学生沟通，从而建立良好的师生关系。而良好的师生关系不仅仅是一种人际关系，同时也是一种无声的教育因素，它给学生在思想、道德、心理和学习等方面产生的影响，是有声教育所不能代替的。

"路漫漫其修远兮，吾将上下而求索。"在学习中不断反思，在实践中不断探索，做一个幸福而又智慧的优秀教师，努力实现我的教育理想——让课堂成为师生共同成长的乐园。

最好的自己在路上

——甘肃省"金色教苑"管理者访学活动心得

2014 年 11 月 22 至 29 日，作为甘肃省骨干教师培养对象，我有幸参加了由甘肃省教育厅主办，拥有丰富农村教育培训经验的北京市西部阳光农村发展基金会承办，山东省潍坊市教育局、山东省寿光市教育局、山东省临朐县教育局协办的 2014 年甘肃省"金色教苑"管理者访学活动。"他山之石，可以攻玉。"分享、参与、创造是本次访学活动倡导的理念。通过参加这次活动，开阔了我的视野、更新了我的理念、锻炼了我的实践能力和合作协调能力，让我体会到了教育的魅力，体验到了教育的幸福，更加坚定了我的教育理想——做一个学习型、研究型的有智慧的教育工作者，让我们的课堂成为孩子们生命成长的乐园。

一、青州户外社会实践活动

访学第一天，吃完早餐，带队的赵老师给大家开了个会，首先将大家分成了16 个小组，每组 6 人，每个组的组员是电脑随机产生。然后由小组自主推荐一名组长，让组长领取了活动项目表和活动规则，即开始了一天（9:00—18:00）的青州户外社会实践活动——"老师去哪了"。活动开始了，各个小组争先恐后，像炸开了锅，因为这样的活动实在是太有创新和意义了。

（一）项目内容设计丰富多彩。

包含了古城青州各领域的历史文

作者刘玲芳（右三）与组员合影

化。丰富奇妙的问题激起了老师们探究的兴趣，如：问题 14，青州市博物馆是国家第一批一级博物馆。央视《国宝档案》多次来此做过节目。这里有五道题目等你解答：1.介绍镇馆三宝；2.写出你认为最美得佛像；3.找到三对衡王府遗物；4.青州名称的由来；5.铸有"亚丑"两字的青铜器出土的墓葬年代。当我们到博物馆，通过各种方式找出问题的答案时，一种成就感油然而生，幸福和快乐洋溢在每个组员的脸上，留下许多美好的回忆。

（二）活动采用了有效的激励机制和及时的评价体系。

活动把任务分为葵花籽级、葵花苗级、葵花级三个等级，每级有 10—20 道问题，每个问题按照解答的难易程度得对应分，每分又得对应活动经费。而且，每当完成一项任务时，通过微信及时将答案发送给辅导老师，如果正确，即可得分。这种激励机制和及时评价更激起了老师们高昂的参与热情。

（三）活动倡导团结协作的团队精神。

在活动中规定，有效任务必须是集体行动，提交任务时，以全部成员在任务现场的集体照为准，否则为无效任务。通过交流合作，大家体验到了集体的力量，建立了深厚的友谊，为我们以后的访学活动顺利进行创造了有利的条件。

二、入校跟岗培训

从第二天开始，连续 3 天，我被分配到寿光市建桥学校进行入校跟岗培训，我们一起共 10 人，其中数学老师 4 人。因为以前参加的培训不是听讲座，就是集体参观，所以这次的入校跟岗培训让我很激动，我可以自由参加听课、参观、访问等活动。我可以探究我想知道的课堂教学改革、课题研究等很多问题。建桥跟岗，我收获了希望与信心。

（一）校园风采——扬课改风帆驶育人航船。

在"中国蔬菜之乡"山东省寿光市，在美丽的弥河西岸，矗立着一所气势恢宏的学校，它就是占地 360 亩、投资 5.8 亿元建造的寿光市建桥学校。校园整体形成了"一心一带三轴"，疏密有致，林水交融的规划格局，是一所富有"人文、生态、活力"气息的现代化、示范性的九年一贯制学校。

在学校荣誉展室里，一块块奖牌映入眼帘：全国语文教改示范校、全国教育科学"十二五"规划课题重点实验基地、中国国际动漫人才培养计划动漫教育实验学校、教育部中国教师发展基金会校本建设项目全国重点实验学校、山东省中小学科技创新活动与学生创造力开发实验基地、潍坊市教学创新"50强"学校、潍坊市实验教学示范校、潍坊市现代教育技术示范学校。成绩的取得,来源于学校深化课堂改革学校,坚持"课堂与课外相结合,传承与创新并举"的育人思路,实施"双136"课堂教学模式。

(二)课堂风采——孩子们生命成长的乐园。

寿光市建桥学校以创建"自主、互助、学习"型课堂为目标,探索实施了"136"课堂育人模式:编好用好一份精品学案,落实"导航感悟、多元对话、三维标高"三个学习阶段和"创设情境,建构新知,精讲点拨,高效训练,达标检测,反思提高"六个环节。通过"136"课堂育人模式的实施,构建起适合每个学生的"生态课堂"。学校成立了以校长为组长的"136"课堂育人模式工作领导小组,组建了以教研组长、学科带头人和骨干教师为主要成员的课改实施团队,为"136"课堂改革提供组织保障。学校制定了《"136"课堂育人模式研究与实施方案》《高效生态课堂评价细则》等,为"136"课堂改革提供制度保障。学校采取集中培训、分学科练习等方式,强化现代教育技术的培训和使用,充分发挥学校数字图书馆、三大校园网络系统、电子白板的辅助功能,为"136"课堂改革提供信息技术保障。为了强化评价,学校制定了《"136"课堂评价细则》,从学生"目标达成度""时间利用率""学生参与度"等方面,对教师的教学设计、教学调控、导学作用、资源利用、学科育人等方面进行全面评价,促进"136"课堂育人模式在校园生根发芽。

走进课堂,简单、实用的教室布置,清新、质朴的教学风格,积极、主动的学生参与,无不让人感到教育的本真,教育的成效。连续听了几节不同学科的课,竟然都是"以生为本"的"生态课堂"。这与我们的教学形成了鲜明的对比,我们是穿新鞋走老路。我们的课改改了快十年,仍然是教师的讲授为主。我常常困惑,也常常研究、探索、实践,其实"自主、互助、学习"型的"生态课堂"真的有利于学生终身发展,有利于学生健康成长,教育永远大于教学。

三、快乐分享——最好的自己在路上

访学结束的总结大会，太振奋人心了，"没有教不好的学生，只有不会教的老师"，江苏洋思中学的办学理念在此得到了验证。当带队的赵老师宣布以第一天青州户外活动分的小组为单位进行总结，并把结果写在一张大白纸上进行交流时，各小组如第一天那样开始积极总结。约半小时后，各组将自己的结果张贴在主席台正面的墙上。有的在白纸上画了一个大大的葵花，每个花瓣上写上了感言；有的画的像八卦图，从不同的维度进行总结；有的画了西部阳光和参天大树，大树上挂满了胜利的果实；有的总结像一首小诗；有的像感恩词。场面如此宏大与热烈，大家的热情被激活了，智慧也开始迸发了。当赵老师说到，第一个上台交流的自荐，然后由第一个发言人推荐第二个。话音刚落，七八个老师跑着、争着、抢着上台第一个要发言。老师们像小学生一样热情高涨，积极主动。这是我见过的最热烈的培训交流场面，太感人了。一个个上台交流演讲的老师，精神饱满、妙语连珠、幽默风趣、总结精辟，无不让人叹服。

四、读万卷书、行万里路——做最好的自己

每一次阅读都有新的理解与思考，每一次外出都有不同的体验与感悟，一次又一次地感觉到学习才是我最大的幸福。

"让读书成为信仰、让学习成为习惯、让研究成为品质"，做一个学习型、研究型，充满智慧与幸福的教育工作者。

博观而约取　厚积而薄发

—— 西北师范大学国培心得

　　2016年9月，秋高气爽，我带着满满的期待来到西北师范大学，参加"国培计划（2016）"——甘肃省教师培训团队置换脱产研修项目初中数学班的学习。已从教24年，再次来到大学校园当学生，感觉机会很难得。"学然后知不足，教然后知困。"二十几年的教学实践中，出现过很多困惑与迷茫，特别需要这样的机会与平台让自己静下心来好好"充充电"，好好反思反思。本次培训时间安排为两年，面授与课堂实践相结合，内容充实，形式多样，时间宽裕，有一种

作者刘玲芳（前排左三）与数学专家章建跃教授（前排右三）、温建红教授（前排中间）及数学班部分学员合影

在职读研的感觉。也许是本次培训课程内容太符合本人需求，尽管每天课程安排得很满，但不觉得太辛苦，反而觉得时间过得很快。在不知不觉中已过一个月，在这一个月里，我们一节一节静静地听专家、教授的讲座，和教授一起走进课堂，进行课例分析与研讨，理论与实践碰出了思想的火花，一种豁然开朗的感觉油然而生。

一、理论研修，提高认识，转变观念

　　很荣幸在这里听到了全国数学专家王尚志教授给我们做的《核心素养为导向的数学教学理念》的讲座和章建跃教授做的《初中数学主题/单元教学设计理论与

方法》的讲座。他们的讲座让我们茅塞顿开，认识到了数学课堂如何落实党的"十八大"报告中提出的"立德树人"教育根本任务，如何把数学学科的育人价值体现在教学内容和教学过程中，主题单元教学的理论与方法让我们体会到了如何从宏观上来把握教材。吕世虎教授以课程标准主编的身份解读课标，让我们深深体会到了课标（2011版）为什么要修改，修改了哪些内容，对义务教育数学课程的性质、理念、课程内容、课程目标及课程实施建议等都有了新的更加深刻而全面的认识。还有其他老师的讲座，也让我们收获了很多。贾随军老师的《数学教材中的推理》，张定强老师的《研究数学教材的方法与案例》，温建红老师的《研究数学课程标准的方法与案例》《数学课堂教学提问的技巧与方法》，李泽林老师的《课堂研究的技术与方法》，焦彩珍老师的《数学教学设计理论与案例分析》等，每一节课都让我们从不同角度获得了丰富的理论知识与方法指导。

二、现场观摩，反思对照，行动改进

本次培训的亮点是理论与实践相结合，由教授带领大家深入课堂进行观课、议课活动，很多课是"同课异构"。结合我们自己的理论学习与教学实践，反思对照，心中的很多困惑被一一解开。特别是专家的点评，高屋建瓴，让我们深深感到自己的理论有限，方法单一，教学缺乏艺术，没有很好地引导孩子们的思维。相同的内容，不同的老师，教学设计大不相同，教学效果也千差万别，老师在课堂上的主导作用决定了一节课的成败。我们需要理论指导，我们需要专家引领，我们更需要自主探究如何上好一节课，如何做到"以生为本"，如何能解放学生、相信学生、依靠学生、发展学生，如何让课堂成为孩子们生命成长的乐园。兰州市教科所教研员魏公江老师以他丰富的听评课经验告诉我们，如何听评课，如何从案例中发现亮点，如何学习别人的长处，如何帮助别人共同成长。温建红教授为我们的教学把脉，帮助我们梳理教学中的问题，制定教学改进行动研究方案。这样的研修模式能没有效果吗？

带着先进的理念与方法返回我们的教学岗位，力争做一名新时代合格的老师。我们有信心，我们有期待，我们有梦想，我们有教育理想——构建理想的数学课堂，让课堂成为孩子们生命成长的乐园。

对翻转课堂和微课的再认识

——昆明培训心得

2017 年 7 月 23 至 27 日，很荣幸，我参加了由县教研室组织的赴昆明培训教研活动。培训主题是《中国教育梦——全国中小学信息技术教育与学科教学深度融合研讨会及翻转课堂与微课教学实操专场》。春城宜人的气候和来自全国各地著名专家的精彩讲座，让时间过得飞快，不知不觉一周的培训结束了。根据之前内心的期待，反观这次培训，重庆聚奎中学教科室张瑜江主任（中国翻转课堂第一人）的讲座《互联网+翻转课堂的理论与实践》和广东省名特教师、微课创始人胡铁生教授的讲座《互联网+微课的设计与应用》让人又惊又喜，茅塞顿开，收获了很多。我被张瑜江老师发现、实践、推广且成为中国翻转课堂第一人的故事深深感动，也被胡铁生教授的微课技术所吸引。2016 年 11 月，我参加了在苏州一中举办的第六届全国基础教育课程改革与发展论坛。期间，教育部教育信息化专家组秘书长任友群在他的《数字化胜任力：信息技术教育的中国思考》的主旨报告中指出：近十年来，移动通信、大数据、云计算等信息技术的快速发展，创生了一个全新的数字化环境，它在改变人们生存空间的同时，也对人们的社会生存力提出了新的挑战。社会公民的数字化竞争力成为影响国家和社会发展的一项重要因素。是啊，信息技术的凶猛发展不断地推动着教育教学的改革。21 世纪是"互联网+"的时代，是培养中国学生发展核心素养的时代，分析我国数字时代学生发展需要，借鉴国际先进经验，翻转课堂和微课的出现无疑是教育教学改革发展的一种趋势。两位创始人的主题讲座更让我们对翻转课堂和微课有了一个从理论到实践的全新认识。

一、对翻转课堂再认识

什么是翻转课堂？翻转课堂（由 Flipped class Model 或 inverted classroom 翻译而来）也被称为反转或颠倒课堂。翻转课堂教学模式最早起源于美国的林地公园高中。2007 年春，该校两名化学教师乔纳森·伯白尔曼和亚伦·萨姆斯为了帮助因缺课而跟不上学习进度的学生开始使用屏幕捕捉软件录制课堂教学内容，并且通过 Youtube（全球最大的视频分享网站）把录制好的视频上传到网上，不仅缺席的学生有机会学习错过的课程，其他学生利用视频也可以做到对知识的强化和复习。乔纳森和亚伦观察到，学生真正需要教师帮助的时候是在他们做功课遇到问题卡住的时候，而知识的学习可以通过学生的自学完成。两位教师逐渐构建了借助于现代信息技术手段，将课堂教学中的知识传授与知识内化过程颠倒过来的教学模式——翻转课堂教学模式。

张瑜江老师是中国翻转课堂第一人。他说，他原来是重庆聚奎中学一名化学老师，后来成了一名计算机老师。2011 年 4 月，一次偶然的机会，他发挥他的特长，利用计算机技术下载并翻译了一篇英文论文，文章讲的恰好是翻转课堂。他遂被其新鲜的理念和操作方式所吸引，而且一个大胆的想法在他的脑海升起，能否将翻转课堂引入聚奎中学的课改呢？为了自己的想法能实现，他自己探索研究并制定了一个实施方案，经过教研组讨论后，他把这个想法向校长做了汇报。实施翻转课堂的提议，很快赢得了学校领导班子的高度重视。2012 年，聚奎中学在借鉴美国翻转课堂模式的同时，结合本校的高效课堂模式对其进行了改造，探索出了适合聚奎实际的"课前四步骤""课中五环节"的翻转课堂基本模式。即课前：教师集体备课，制作导学案，然后由学科组教师代表录制 10—15 分钟的教学精讲视频，上传到"校园云"服务平台。学生们在独立预习教材的基础上，用平板电脑下载观看教学视频和导学案。看完后，通过网络学习平台，做预习检测题，学习平台立即对答题情况进行评判反馈。教师通过软件平台可以及时了解学生学习情况，调整课堂教学进度、难度，制定个别辅导计划，增强课堂教学的针对性。课中：学生在课堂先独立做作业，对于难题则通过小组、师生之间讨论协作予以解决。教师巡视课堂，给学生以必要的个别指导。随后，学生完成网络平台上或其他资料上的相关练习，通过观看答案详解或教师的习题评析视频，自主纠错，巩固所学知识，反思总结。翻转课堂模式在聚奎中学取得了显著成效，在全国教育界产生了广泛影响，为我们的课改打开了思路，提供了方法与经验。

翻转课堂为什么能在聚奎中学取得显著成效呢？张瑜江老师从教学法的发展历史和自新课改以来全国各地涌现出的高效课堂模式对比分析，他认为很多课改，本质上都是在解决教学时间分配的问题。洋思中学的"先学后教，当堂训练"，杜郎口中学的"预习、展示、反馈"，昌乐二中的"自学、探究、展示、点评、练习"，新绛中学的"半天自主、半天展示"等各种不同的教学模式的理念都是以生为本，把学生的自主学习放在了首位，只是自主学习的时间不同而已。这些模式多数都借助导学案，让学生先自主完成知识的学习与探究（其实就是预习），只是有的先学在课前，有的先学在课上。翻转课堂的理念与这些模式的理念本质是一致的，也是突显了学生的自主学习，不同的是翻转课堂不仅利用学案，还利用视频来帮助学生完成先学。很显然，视频助学，激发了学生的学习兴趣，调动了学生自主学习的积极性，使不同程度的学生都能够按照自己的时间与方式完成先学，很好地解决了学生的个性化学习需求问题。学习速度快的可以提前学习后面的视频内容，掌握更多、更难的课程内容；学习速度慢的或看书也看不懂的同学，可以通过看老师的讲解视频来理解所学内容，也可以反复观看，慢慢琢磨，甚至可以通过网络寻求同学、教师的帮助。利用视频助学，更优越的是复习检测方便快捷。学生观看了教学视频之后，视频后面紧跟着四到五个小问题，可以帮助学生及时进行检测，并对自己的学习情况作出判断。如果发现几个问题回答得不好，学生可以回过头来再看一遍，仔细思考哪些方面出了问题。学生对问题的回答情况，也能够及时地通过云平台进行汇总处理，帮助教师了解学生的学习状况。评价技术的跟进，使得学生学习的相关环节能够得到实证性的资料，有利于教师真正了解学生，使课堂教学更有针对性。另外，视频也便于学生一段时间学习之后的复习和巩固使用。

翻转课堂实现了传统课堂中知识传授与知识内化两个阶段的颠倒。在翻转式教学中，教师从知识的传授者转变为学习的指导者和促进者。教学视频承担起了知识传授的责任，其质量对知识传授的效果有着重要的影响。翻转课堂要得以有效实现，最根本的保证是学生课前利用微课进行的深度学习，所以，微课是翻转课堂得以实现的最有效的工具。

二、对微课的再认识

什么是微课？微课是指为使学习者自主学习获得最佳效果，按照新课程标准及教学实践要求，经过精心的信息化教学设计，以视频为主要载体，以流媒体形式展示的围绕某个知识点 (重点、难点、疑点) 或教学环节开展的简短、完整的教学活动。它的形式是自主学习，目的是最佳效果，设计是精心的信息化教学设计，形式是流媒体，内容是某个知识点 (重点、难点、疑点) 或教学环节，时间是简短的，本质是完整的教学活动。因此，对于老师而言，最关键的是要从学生的角度去设计制作微课，要体现以生为本的教学理念。

胡铁生教授是微课的创始人，他的讲座《互联网+微课的设计与应用》，使我们对微课从它的组成、特点、类型、应用、设计、制作等多方面有了一个整体而全新的认识。

微课的组成：微课的核心组成内容是课堂教学视频 (课例片段)，同时还包含与该教学主题相关的教学设计、素材课件、教学反思、练习测试及学生反馈、教师点评等辅助性教学资源，它们以一定的组织关系和呈现方式共同营造了一个半结构化、主题式的资源单元应用小环境。因此，微课既有别于传统单一资源类型的教学课例、教学课件、教学设计、教学反思等教学资源，又是在其基础上继承和发展起来的一种新型教学资源。

微课的主要特点是短小精悍：1.教学时间短。根据中小学生的认知特点和学习规律，微课的视频时长一般为5—8分钟左右，最长不宜超过10分钟。因此，相对于传统的40或45分钟一节课的教学课例来说，微课可以称之为"课例片段"或"微课例"；2.教学内容精。微课主要是为了突出课堂教学中某个学科知识点（如教学重点、难点、疑点内容）的教学，或是反映课堂中某个教学环节、教学主题的教与学活动，相对于传统一节课要完成的复杂众多的教学内容，微课的内容更加精简，因此又可以称为微课堂；3.资源容量小。微课视频及配套辅助资源的总容量一般在几十兆左右，视频格式须是支持网络在线播放的流媒体格式

（如 rm，wmv，flv 等），师生可流畅地在线观摩课例，查看教案、课件等辅助资源;也可灵活方便地将其下载保存到终端设备（如笔记本电脑、手机、MP4 等）上实现移动学习，非常适合于教师的观摩、评课、反思和研究；4.资源组成情景化。微课选取的教学内容一般要求主题突出、指向明确、相对完整。它以教学视频片段为主线统整教学设计（包括教案或学案）、课堂教学时使用到的多媒体素材和课件、教师课后的教学反思、学生的反馈意见及学科专家的文字点评等相关教学资源，构成了一个主题鲜明、类型多样、结构紧凑的主题单元资源包，营造了一个真实的微教学资源环境。

微课类型有拍摄式微课、录屏式微课、软件输出式微课、混合式微课等。

微课的设计制作：胡教授说，好微课应该具有好主题、好设计、好媒体、好讲授、好剪辑（五好微课），并且逐一辅以案例和现场操作给大家进行了耐心细致的讲解。他还讲了很多使用 PPT 录微课的小技巧、小细节。如 PPT 最后不可以用"再见""谢谢"，可以用"你听懂了吗?"等语句，营造一对一的情景。推荐了一些实用的录屏、剪辑等软件。让我们加了他的"品位微课"公众微信号，为带领大家设计有品质的优秀微课、体验有品位的深度学习、形成有品位的课程体系搭建了一个继续学习的平台。胡铁生教授不愧是中国微课第一人，从当今翻转课堂的风靡说到未来教育的趋势，从教育将越来越注重个性化、突破时空限制说到慕课与微课，娓娓道来，有条不紊。他以高超娴熟的技术、循循善诱的教学和无私奉献的精神感动着我们听课的每一位教师。

三、对自己教学的实践反思

学以致用，学习的目的是应用，是改进我们的教育教学方法。翻转课堂的理念与我们现行的高效课堂教学模式理念本质上都与新课标理念是一致的。以生为本是核心，培养学生自主、合作、交流的能力是目标。微课作为翻转课堂有效开展的必备条件，对教学的效果起至关重要的作用。面对我们的现实，全面实施翻转课堂教学模式条件还不太成熟，但受翻转课堂模式的启发，随着信息技术的快速发展，与当前广泛应用的众多社交软件一样，微课也将具有十分广阔的教育应用前景。因为微课具有短小精悍的特点，所以我们可以利用微课来助学助教。

（一）利用微课助学。

对于学生而言，微课能更好地满足不同层次的学生对不同学科知识点的个性化学习、按需选择学习，既可查缺补漏又能强化巩固知识，还可以及时检测反馈，是传统课堂学习的一种重要补充和拓展。特别是随着手持移动数码产品和无线网络的普及，基于微课的移动学习、远程学习、在线学习将会越来越普及，微课必将成为一种新型的教学模式和学习方式，更是一种可以让学生自主学习，进行探究性学习的平台。

（二）利用微课助教。

对教师而言，微课将革新传统的教学与教研方式。

1.可以利用微课来辅助教师进行课堂教学。如，可以在课堂上适当播放某一节课的重点、难点、疑点、注意点、思想方法等的微课，加深学生对某一点的理解。因为微课是教师课前精心录制的，有时比老师现场讲解的要清晰、全面。

2.可以通过微课的制作、交流与应用促进教师的专业发展。好微课离不开好主题、好设计、好讲授。要制作一个好的微课，从选题、设计到讲授，教师要经过与传统课堂教学一样的备课、上课全过程。与现场教学相比，微课短小，又是课前录制，可以精心打磨，反复修改，多次录制。微课制作过程就是一个磨课的过程，所以通过微课的制作，可以促进教师课堂教学能力的提升。

还可以通过集中展播、专家点评和共享交流等方式，向广大师生推荐、展示优秀获奖微课作品；定期组织教师开展基于片区教研的微课观摩、学习、评课、反思、研讨等活动，推进基于微课的校本研修和区域网上教研新模式的形成。

总之，就翻转课堂而言，因为课前学生利用微课视频已经完成了先学，所以它最大的优势在于全面提升了课堂上师生之间、生生之间的交流互动。学生主动参与到学习小组的合作学习中，主动内化知识，教师也可走下讲台，指导小组学习，甚至进行个别辅导。从长远来看，这种教学方式对于激发学生学习的积极性、培养学生自主探究能力和创新精神不无裨益。互联网的普及和计算机技术在教育领域的应用，使翻转课堂教学模式变得可行和现实。所以，让我们从精心制作微课开始，逐步走向翻转课堂，为学生的发展开辟一片广阔的天地。

教育是一场诗意的旅行

——南峰中学送教心得

"凡事预则立，不预则废。"接到市局安排的名师送教任务，我就开始精心准备，多渠道沟通，了解执教内容、学情以及乡镇学校数学教师的需求等，希望和异地的师生共同学习的时光充满幸福与快乐。带着满满的期待，6月4日，在市教育局贾春霞科长的带领下，我们前往永登县苦水镇南峰中学参加名师"送教送研送培"活动。由于我在县城居住，和市区的老师一起走不方便，我就和本校一位工作室成员早早单独开车前往。一路上我们师徒二人交流很多，甚是愉快，在不知不觉中，行程70分钟，约8:10就到达了南峰中学，离9:10上课还有些时间，我想融入校园，来一场诗意的"旅行"。

温馨无声的环境。满怀好奇走进校园，遇见南峰中学教师进行简单交流，了解到学校有300多名学生，40多个老师，三个年级九个教学班，平均每个班40人左右，这在乡镇学校中还算规模比较大的学校，校园还算宽敞，环境清静优美，教师质朴无华。走进教学楼，干净整洁，窗台上摆放着各种花草，我惊奇地发现很多花盆是孩子们利用废旧材料自制的，很可爱、也很有创意，上面还挂有制作人信息的标签。我想，这要是我的杰作摆在那里，一定会很高兴，没有作品的孩子会努力学习，争取有好的作品展示。再看看楼道墙壁上的布置，既有名人画像与名言，也有孩子们的照片与座右铭，还有各种宣传画等，这无不凝聚着师生对美好的向往。榜样的力量是无穷的，当老师让孩子们像悬挂名人画像与名言一样把自己的照片与座右铭挂在墙上的时候，孩子们一定会向着明亮的方向前行。教育就是唤醒孩子们的希望，点亮孩子们心中的灯。再看看玄关，是充满温馨的读书角，真想静静地坐在那里，读本好书。美好的时光总是过得很快，沉浸在南峰中学师生营造的温馨学习环境中的我，觉得每个角落都渗透着无声的教育。南峰中学虽然是乡镇学校，但师生的教育情怀与学习状态是积极的、美好的，他们是在做最质朴、最本真的教育。

充满活力的课堂。9:10—9:50（第二节）我给八年级一班的孩子们上了一节数学课《平行四边形的性质》，效果良好。我想，这得益于我本人一直践行兰州市自 2016 年底在初中数学学科中引进的全国著名特级教师李庾南老师的"自学·议论·引导"教学法。它的核心理念是"以学生为主体，在师生合作中学会学习，学会自主发展"。其精髓是"三学"，即学材再建构、学法三结合、学程重生成。学材再建构是学法三结合的操作平台，是学程重生成的源头活水。学材再建构就是源于教材，高于教材，实施单元教学设计。北师大版教材把《平行四边形的性质》安

作者刘玲芳给南峰中学的孩子们上课

排了两课时，第 1 课时学习平行四边形的对边相等、对角相等两条性质及简单应用；第 2 课时学习平行四边形的对角线互相平分的性质及简单应用。从单元教学设计的理念、八年级学生的认知水平及实践经验，我对两课时内容进行了整合，学习时间仍是两课时，但内容安排有所不同，第 1 课时学习平行四边形的三条性质及证明及简单应用，第 2 课时学习平行四边形性质的综合应用及拓展。这样的安排让学生对平行四边形的性质的学习有一个整体的认知与建构，有利于学生学会研究问题的方法，提高学生应用知识分析问题、解决问题的综合素养。教学方式采用问题导向，启发式、探究式教学，重视利用结构式、思维导图式板书展示知识的形成过程与思想方法。给南峰中学的孩子们上完这节课后，总体感觉达到教学目标。和孩子们一起度过了短暂而愉快的 45 分钟，特别是孩子们在探索平行四边形的中心对称性时，利用我发给他们的平行四边形，合作完成了旋转操作，在操作过程中充满了探究的兴趣、合作的快乐。不过也留下了一些遗憾，在引入时用时过多，主要是学习内容是新的一章起始课，没有给学生布置预习，学生对以前学过的知识遗忘或没有学懂，所以在引导学生回忆特殊的三角形即等腰

三角形的研究过程与方法时浪费了时间，导致课堂小结的时间太少，没有听到更多孩子们对本节课的心声。10:30—11:10（第三节）听了南峰中学李萍花老师讲的七年级数学《简单的轴对称图形》第 1 课时（等腰三角形）。李老师课前准备充分，让学生自己制作等腰三角形等。上课充满激情，师生互动和谐流畅，效果很好。她根据七年级学生的年龄特点，设置了自主选题的办法，选题牌上有自信、自立、勤奋、努力等良好的学习品质释义，培养了孩子们良好的非智力因素，激发了学生选题的兴趣。整堂课节奏紧凑，层层深入，学生在愉悦的气氛中引发了乐学的动机，在开放的课堂中提供了乐学条件，在活动的氛围中增加了乐学的体验。

开诚布公的交流。经验交流引导探索方向，观摩结束后在学校王校长带领下进入了评课交流环节。大家喜谈收获，深度探讨问题，对两节课进行了交流点评。我结合自己对本节课的教学设计，从立德树人、核心素养、课程标准、教材

教法等几个方面综合阐释了新时代背景下数学老师如何进行教学设计，如何进行课堂教学。数学教师要以问题为导向，培养学生良好的思维品质与习惯，渗透数学文化，进行

作者刘玲芳（左一）说课

深度教学，为思维而教，为生成而教，为生命而教。老师们也开诚布公地从课堂表现效果到知识科学化追求，从学生学情分析到学生思维培养做了探讨。

高屋建瓴的讲座。下午，陇原名师景耀勇老师带来了一场题为《新时代中小学教师的责任担当》的精彩讲座。景老师首先从习总书记提出的面对百年未有之大变局出发，引出新时代教师的责任和担当。景老师温和的语言，向老师们详细阐述了如何践行新时代中小学教师的责任与担当。作为新时代的教师，我们要做"四有"好老师，要永远听党话，跟党走，不忘初心，牢记使命，为党育人、为国育才。

此次活动为跨区域教师间的交流学习搭建了一个很好的平台，不仅促进了异地教师间的交流与成长，也促进了名师的发展。"一个人可以走得很快，一群人却能走得很远"，谢谢市局高瞻远瞩，精准施策，这样的活动让广大师生受益匪浅，收获着成长的幸福。

学为人师　行为世范　德能兼备　知行合一

——全国著名特级教师李庾南老师印象记

人们常说，阅人无数，不如有高人指路。对于身在教坛的我们，能够获得高人指点，必将在教育教学的领域中收获风光无限。而我确信，自己便是那个被青睐的宠儿。因为在遍求教学精要的路上有幸与全国著名特级教师李庾南老师结缘。

最美妙的遇见

百闻不如一见，我庆幸，在半年之内，四次零距离遇见李庾南老师，使得我对她和她的教学法有了更深刻的认识。

第一次遇见李老师是在 2016 年 11 月 24 日，参加"兰州市金城名师金城名班主任苏州高端研修班"学习期间，李老师给大家做了一场讲座：《自学·议论·引导：我的教学修炼与生命追求》。第二次遇见李老师是 2016 年 12 月 28 日，参加由兰州市教育局主办，在兰州四十九中学举行的李庾南"自学·议论·引导"教学法试点工作启动会，我得以在家门口再次聆听李老师的讲座。第三次遇见李老师是 2017 年 4 月 21 日，参加在江苏省宿迁市钟吾国际学校举行的"自学·议论·引导"教学成果区域推广现场会。这次，我们收获了很多，除了听李老师的讲座《再谈"三学"，建构有规则的自由课堂》，还听到了国家督学成尚荣老师对李庾南老师

作者刘玲芳（右一）与李庾南老师合影

教学实践的高度评价：在素质教育、课程改革、教材改革走进核心素养的时代，"自学·议论·引导"是核心素养在教学中实现的范式。第四次遇见李老师是 2017 年 6 月 16 日，参加兰州实验区"自学·议论·引导"教学法培训会。我不但听到了兰州、南通不同地域的两位老师"同课异构"的两节课（《平方根》），还听到了李庾南老师的一节课及她对三节课的点评。当天下午还聆听了李老师的讲座：《有规则的自由课堂：学材再建构、学法三结合、学程重生成》。这种跨省的教师间的"同课异构"和李庾南老师集上课、评课、互动、讲座于一体的培训活动，不正是我们一线教师的梦中思、心中想吗？这种活动，实在难得，令人感动，受益匪浅。一天的培训结束，一种满足感、幸福感、感激之情和崇敬之心油然而生。"众里寻他千百度，蓦然回首，那人却在灯火阑珊处。"李庾南老师是名副其实的人民教师，是新时期我们学习的楷模。"学为人师、行为世范、德能兼备、知行合一"，她当之无愧。

最可贵的情怀

李老师讲座思路清晰，充满真情，句句凝练了她用心实践与思考的精华。60 年的教学实践，40 年的教学研究，持之以恒。她善于学习，勤于思考与总结，有精深的学科素养，有"爱满天下"的教育情怀与担当，至今还发挥示范引领作用。我惊叹于李老师对教育事业的热爱与坚守，更惊叹于李老师对课堂教学的不断研究和取得的显著成效。苏州十中柳袁照校长说："教育是一场诗意的旅行——行囊里装着情怀、担当与原创性。"我认为李庾南老师做到了。

李庾南老师是全国著名特级教师，从 17 岁高中毕业走上讲台，至今已整整 60 年，但仍坚守在江苏省南通市启秀中学。年近 80，仍在教学一线，还同时带 19 个班的课。因为她的课深受学生的喜爱，大家都希望她带，于是学校安排李老师实行走班，一个班带一个星期，轮流上。这样，即满足了大家都想听李老师讲课的愿望，也带出了一批教师徒弟，她成了学生和老师共同的老师。可她却说："我至今仍然是一名学历不合格的教师""我自知底子薄，唯有好好地学""我乐于以人为师，还常常以生为师"。她说"一辈子做教师，一辈子学做教师"是她乐教不止的行为写照。这种坚定的教育信念与情怀和谦虚好学的精神，不正是我们最需要学习的吗？

最卓越的范式

"纸上得来须躬行，绝知此事要精研。"李庾南老师是这么说的，也是这么做的。从 20 世纪 70 年代末到 21 世纪初的近 40 年里，李庾南老师和她的团队率先围绕"教"与"学"的关系去探讨、去实验，进行了 4 轮实验，完成了 8 个相关省级课题的研究，逐步总结出"独立自学""群体议论""相机引导"三种教学方式，构建了"自学·议论·引导"教学法的理论体系，形成了可操作的教学范式，为改革课堂教学结构和方法、发展学生的学力提供了成功的经验。李庾南老师教研成效显著，获得一系列殊荣。1994 年荣获第二届苏步青数学教育奖，2014 年获国家基础教育成果一等奖，2015 年获全国教书育人楷模称号。她先后应邀到 29 个省（市、自治区）讲学 200 多场，在当地上示范课 200 多节，交流介绍"自学·议论·引导"教学理念和教学范式；出版了 10 部著作，发表了 100 多篇论文，在全国教育教学界产生了广泛的影响。然而，李老师却说："行走是我永远的姿势。"最近两年，她又把"自学·议论·引导"教学法的精髓进一步加以提炼，概括为"三学"，即"学材再建构、学法三结合、学程重生成"。"学材再建构"保证了教学或课程资源的丰富；"学法三结合"（即个人学习、小组学习、全班学习）保证了教学形式的活泼，教学结构的灵活，教学氛围的民主和活跃，它们最终都指向了教学的有效、优质生成。"学材再建构"是平台重建，"学法三结合"是路径的优化，"学程重生成"是目的所在。教育部原副部长王湛评价李庾南老师的教学法时说："这项教学改革既具有鲜明的校本研究特点，又契合课程改革的时代要求，彰显了优秀改革成果的实践品格和创新精神。"

站在三尺讲台，李老师在享受课堂，演绎艺术人生。16 日的这次培训会，李老师不辞辛苦，来到兰州，为西部的老师们传经送宝。虽年近八十，讲课时却表现出惊人的激情与超常的驾驭教材与课堂的能力。她给七年级的学生上了一节八年级的课《等腰三角形》，这本身就是一种创造性的教学。别具一格地引入：李老师让学生先观察她画图的过程，她在黑板上用尺规先画了一个等腰三角形，然后让学生说出她画的为什么是等腰三角形。学生回答，根据画法，两条半经相等。接着循循善诱地引导：李老师从折纸开始启发，引导学生抽象得出等腰三角形的两条性质，并一一进行说明。进一步引导学生类比得出等边三角形的性质，并解释等边三角形与等腰三角形的关系。最后是提纲挈领的板书：一节课下来，黑板上形成了一幅知识结构图。板书是李老师课堂教学的一大亮点，李老师的板书如思维导图，不但呈现了一节课的知识，更呈现了各知识点之间的联系与逻辑关系。板书形成的过程就是老师引导学生学习知识的过程和学生思维能力形成的过程，充分体现了老师对教材的整合与整体的把控能力以及老师对教学过程的驾驭能力。李老师充满自信与智慧，与学生和谐共生，让课堂具有了活力。正如最后小结时，她语重心长地告诉孩子们，学习数学要知道知识的来龙去脉，要明确各知识之间的联系，学会思考，学会提问，学会学习。纵观这堂课，李老师讲课思路清晰，简洁明了，节奏把控恰到好处，引导点拨及时到位。不知不觉一节课结束了，看得出孩子们个个表现出了听懂、会做、自信、享受的状态。看得出听课的老师们也被李老师的精神和能力所折服。正如一位同伴所说："第一次听李老师讲课，令我醍醐灌顶，忽然一下明白怎么去设计一堂课，怎么去上数学课，更明白数学的板书原来可以这样美，一下觉得我会当老师了。"李老师不但是学生的老师，也成了老师的老师。这也许就是我们学习"自学·议论·引导"教学法的真正意义吧！

最幸福的远足

"有一种幸福叫忘我。"李老师上课全情投入，游刃有余，怡然自得。她说，很奇怪，年近八十，讲课真不知道累。因为她把教学融进了生命。站在讲台上，和孩子们在一起，幸福了自己，快乐了孩子。她和孩子们幸福快乐地一起成长，忘记了岁月。课后有老师想和李老师合影留念，李老师赶紧从讲台上拿起了她上课用的三角尺和教案后，才和大家合影。可见李老师是多么热爱课堂、热爱学生。培训结束后，我主动跟李老师告别："李老师，再见，谢谢您那么远来给我们上课，我们一定好好学。"没想到，李老师很谦和地说："好，再见，浪费你们的时间了。"怎么会是浪费我们的时间呢？我想，这也许就是大教育家的胸怀与风范吧！越卓越越谦卑，越能成就更卓越的自己！

　　习近平总书记在同北京师范大学师生代表座谈时强调："一个人遇到好老师是人生的幸运，一个学校拥有好老师是学校的光荣，一个民族源源不断涌现出一批又一批好老师则是民族的希望。"四遇李庚南老师是我的幸运，我们心动了，我们也在行动。相信在李庚南老师的标杆引领之下，我辈教育从业者定能走出本职工作的一条康庄大道，也定能收获一派乐在其中的教育气象。

"自学·议论·引导"教学法实验研修心得

2016 年 12 月 28 日，李庾南名师兰州工作室启动会在兰州四十九中举行，至此，"自学·议论·引导"教学法在兰州 25 所实验学校拉开了序幕，我校荣幸成为实验学校之一。在由兰州市教育局主管，兰州四十九中牵头，结合我校实际开展教学法实验的近一年里，通过学习李庾南老师的《自学·议论·引导教学论》等专著，观看李庾南老师的教学视频，听李庾南老师现场讲课、评课、讲座，参加教学法区域推广观摩活动，听专家关于"单元教学设计"的讲座，在校内开展教学法研讨及实验，参加片区学校教学法展示交流研讨等一系列活动，使我们对李庾南老师和她创立的"自学·议论·引导"教学法的实质、精髓有了全面而深刻的认识，并在课堂教学中尝试应用。李庾南老师带给我们的不仅是理念和方法的引领，还有精神的引领。"自学·议论·引导"教学法不仅是教学方法，更是一种先进的教学思想，是素质教育、课程改革、教学改革走进核心素养的时代，核心素养在课堂教学中得以实现的范式。"自学·议论·引导"教学法实验项目的开展对我们的课堂教学和教师的专业成长有极大的促进作用。

一、可贵的精神引领

全国著名特级教师李庾南老师，年近八十，仍坚守在江苏省南通市启秀中学数学教师的岗位上。从 17 岁高中毕业走上讲台，至今从教已整整 60 年。可贵的是，从 20 世纪 70 年代末到 21 世纪初的近 40 年里，李老师和她的团队率先围绕"教"与"学"的关系去探讨、去实验，进行了 4 轮实验，完成了 8 个相关省级课题的研究，逐步凝炼出"独立自学""群体议论""相机引导"三种教学方式。构建了"自学·议论·引导"教学法的理论体系，形成了可操作的教学范式，为改革课堂教学结构和方法、发展学生的学力提供了成功的经验。她说"一辈子做教师，一辈子学做教师"是她乐教不止的行为写照。最近两年，她又把"自学·议论·引导"教学法的精髓进一步加以提炼，概括为"三学"，即学材再建构、学法三结合、学程重生成。教育部原副部长王湛评价李庾南老师的教学法时说："这项教学改革既具有鲜明的校本研究特点，又契合课程改革的时代要求，彰显了优秀改革成果的实践品格和创新精神。"这种不忘初心，持之以恒，不断创新的精神不正是我们学习的吗？

二、先进的理念引领

"自学·议论·引导"教学法的核心理念是以学生为主体，在师生合作中学会学习，学会自主发展，这与 2016 年 9 月正式发布的《中国学生发展核心素养》的理念是一致的。中国学生发展核心素养以培养全面发展的人为核心，从文化基础、自主发展、社会参与三个方面，凝练出人文底蕴、科学精神、学会学习、健康生活、责任担当、实践创新六大素养。这也与新课标教学要以学生为主体，教师为主导，采取"自主、合作、探究"的教学方式的理念相吻合。李庾南老师于 1978 年投身初中数学教育教学改革，进行了近 40 年的实践验证和推广实验，致力于改革传统课堂教学结构和方法，紧紧围绕以生为本，为学生的全面发展奠基的价值取向，以提高初中学生的课堂学习效率为重点，以学生会学、会生成、会创造为旨归，把更深地挖掘学生潜能、更大地提高学生学习的积极性、更充分地发挥学生的主体性贯穿全过程，倾力培养学生的自学能力，发展学生学力。从一开始实验时，她就对未来充满信心，相信自学是可能的，议论是有用的，引导是必须的，也可以说李老师在 30 多年前就在实践新课程。从某种意义上说，新课程正是许多像李老师这样的创新实践者的创新实践行为的汇聚。李老师科学预见，敢为人先，在 30 年前就提出了先进的教学法理念，令人叹服，让人敬佩！

三、有效的方法引领

教而不研则浅，以研促教，常教常新；研而不教则空，以教促研，越研越深。李庾南老师始终把教学实践与课题研究相结合，这是我们一线教师最需要学习的地方，对我们的专业成长有极大的促进作用。

作为教师，如何构建理想的课堂，如何利用最优化的资源、最佳的教学方式，取得最大的课堂效益是我们常常思考的问题，也就是：为什么教、为什么学？教什么、学什么？怎么教、怎么学？教到什么程度、学到什么程度？这四个问题的指向实际是我们教学的四个核心问题：价值，内容，目标和方法。而"自学·议论·引导"教学法较系统完整地回答了所有问题，为我们的课堂教学指明了方向，提供了可行的方法。"自学·议论·引导"教学法的操作规则是"三学"，即学材再建构、学法三结合、学程重生成，其目标是学力有提升，这是"三学"的价值所在。学材再建构，保证了教学或课程资源的丰富。学法三结合（即个人学习、小组学习、全班学习）保证了教学形式的活泼，教学结构的灵活，教学氛围的民主和活跃，它们最终都指向了教学的有效、优质生成，推动学生学力不断发展和提升。学材再建构是平台重建，学法三结合是路径的优化，学程重生成是目的所在，学力有提升是价值体现。在学习实践教学法的过程中，不论是现场听李老师讲课，还是观看李老师讲课的视频或阅读李老师的课例，大家都有一个明显的感觉——李老师的板书是一大亮点，而且可学、易学。但细细琢磨，李老师的板书是"三学"课堂的显性体现，直观感觉是知识结构图，充分体现了各知识点间的纵横联系，脉络清晰，一目了然。其实，知识结构图的形成过程是李老师课前学材再建构的精心设计，更是课堂上以问题为导向，恰当地引导学生的思维，师生互动共同构建而生成的思维导图。虽然板书是李老师一丝不苟书写的，但每个知识点都是启发学生说出的，久而久之，学生也学会了如何研究问题、如何构建知识体系，自然学会了学习。在新的世纪，最不能适应社会要求的将是不会学习的人。教学的真正价值，不仅在于传授知识，而更在于让学生在学会中达到会学、善学、创造性的学。在"自学·议论·引导"教学实验初期，李老师就提出，学生是课堂的主人，学习是教学的核心，学会学习才是教学的目的，主旨是发展学生的学习能力。数学学习能力是一种以思维能力为核心的多层次、多因素的综合能力，主要包括了独立获取知识的能力、系统整理知识的能力和科学应用知识的能力。学习能力的发展是有一定规律和顺序的，因而培养学生学习能力也必须考虑与之相适应的序列，主要是学会阅读，逐步掌握阅读数学教科书的要求和方法，能独立地阅读课本；学会整理，在理解的基础上整理出知识的逻辑结构和相应的研究方法，善于把新的知识和研究方法有机地纳入已有的认识结构里去；学会迁移，独立地运用已有的知识结构和认识方法学习新的、结构相同或相似的知识，乃至对结构不同或差异较大的新知识也能通过同化和调整等手段，采用对比、类比、化归、实验等方法进行内化；学会总结，学会做单元总结、全章总结、学期总结、专题总结，把已学的数学知识、思维方法条理化、系统化，并达到熟练掌握、灵活运用的程度；学会探索，在教师引导下，学生以已有的知识结构和研究方法为基础，抓住课题，按照数学知识的结构特点和内在逻辑的发展趋势，进行创造性的探索，并对探索成果进行系统概括；学会评价，对自己和同学的学习成果能作出判断，并能据此自觉地调整自己的学习。数学思维是数学学科的核心素养，重视数学思维的培养，是我们数学教改的核心任务，用数学的思维解决生活中的数学问题是我们的主要途径，而对数学教材的整合与重组是最有效的方式，这一切都在李庾南老师的教学法中得到充分体现。所以，就数学教学而言，学习李庾南老师教学法的精髓在"三重视"，即重视教师对知识本身的绝对理解和把握，重视学生思维能力的形成和培养，重视学材、学程的生成与建构。学材再建构无疑是李庾南老师教学法在我们的课堂落地的抓手和起点，如何进行学材再建构是我们思考和实践最多的，也是最有收获的。学材再建构与传统的备课不同，它高于教材、源于教材、活化了教材，进行单元教学设计，使教师对每个知识点有一个整体的把握与理解。在课堂上，我们要求每节课都必须有精心的板书设计，像李老师的板书那样能体现每节课的知识脉络。

李老师"自学·议论·引导"教学法的探究历程告诉我们，要取得一定的教学成就就必须始终如一做真研究。李庾南老师在连续八轮（32 年）初中全时段多学科的课改实验中，通过"学生自学数学能力及其培养""自学·议论·引导教学法的创建和实验""优化学习过程，改善教学结构""学程导进技艺研究""主体性教育研究"的实验研究等，环环相扣、层层深入的课题研究，创建了在全国中学数学教学领域独树一帜的"自学·议论·引导"教学法的理论体系和操作体系。李老师说："我是怎样实践的，就怎样研究、阐述；我是怎样实验，就怎样总结、提升。不做研究则已，要做就做真研究。"这为我们一线教师做课题研究提供了方法引领。我们常常困惑于不会选题、不会做课题研究。李老师的研究告诉我们，中小学教师的研究应该是立足课堂，从教学中遇到的困惑且亟待解决的问题入手，抓住一个主题，紧紧围绕主题开展系列研究，做有底气的真研究，解决自己教育教学的真问题。开展小而有型的校本教研，非常有助于教师专业化发展，从中也可以体验到研究的乐趣。

人们常说，阅人无数不如有高人指路。李庾南老师以生为本的教育观、旨在学力的价值观、和谐发展的质量观、资源共生的课程观和自主能动的生长观是一笔宝贵的财富。但"自学·议论·引导"教学法易于操作，难于精通。它既有"法"的思维层面，也有"思想"的层面。"法"的层面上的东西具有操作性，易于入门；"思想"的层面上的东西则不好简单模仿。让我们在李庾南老师精神、理念、方法的引领下，不断学习，不断实践，不断总结与反思，逐步提升自身的专业素养，促进学生的全面发展。